»Was mir die Tiere erzählen«

Sonya Fitzpatrick
Patricia Burkhart Smith

»Was mir die Tiere erzählen«

Spirituelle
Verbindungen
zwischen
Mensch und Tier

KOSMOS

Aus dem Amerikanischen übersetzt von Verena Krüpe, Frankfurt/Main.
Titel der Originalausgabe: „What the Animals Tell Me. Developing Your Innate
Telepathic Skills to Understand and Communicate with Your Pets", erschienen bei
Hyperion, New York, ISBN 0-7868-6259-9.
Copyright © 1997, Sonya Fitzpatrick und Patricia Burkhart Smith.

Umschlaggestaltung von Atelier Reichert, Stuttgart, unter Verwendung einer
Tieraufnahme von Juniors Bildarchiv/Botzenhardt und einer Aufnahme aus der
Originalausgabe von Todd Johnson.

Die Deutsche Bibliothek – CIP-Einheitsaufnahme

Fitzpatrick, Sonya:
„Was mir die Tiere erzählen" : spirituelle Verbindungen zwischen
Mensch und Tier / Sonya Fitzpatrick ; Patricia Burkhart Smith. [Aus
dem Amerikan. übers. von Verena Krüpe]. – Stuttgart : Kosmos, 1998
Einheitssacht.: What the animals tell me <dt.>
ISBN 3-440-07522-2

kosmos Bücher · Videos · Kalender · Experimentierkästen · Spiele · Seminare
Natur · Garten und Zimmerpflanzen · Heimtiere · Astronomie · Pferde &
Reiten · Kinder- und Jugendbücher · Eisenbahn/Nutzfahrzeuge
Informationen senden wir Ihnen gerne zu:
KOSMOS Verlag · Postfach 10 60 11 · 70049 Stuttgart · Telefon 07 11-21 91-0 ·
Fax 07 11-21 91-4 22

Für die deutschsprachige Ausgabe:
© 1998, Franckh-Kosmos Verlags-GmbH & Co., Stuttgart
Alle Rechte vorbehalten
ISBN 3-440-07522-2
Herstellung: Lilo Pabel
Printed in Czech Republic/Imprimé en République tchèque
Satz: Typomedia Satztechnik GmbH, Ostfildern
Druck und Binden: Těšínská Tiskárna, Český Těšín

Was mir die Tiere erzählen

Telepathie
Die Kraft des Geistes 7

1
Kleine Schweine – große Ohren
Meine Kindheit 15

2
Tiere kennen Geheimnisse
Wie es begann 33

3
Es gibt keine schlechten Tiere
Kämpfe und Verhaltensprobleme 40

4
Der Katzenklo-Blues
Probleme mit der Unsauberkeit 52

5
Whiskey und Sally
Neue Tiere kommen ins Haus 65

6
Sonnys eigener Zeitplan
Ein Rhythmus ist wichtig 81

7
Heilen mit geistiger Führung
Wenn unser Tier krank ist 99

8
Wo ist mein Hund geblieben?
Entlaufene Tiere 120

9
Was der Butler gesehen hat
Unser Tier beobachtet uns 150

10
Könnte ich mit Tieren sprechen
Kommunikation mit unserem Tier 159

11
Heulen und Flüstern
Mit wilden Tieren sprechen 169

12
Abschied
Mit dem Tod eines Tieres leben 187

Epilog
Wie wir unseren Tieren im
Alltag helfen können 197

Dank 201

Zum Weiterlesen 204

Telepathie
Die Kraft des Geistes

Wie oft höre ich begeisterte Tierliebhaber sagen: „Ich wünschte, es gäbe einen Weg, wie ich erfahren kann, was mein Tier denkt und fühlt." Nun, es gibt einen solchen Weg. Die meisten Menschen verstehen allerdings nicht, daß sie ihre eigene geistige Energie mit der ihrer Tiere verbinden und so mit ihnen kommunizieren können. Sie glauben das, was vielen von uns schon von früher Kindheit an gesagt wurde, daß es nämlich unmöglich sei, mit unseren Tieren auf irgendeiner bedeutsamen Ebene zu kommunizieren. Die Menschen erkennen nicht, daß es etwas Unsichtbares zwischen Mensch und Tier gibt – einen telepathischen Kanal, über den wir alle mit den Tieren, die wir lieben, in Verbindung treten können.

Ich hatte das Glück, als Kind ganz auf diesen Kanal eingestellt gewesen zu sein. Mit den Tieren zu sprechen, war für mich so natürlich wie atmen. Es war für mich – aufgrund eines starken Verlustes an Hörvermögen, den die Ärzte bei mir erst feststellten, als ich bereits elf Jahre alt war – sogar einfacher, zu verstehen, was die Tiere mir auf telepathischem Wege mitteilten, als das, was die Menschen mir mit ihren Worten sagten. Erst einige Jahre später erkannte ich, daß nicht jeder auf dieselbe Art und Weise mit den Tieren „sprechen" konnte.

Wie ich im ersten Kapitel genauer beschreiben werde, zwang mich ein schweres Trauma im Alter von zehn Jahren, diese telepathische Verbindung zu den Tieren, die ich so sehr genossen hatte, abzubrechen. Es vergingen viele Jahre, bis ich als Erwachsene meine Fähigkeit wiederentdeckte, telepathisch mit den Tieren zu sprechen. Im Frühjahr 1994 sollte nämlich eine Engelserscheinung mein ganzes Leben verändern. Kurze Zeit später besuchte mich der Heilige Franziskus persönlich und sagte, er wolle, daß ich ihm bei seiner Arbeit mit den Tieren helfe.

Bald spürte ich, wie die Tür zur Welt der Kommunikation mit unseren Tieren sich wieder zu öffnen begann. Anfangs war ich zwar etwas verwirrt, und es fiel mir schwer zu verstehen, daß ich für diese Arbeit auserwählt war. Im Laufe der Wochen aber spürte ich, wie ich mir dieser Kommunikation mit den Tieren immer bewußter wurde. Meine Liebe zu den Tieren, die mich mein ganzes bisheriges Leben begleitet hatte, kulminierte nun in dieser besonderen Gabe.

Ich weiß jetzt, daß ich auserwählt wurde, den Tieren zu helfen und den Menschen die oft grausame oder gedankenlose Art, wie Tiere behandelt werden, bewußtzumachen und sie darüber aufzuklären, wie sie ihren Tieren das Leben erleichtern können. Ich tue dies, indem ich mit den Tieren spreche und herauszufinden versuche, was sie denken und fühlen.

Oft werde ich gefragt, wie ich denn mit den Tieren spreche, wie ich mich selbst verständlich mache und wie es mir gelingt zu verstehen, was sie mir antworten. Ich tue dies auf eine, wenn auch nicht sehr bekannte, so doch keineswegs komplizierte oder mystische Weise. Ich nutze meine geistige Energie oder auch Telepathie, wie manche es nennen, um mit den Tieren zu kommunizieren, zu entdecken, was sie sorgt, was sie mögen oder nicht mögen und was sie glücklich macht.

Wenn sie leiden oder hungrig sind, spüre ich diese Empfindungen in meinem eigenen Körper. Ein angenehm sattes Gefühl sagt mir, daß das Tier regelmäßig zu essen bekommt, während nagender Hunger mir genau das Gegenteil erzählt. Leidet das Tier an einer Ohr- oder Blasenentzündung oder ist es vor lauter Arthritis ganz steif, spüre ich genau dieselben Symptome in den entsprechenden Teilen meines eigenen Körpers.

Jedes Lebewesen – ob Pflanze, Baum, Tier oder Mensch – gibt Energie ab, und es ist genau diese Energie, auf die meine Gedanken ausgerichtet sind, mit deren Hilfe ich mit den Tieren kommunizieren kann. Auf diese Weise mit den Tieren zu sprechen, ist einfacher als das Reden mit anderen Menschen, da Tiere für telepathische Übermittlungen empfänglich sind, während dies bei den meisten Menschen aufgrund jahrelanger Konditionierung nicht der Fall ist.

Die telepathische Kommunikation ist eine universelle Sprache, die die Grenzen der Zeit, des Raums und der Spezies überwindet. Viele Menschen bedienen sich unwissentlich der telepathischen Kommunikation, wenn sie ihr Tier schon sehr gut kennen. Möglicherweise denken sie, sie können die Körpersprache ihres Tieres lesen. Aber wie auch immer sie es nennen, Telepathie ist eine höhere Form der Kommunikation, die sich eines völlig anderen Teils unseres Gehirns bedient als desjenigen, den wir in unserem täglichen Leben gebrauchen; ein Teil, zu dem die meisten von uns nur selten Zugang haben. Die Menschen wissen nur, daß ihr Hund oder ihre Katze auf ihre gesprochenen Befehle oder auf Pfeifen reagiert, begreifen aber nicht, daß sie vielleicht auf dieser höheren telepathischen Ebene mit ihren Tieren kommunizieren.

Die Menschen müssen im Gegensatz zu den Tieren, die recht leicht telepathisch kommunizieren können, erst lernen, sich soweit zu entspannen, daß sie für diese Form der Kommunikation empfänglich sind. Mit ein wenig Konzentration sind wir alle in der Lage, uns mit einem Tier, das wir lieben, auf telepathischer Ebene zu verständigen. Wir können lernen, unsere geistige Energie mit unseren Tieren auszutauschen, Bilder zu übermitteln und Informationen mit erstaunlicher Geschwindigkeit hin und her zu schicken, denn Zeit und Raum, wie wir sie kennen, gibt es auf der telepathischen Ebene nicht.

Wir Menschen verlassen uns auf die gesprochene Sprache, da diese für uns die einfachste und natürlichste Form der Kommunikation ist, und wir neigen dazu, einer alternativen Möglichkeit, Gedanken, Ideen, Informationen, Emotionen und Gefühle zu übermitteln, wenig Glauben zu schenken. Die Tatsache aber, daß Tiere nicht mit Worten „sprechen" können, so wie dies die Menschen tun, bedeutet nicht, daß sie nicht kommunizieren. Tiere kommunizieren mit Bildern und Gefühlen, die sie telepathisch senden. Es mag uns nicht bewußt sein, aber wir Menschen können auf dieselbe telepathische Art kommunizieren und tun dies auch. Dafür möchte ich ein Beispiel geben.

Wenn ich von jemandem wissen will, wo die Freiheitsstatue steht, so erscheint vor dessen innerem Auge zuerst einmal eine Vorstellung. Die Gedanken schaffen augenblicklich ein detailliertes geistiges Bild von der Statue und ihrer Umgebung. In den Gedanken (oder der Vorstellung) ist man in der Lage, die Fackel in der hochgereckten Hand, den Strahlenkranz und das umgebende Wasser zu „sehen". Und in dem Moment, in dem man diese Dinge „sah", hat man vielleicht auch ein Gefühl des Erstaunens oder des Wunderns darüber gespürt, wie eine solch große Statue erbaut wurde.

Wahrscheinlich denken wir, daß es dieses „Bild", diese „Gedanken" und „Gefühle" nur in unserer Vorstellung gibt; es ist aber so, daß dieses klare Bild in dem Moment, in dem wir es uns vorstellen, beginnt, telepathisch aus unserer Energie zu strömen. Ist unser Hund oder unsere Katze dann in der Nähe, so wird er oder sie das Bild empfangen und sich vielleicht zu wundern beginnen, warum wir an eine große Statue denken. Sollten wir ihn oder sie gerade anschauen, erhaschen wir vielleicht einen Ausdruck von Verwirrung auf dem Gesicht.

Bevor wir etwas tun, legen wir uns im Kopf doch einen Plan zurecht. Wir träumen, wir denken große Gedanken, wir schaffen Ideen, wir spielen Szenen durch. Diese ganze geistige Aktivität wird, während wir sie ausführen, telepathisch ausgesendet. Die Bilder und die sie begleitenden Gefühle und Emotionen sind die Grundsteine der telepathischen Kommunikation, so wie Worte die Grundsteine der gesprochenen Kommunikation sind.

Viele Menschen sind sich nicht ihrer Fähigkeit bewußt, in einer anderen Sprache zu kommunizieren, da sie glauben, die gesprochene Sprache sei für ihr Kommunikationsbedürfnis ausreichend. Diese andere, die telepathische Sprache, ist die Sprache, die die Tiere verstehen, und wenn wir sie beherrschen, und sei es auch nur sehr elementar, werden wir die Beweggründe unseres Tieres viel besser verstehen lernen. Und dies führt wiederum zu einer engeren und befriedigenderen Beziehung zu unserem Tier.

Wahrscheinlich ist uns nicht klar, daß wir aus unserer geistigen Energie oder aus unseren Gedanken Bilder schaffen, auch wenn wir diese in unseren Gedanken oder unserer Vorstellung „sehen", während wir sie schaffen. Sobald wir dieses Bild „sehen" und mit Worten erklären, welche Gedanken das Bild begleiten, eilen die Gedanken schon zur nächsten Aufgabe und übertragen das gerade geschaffene Bild in den Speicherbereich des Teils des Gehirns, den wir als Kurzzeitgedächtnis bezeichnen.

Das Bild ist an diesem Punkt aber noch nicht zu Ende. Unser Tier sieht diese von uns gesandten Bilder und nimmt nicht nur sie auf, sondern auch die Gefühle, Emotionen und Ideen, die mit dem Bild einhergehen, während sie von unseren Gedanken aus telepathisch durch den ganzen Körper wandern. Wir schaffen jedesmal solche Bilder, wenn wir an etwas denken, und übermitteln Gedanken und Emotionen, während wir im Laufe des Tages auf verschiedene Reize reagieren. Obwohl die Tiere die Grundlagen der menschlichen Sprache aus dem Zusammenleben mit uns lernen und zuverlässig auf gewisse Schlüsselworte reagieren, sind es doch die von uns ausgesandten telepathischen Bilder, Gedanken und Emotionen, über die sich unsere Tiere von uns und der menschlichen Welt eine Ansicht bilden.

Alle Tiere sprechen diese universelle Sprache, auch die Vögel, Schildkröten und Fische. Wenn ich einen „Experten" verkünden höre, bestimmte Tiere seien dumm, macht mich das traurig, weil ich aus meinen Gesprächen mit vielen unterschiedlichen Lebewesen aus erster Hand weiß, wie intelligent die Tiere sind. Oft sind ihre Geschichten recht unterhaltend, wie wir im Verlauf dieses Buches entdecken werden.

Über die Sensibilität der Tiere, ihre Intuition und Intelligenz, ihre Liebe und Fürsorge ihrer eigenen Art und ihren Menschen gegenüber wurde noch nicht ausreichend geschrieben. Tiere sind in ihren Gefühlen und Emotionen den Menschen sehr ähnlich, und dies macht sie für die menschlichen Emotionen sehr empfindsam. Sie verstehen alle Probleme, die in ihrem Haus bestehen. Ist ihr Besitzer niedergeschlagen, fühlen sie die Traurigkeit. Ist er froh und glücklich, empfinden sie ebenso.

Die Tiere sollen hier nicht vermenschlicht werden. Vielmehr soll endlich anerkannt werden, daß sie Emotionen empfinden, die den unsrigen nicht unähnlich sind. Die Tiere sind sich ihrer eigenen Gefühle durchaus bewußt, und Hundebesitzer und Menschen, die eng mit Tieren zusammenarbeiten, beeilen sich zu sagen, daß ihre Tiergefährten ein Verhalten zeigen, das man kaum anders als emotional bezeichnen kann. Wir alle haben schon Hunde gesehen, die lächeln, und gehört, wie Katzen zufrieden geseufzt haben.

Es ist aber noch nicht lange her, daß die Welt der Gefühle als ausschließliche Domäne des Menschen angesehen wurde. Das ändert sich jetzt glücklicherweise. Sogar Wissenschaftler akzeptieren allmählich, daß Tiere Emotionen haben, auch wenn sie vielleicht nur ungern ihre Beobachtungen mit diesem speziellen Wort belegen. Jeffrey Masson und Susan McCarthy haben in ihrem wunderbaren Buch „Wenn Elefanten weinen" überzeugend das reiche und komplexe Gefühlsleben dargelegt, das sie bei den Tieren der Wildnis beobachteten.

Tiere aber erleben mehr als nur einfache Emotionen, viel mehr, als wir ihnen zutrauen. Sie haben ein unglaubliches Gedächtnis. Sie vergessen niemals, wenn sie einmal verletzt wurden, sie vergessen niemals eine Freundlichkeit. Kommt es bei ihnen zu einer Verhaltensänderung, dann gibt es für eine solche Veränderung – das habe ich im Laufe meiner Erfahrungen mit ihnen gelernt – einen sehr guten Grund. Wenn dieser Grund ihren Menschen auch vielleicht unerklärlich scheint, so ist er aus der Perspektive des Tieres durchaus plausibel. Bei meinen Nachforschungen habe ich tatsächlich häufig festgestellt, daß das Problem vom Besitzer ausgeht und nicht vom Tier.

Wenn wir als Tierbesitzer und Tierliebhaber sensibel und achtsam sind, dann können auch wir unsere Tiere und ihr Verhalten auf eine neue und lohnende Weise verstehen. Dies ist eigentlich nicht schwierig, obwohl jeder von uns dabei unterschiedlich erfolgreich sein wird, je nach unserer Offenheit gegenüber telepathischer Kommunikation, unserer Ausdauer, unserem Verhältnis zu dem Tier, mit dem wir die ersten Erfahrungen machen, und der Bereitschaft des Tieres, telepathisch zu kommunizieren.

Am Schluß dieses Buches werde ich erklären, wie Sie mit dem Tier in Ihrer Obhut eine höhere Ebene der Kommunikation erreichen können. Zuerst aber werde ich ein wenig von meinem Werdegang berichten und darüber, wie ich zu dieser Arbeit der Kommunikation mit den Tieren gekommen bin. Anschließend werde ich einige der wunderbaren Geschichten von Tieren und ihren Besitzern erzählen, denen der Heilige Franziskus und meine Engel geholfen haben – einige der Tiere wurden von einer Krankheit geheilt, einige kehrten wieder zu ihrem Zuhause zurück, nachdem sie weggelaufen waren, bei anderen kam es zu einer Besserung des Verhaltens. Ich hoffe, daß diese Geschichten einen Einblick in die Gedankenwelt unserer Tiere geben werden.

Es kommt nicht darauf an, ob Sie daran glauben, daß ich wirklich mit Tieren „sprechen" kann. Wichtig ist vielmehr, daß wir unseren Tieren mit dem Höchstmaß an Liebe, Bewußtheit und Freundlichkeit begegnen. Mit Geduld, Sensibilität, Bewußtheit und gewissenhafter Anwendung der Prinzipien, die ich in meinem Verhältnis zur Tierwelt eingesetzt habe und die in diesem Buch angesprochen werden, gelingt es vielen Tierfreunden, zu ihren Tieren eine telepathische Verbindung aufzunehmen. Wenn die in diesem Buch erzählten Geschichten helfen, die liebevolle Beziehung zu unseren Tieren zu verbessern und weiterzuentwickeln, so habe ich mein Ziel erreicht.

Der Heilige Franziskus bat mich, den Tieren zu helfen. Ich gebe diese Bitte an Sie weiter. Alles, was unsere Tiere wollen, ist Liebe und Sicherheit. Ich wünsche mir, daß Sie nach der Lektüre dieses Buches erkannt haben, wie wichtig es ist, unseren Tieren jeden Tag zu beweisen, daß wir sie lieben.

1
Kleine Schweine – große Ohren
Meine Kindheit

Als Kind verbrachte ich in England viele glückliche Stunden im Gespräch mit den Tieren meines Dorfes. Es waren nicht die Phantasiegespräche, die viele Kinder führen. Ich kommunizierte tatsächlich mit den Tieren, sprach und beriet mich täglich mit meinen Lieblingen. Ich fand heraus, was sie mochten und was nicht, was sie von einander hielten und was sie glücklich, was sie traurig machte.

In der typisch egozentrischen Art, die Kindern nun einmal eigen ist, dachte ich, jeder könne auf diese Weise mit Tieren kommunizieren. Bis dahin konnte ich mir gar nicht vorstellen, daß ich in dieser Hinsicht anders war und daß für andere Menschen die Vorstellung, sich mit Tieren wirklich auf eine verständliche Weise unterhalten zu können, völlig undenkbar war. Als ich meiner Familie nämlich erzählte, daß ich mit Tieren spreche, dachte sie, ich hätte einfach sehr viel Phantasie.

Ich lebte zusammen mit meinen Eltern, Russell und Cora Smith, meinen Schwestern Dawn und Coral sowie meinem Bruder Gordon in Hartwell, in der Grafschaft Northhamptonshire, in den Midlands von England. In unserem Dorf hatte mein Vater einen Lebensmittelladen und war noch anderweitig geschäftlich engagiert. Man nannte mich „Sunny", wegen meiner offenen Art und dem goldblonden Haar.

Da meine Mutter arbeitete und sie für meine, wie sie es nannte, „lebhafte Vorstellungskraft" wenig Verständnis hatte, verbrachte ich als drittes der vier Kinder sehr viel Zeit mit meiner Großmutter mütterlicherseits, Emmaline Robishaw. Ich versuchte immer, meine Mutter damit zu beeindrucken, daß ich sagte: „Mammi, ich habe mich bestens benommen", woraufhin sie antwortete: „Sunny, bestens kannst Du Dich gar nicht benehmen."

Meine Großmutter Robishaw war eine sehr schöne Frau, und ich verehrte sie. Sie lebte in einem wundervoll gepflegten Cottage; für mich war dies ein behaglicher Ort, an den ich mich von dem strengen Leben in meiner Familie zurückziehen konnte. An langen Winterabenden saßen wir oft beisammen; sie brachte mir das Nähen, Häkeln und Lesen bei, Dinge, die ich auch heute noch gern tue. Ich nähte mit Begeisterung auf ihrer alten Nähmaschine. Mit meinen Füßen bewegte ich das Tretpedal hin und her und hatte meine Hände frei, um den Stoff unter der Nadel durchzuführen.

Im Cottage meiner Großmutter hatte ich mein eigenes Zimmer. Ich wohnte mehr dort als bei meiner Familie. Großmutters Cottage lag nicht weit vom Haus meiner Eltern entfernt; deshalb war es ganz einfach für mich, nach Lust und Laune hin und her zu pendeln.

Großmutter überließ mir in ihrem Garten eine kleine Ecke, in der ich aus Samenkörnern Pflanzen ziehen konnte. Sie lehrte mich, wie man die Saat einfach so in den Boden steckt; ich ging dann jeden Tag mit meiner kleinen Gießkanne dorthin und wässerte sie vorsichtig. Die schönste Zeit für mich war die Belohnung für meine harte Arbeit, wenn nämlich der Garten mit wohlduftenden, wunderschönen Blüten erfüllt war.

Großmutters Garten bot einen großartigen Anblick, voller alter Rosen, Lilien und vieler anderer herrlicher Pflanzen. Wir verbrachten etliche glückliche Stunden dort. Und dort machte ich auch meine erste Bekanntschaft mit Fröschen. Großmutter lehrte mich, wie wichtig Frösche für das Leben eines Gartens waren, da sie alle Insekten auffraßen.

Sie zeigte mir auch, wie schlau die Bienen waren und pflegte zu sagen: „Siehst du, wie die Bienen die Blumen küssen?" Sie erzählte mir, daß sie so an den Nektar gelangten, den sie dann in ihren Bienenstock brachten, um daraus Honig zu machen. Ich staunte nur, wie hart die Bienen arbeiten mußten, um den Honig herzustellen, den ich so gern aß.

Wir waren aber nicht nur damit beschäftigt, die Bienen zu beobachten. Großmutter lehrte mich, alle Lebewesen zu achten, so unbedeutend sie mir auch erscheinen mochten. Sie sagte, jedes habe seinen Platz im Reich Gottes, und wenn ich aufmerksam beobachtete, könne ich nach und nach verstehen, welcher Platz dies sei und wie alle Tiere zum Nutzen der Natur zusammenarbeiteten.

Im Sommer machten wir des Abends Spaziergänge im Wald von Salcey. Wenn wir dann zufällig an eine besonders schöne Stelle kamen, legten wir ein Tuch auf den Boden und setzten uns ganz still hin, ohne uns zu bewegen oder einen Ton von uns zu geben. Diese Augenblicke waren für mich etwas ganz Besonderes. Wenn wir so dasaßen, sahen wir viele wunderschöne Lebewesen des Waldes: eine scheue und sanfte Rotwildfamilie, Kaninchen, die über die Lichtung hoppelten, rotfarbene Eichhörnchen und Füchse mit buschigem Schwanz. Meine Großmutter begriff, daß ich mit den Tieren auf eine ganz andere Weise reden konnte als die anderen Kinder im Dorf, und sie sorgte dafür, daß ich die wilden Lebewesen in ihrem natürlichen Lebensraum beobachten konnte. Diese Zeiten im Wald von Salcey waren für uns beide wunderbar, und noch heute verspüre ich ein Gefühl des Glücks, wenn ich mich daran erinnere.

Damals hatte ich eine kleine Terrierhündin namens Judy. Sie war mein erster Hund und sie konnte mir immer mitteilen, wenn sie fror. Die englischen Winter können sehr streng sein, und oft hatten wir Schnee. Auch die Tiere spüren die Kälte, insbesondere bei drastischen Temperaturschwankungen. Als ich meinen Eltern sagte, Judy fröre, meinte mein Vater, sie hätte einen Fellmantel, der sie ausreichend wärme. Ich wußte aber, daß mein Vater damit nicht recht hatte, da Judy mir ihre Körpertemperatur übermittelte und ich die Kälte in meinem ganzen Körper spürte.

Wenn Judy fror, nahm ich die gestrickten Wolljacken meiner kleinen Schwester Coral und zog sie ihr an. Dann legte ich sie auf das Sofa und deckte sie zu. Sie lag auf dem Rücken, ihre kleinen Pfoten ruhten auf der Decke, und sie sagte mir, sie sei sehr glücklich, wenn sie die Wärme verspüre und sehr unglücklich, wenn sie friere.

Daß die blau-weiß gestreifte Jacke Judys Lieblingsjacke war, wußte ich, weil sie mir auf telepathische Weise ein Bild der Jacke übermittelte. Meine Familie war erstaunt, daß die Hündin mich all dies für sie tun ließ, da sie sonst schon mal zuschnappen konnte – und dies auch tat –, wenn sie etwas nicht mochte. Mit mir zusammen war Judy aber immer wunderbar, und wir liebten uns heiß und innig. Da ich mit ihr telepathisch sprach, wußte ich, was sie mochte und was nicht – und das machte den Unterschied aus. Oft sagte ich meiner Mutter, daß man Judy nur zuzuhören brauche, um zu wissen, was sie wolle.

Einige Menschen sind sehr aktiv und reden mit ihren Händen, aber Judy mochte es nicht, wenn Leute umherrannten oder mit den Armen fuchtelten. Es erschreckte sie, und sie fühlte sich unbehaglich. Deshalb schnappte sie, um die Menschen wissen zu lassen, was sie nicht mochte. Sie mochte es auch nicht, wenn Fahrräder zu schnell vorbeifuhren. Sie sagte, das mache sie schwindelig, und so jagte sie hinter ihnen her. Ich bemühte mich immer sehr, mich in Judys Gegenwart sehr langsam zu bewegen, um sie nicht in Aufregung zu versetzen.

Zu der Zeit, als Judys Leben sich dem Ende näherte, erzählte ich ihr, sie brauche sich vor ihrem Tod nicht zu fürchten. Als sie starb, sagte ich ihr, sie komme jetzt in den Himmel zu Gott. Meine Großmutter hatte mir erzählt, Gott habe einen wunderschönen Garten und viele Wiesen, auf denen die Tiere spielen können. Ich sagte Judy, daß ich eines Tages zu ihr kommen und mit ihr auf Gottes himmlischen Wiesen spielen werde, und daß sie nie wieder frieren werde.

Als Judy immer älter wurde, bemerkte ich, daß ich die Schmerzen, an denen der alte Hund litt, in meinem eigenen Körper spüren konnte. Ich lernte, wie ich diese Schmerzen dadurch lindern konnte, daß ich meine kleinen Hände auf ihren Körper legte. Was ich da tat, verstand ich nicht richtig; ich wußte aber, daß ich es konnte. Ich begann auch zu verstehen, warum Judy Menschen gegenüber oft grantig und mürrisch war. Ich beneidete sie um ihre Möglichkeit, einfach nach den Menschen zu schnappen, von denen sie geärgert wurde. Das war etwas, was ich häufig auch gern getan hätte. Meinen Frust über die Gleichgültigkeit meiner Eltern äußerte ich aber auf die althergebrachte Weise, wie dies Kinder tun, wenn sie sich vernachlässigt oder mißverstanden fühlen.

Ich tat abscheuliche Dinge, wie unsere Hühner über den Zaun in Nachbars Garten zu setzen. Mr. Breyfield beschwerte sich immer darüber, daß meine Katzen in seinen Garten gingen, doch war dies nichts verglichen mit dem Schaden, den unser Federvieh anrichten konnte. Als ich den Hühnern sagte, sie könnten das ganze Grünzeug von Mr. Breyfield fressen, konnten sie es erst kaum fassen, erklärten sich aber gleich bereitwillig zu meinen Komplizen und hörten erst mit Fressen auf, als ihre Bäuche zum Platzen voll waren. Es kam nie heraus, daß ich der eigentliche Übeltäter war. Auf die Frage meines Vaters meinte ich, das Tor zwischen unseren beiden Höfen müsse versehentlich offengeblieben sein. Dies war nur eines der vielen Abenteuer mit meinen Tieren.

Bald wurde mir klar, daß ich mich einfach dadurch in die Gefühle eines Tieres hineinversetzen konnte, indem ich mich konzentrierte. Mr. Sturgess, der Bäcker, lieferte im Dorf mit einem Pferdewagen frisches Brot aus. Die Menschen kamen dann aus ihren Häusern und Geschäften, um einen Laib Brot zu kaufen und ein wenig zu schwatzen. Als Pickles, so hieß des Bäckers Pferd, vor dem Laden meines Vaters anhielt, schloß ich meine Augen, und meine Beine begannen mir weh zu tun. Und so erfuhr ich, daß auch dem alten Arbeitspferd die Beine wehtaten. Bald schon merkte ich, daß Pickles mir von seinem wunden Bein erzählte und mich um Hilfe bat.

Wenn ich mit meinen Händen sanft über Pickles Gesicht fuhr und ihn fragte, ob er mir gestatte, ihm mit seinen Schmerzen zu helfen, sagte er stets ja. Da ich nicht groß genug war, um zu Pickles hoch zu gelangen, senkte er seinen Kopf, damit ich ihn streicheln konnte. Ich legte meine Hände auf sein armes Bein und streichelte es, wobei ich ihm die ganze Zeit erzählte, daß es bald besser werde. Während ich ihn so streichelte, empfand ich ein Gefühl der Wärme in meiner Hand und spürte, wie heilende Energie – das weiß ich heute – durch mich auf das Pferd überging. Schließlich stieg der Bäcker wieder auf seinen Wagen, und es dauerte nicht lange, bis mir das Pferd dafür dankte, daß ich die Entzündung aus seinem Bein genommen hatte. Auch der Bäcker schien zu verstehen, daß ich auf Pickles irgendeine wohltuende Wirkung ausübte: Das Pferd konnte erleichtert seine Runden vollenden, frei von Schmerzen und Steifheit in seinem alten arthritischen Vorderbein. Durch dieses Ereignis entdeckte ich meine phänomenale Gabe, Tiere heilen zu können.

Ich liebte das große alte Arbeitspferd. Manchmal bat Pickles mich, mit ihm seine Runden zu beenden. Er sagte, ich könnte auf ihm reiten. Deshalb bat ich Mr. Sturgess, mich emporzuheben, und so ritt ich den Rest des Weges, hoch oben auf meinem edlen Roß sitzend, und fühlte mich wie eine Prinzessin.

Ich besuchte das alte Pferd gern auf seiner Weide, wenn es nicht gerade bei der Arbeit war und den Wagen des Bäckers zog. Ich brachte ihm Äpfel und Karotten, und wir verbrachten manch eine Stunde freundschaftlich miteinander plaudernd. Pickles war mürrisch, weil er sein ganzes Leben lang hart gearbeitet hatte und nicht bis in alle Ewigkeit arbeiten wollte. Doch fürchtete er, Mr. Sturgess könne ohne ihn nicht auskommen.

Auch wenn Mr. Sturgess ein freundlicher Mann war und Pickles mit Zuneigung und Respekt behandelte, so war er von der Arbeitskraft des alten Pferdes doch sehr abhängig. Pickles kannte den Weg des Bäckers auswendig. Er wußte, in welches Haus Mr. Sturgess gehen und Brot zu einem Invaliden bringen mußte, und aus welchen Häusern die Leute zu einem kleinen Plausch herauskamen. Mr. Sturgess befürchtete, er könne nie wieder ein Pferd wie Pickles finden, das für die Arbeit so gut geeignet war.

Wenn der Bäcker seine Runde beendet hatte, fuhr er jeden Tag zum Pub, wo er sich wie die meisten Männer des Dorfes einige

Stunden damit vergnügte, Neuigkeiten auszutauschen und einige Glas Bier zu trinken. Pickles brachte ihn bis zum „Rose and Crown"-Pub und zog den leeren Wagen dann selbst zurück nach Hause. Dort angekommen, scharrte er vor der Cottage-Tür so lange auf dem Boden, bis Mrs. Sturgess herauskam, ihn vom Wagen des Bäckers abspannte und auf die Weide ließ. Dies geschah jeden Tag außer sonntags, denn das war sein freier Tag.

Mrs. Sturgess liebte Pickles und auch er liebte sie. Sie behandelte das Pferd mit großer Freundlichkeit und Liebe und streichelte ihn, während sie ihm das Geschirr herunternahm. Da sie wußte, daß Pickles Arthritis hatte, tröstete sie ihn damit, indem sie ihm sagte, auch sie hätte Schmerzen in ihren Knochen. „Ich weiß, daß deine armen alten Knochen so weh tun wie meine, mein Schatz", sagte sie liebevoll.

In unserem Dorf war Pickles so etwas wie eine Sensation. Wir alle hielten ihn für ein sehr gescheites Pferd, weil er wußte, wie er allein nach Hause gelangen konnte und nicht bei jedem Wetter draußen vor dem Pub wartete, bis Mr. Sturgess sein letztes Bier getrunken hatte. Wenn Mr. Sturgess vor dem „Rose and Crown"-Pub anhielt und die Zügel über dem Kopf des Pferdes zusammenband, damit sie sich nicht auf dem Nachhauseweg in seinen Beinen verfingen, wußte Pickles, daß seine Arbeit jetzt beendet war. „Pickles, geh und ruh dich aus", sagte Mr. Sturgess immer. Wir alle wußten, daß der Bäcker dann einige Stunden später mit ein paar Bier im Bauch nach Hause torkeln würde.

Wenn ich manchmal im Dorf war, bat Pickles mich, ihn auf dem Nachhauseweg zu begleiten, was ich gern tat. Im Herbst, wenn die Apfelbäume voller Früchte waren, ging er gern hinter dem Haus der Lehrerin Miss Bilton vorbei und pflückte sich einige köstliche Äpfel. Miss Bilton hatte nichts dagegen, da auch sie das Pferd sehr gern mochte. Wenn er selbst keine Möglichkeit hatte, bei Miss Bilton vorbeizuschauen, bat er mich häufig, ihm ein paar Äpfel auf die Weide zu bringen. Oft schickte Pickles mir, während ich tagsüber in der Schule war, telepathisch das Bild eines roten Apfels, und so wußte ich, daß ich ihm nach der Schule einen vorbeibringen sollte. Reife Äpfel mochte er viel lieber als grüne.

Pickles war sehr mit Blackey, einem wunderschönen schwarzen Pony, befreundet, das Derek, dem Freund meines Bruders Gordon gehörte. Blackey war ebenso wie Pickles ein Arbeitspferd. Er brachte die Milch von Dereks Farm zu dem Lastauto, das die Milch in die Fabrik transportierte, in der sie in Flaschen abgefüllt wurde.

Die Folly Farm lag drei Meilen außerhalb des Dorfes. Derek hatte sie nach dem Tod seines Vaters übernommen. Ich verbrachte so manchen idyllischen Nachmittag damit, die Straße zur Molkerei gemütlich entlangzuschlendern, wobei ich Mohnblumen, Butterblumen und Gänseblümchen pflückte und entlang des Weges mit meinen Tieren sprach. Ich kannte alle Kühe bei ihrem Namen, denn zu jener Zeit war es bei den englischen Farmern üblich, jeder ihrer Milchkühe einen Namen zu geben. Ich dachte mir Namen für die Schafe aus und rief sie, während sie auf den saftigen Wiesen und Weiden entlang der Straße grasten. Manchmal folgten mir so viele Kühe und Schafe entlang der Straße und über die Wiesen, daß es so aussah, als führte ich eine ganze Herde an.

Dereks Frau Hill machte fast die ganze schwere Arbeit auf der Farm. Sie molk zweimal täglich die Milchkühe, während ihr Mann fischen ging. Wenn es Zeit zum Melken war, marschierten alle Kühe auf einen Hügel. Nach dem Melken lud Hill die Milchkannen auf den Wagen, und Blackey zog dann diesen Wagen bis zur Fabrik. Wenn Blackey seine Arbeit erledigt hatte, brachte Hill ihn wieder auf die Weide, wo er grasen und sich ausruhen konnte. Wenn ich Blackey fragte, ob ich auf ihm reiten dürfe, sagte er gelegentlich ja. An anderen Tagen sagte er nein und ließ sich nicht einfangen, wie sehr ich auch versuchte, ihn zu überzeugen. Er rannte dann mit voller Geschwindigkeit in die entgegengesetzte Richtung, schüttelte seine glänzende schwarze Mähne und den Schweif, als wolle er sagen: „Heute nicht! Heute kannst du nicht auf mir reiten!" Wenn er es mir aber gestattete, paßte Blackey sehr auf mich auf, niemals buckelte er oder lief er zu schnell.

Blackey blieb oft stehen, um am Gras zu knabbern, wenn wir gemeinsam die Feldwege entlang streiften. Ich sprang dann gern von seinem Rücken hinunter und zeigte auf besonders saftige Stellen und rief: „Schau mal, Blackey! Da drüben gibt es ganz besonders saftiges Gras!" Und während er fraß, saß ich neben ihm.

Manchmal zäumte ich Blackey auf und ritt mit ihm zum Geschäft meines Vaters, um für Hill Lebensmittel zu besorgen. Ich sah immer zu, daß ich für Blackey einen großen, saftigen Apfel bekam.

Blackey besuchte Pickles ebenso gern wie ich. Die beiden waren sehr gute Freunde. Und ich sagte ihnen, wie wichtig sie für den Handel im Dorf waren, weil sie so hart arbeiteten.

Auf der Weide neben Pickles gab es noch ein weiteres, sehr schönes Pferd mit Namen Star. Das einzige, was die Stute tun mußte, war, mit Sue, der Tochter von Mr. Smart, ab und zu mal auszureiten. Blackey und Pickles hielten Star für sehr verhätschelt und verwöhnt, mochten sie aber trotzdem und bewunderten ihre große Schönheit.

Alle drei Pferde fürchteten sich vor dem Hufschmied des Dorfes, der, wie sie sagten, zu ihnen nicht sehr freundlich sei. Blackey und Pickles berichteten mir, sie hätten ihn sagen hören, Pferde seien dumm und daß auch ich dumm sei – wegen all der phantastischen Geschichten, die ich mir ausdächte, weil ich angeblich mit den Tieren sprechen könne.

Blackey und Pickles erzählten mir, was mit Rosy, dem Pferd der alten Mrs. Bobbitt geschah, als diese verstorben war. Mrs. Bobbitt hatte Rosy in die Obhut des Hufschmieds gegeben und bat ihn, dafür zu sorgen, daß sie ein gutes Zuhause bekäme. Er verkaufte Rosy stattdessen an den Schlachter. Blackey und Pickles baten mich, ihre Besitzer davon zu überzeugen, sie nicht in die Obhut des Hufschmieds zu geben, sollten ihre Besitzer sterben. Dies tat ich auch.

Der Hufschmied kam regelmäßig in das Geschäft meines Vaters, um sich eine Fleischpastete zum Mittagessen zu kaufen. Eines Tages, als er wieder kam und das Übliche bestellte, rief ich: „Vater, laß mich es für dich holen." Mein Vater war mehr als froh, daß ich ihm helfen wollte, denn er tauschte mit seinen Kunden gern Nachrichten und den neuesten Klatsch aus, und der Hufschmied bildete keine Ausnahme.

Ich konnte nie verstehen, warum der Hufschmied über andere Leute herzog, wo er doch selbst das Gespött des Dorfes war. Er besuchte eine bestimmte Frau immer dann, wenn ihr Ehemann verreist war. Oft hörte ich, wie Leute zu meinem Vater sagten: „Er ist schon wieder bei ihr, und sie hat die Vorhänge stundenlang zugezogen. Für mich ist das richtig abscheulich!" Als ich meinen Vater fragte, was da mit der Frau und dem Hufschmied so abscheulich war, antwortete er nur: „Kleine Schweinchen haben große Ohren!"

An diesem besonderen Tag beschloß ich, den Hufschmied wegen seines unfreundlichen Benehmens gegenüber Pickles und Blackey und dafür, was er Rosy angetan hatte, zu bestrafen. Bevor ich ihm die Pastete gab, schüttete ich schwarzen Pfeffer darüber, dann wickelte ich die Pastete in Butterbrotpapier ein und reichte sie ihm lächelnd. Dann verschwand ich in das Hinterzimmer, aus dem ich beobachten konnte, wie er in die Pastete biß. Der Hufschmied begann zu würgen, sein Gesicht lief rot an. In diesem Moment verließ ich das Geschäft meines Vaters schnell durch den Hinterausgang und blieb eine angemessene Weile weg – jedenfalls so lange, bis ich nicht mehr lachen mußte.

Als ich zur Teezeit wieder nach Hause kam, sagte mein Vater, er wolle mich sprechen. Er fragte mich, ob ich Pfeffer auf die Fleischpastete des Hufschmieds geschüttet habe, denn er habe die fast leere Pfefferdose im Laden vorgefunden, die am Tag zuvor noch beinahe ganz gefüllt war. Ich antwortete mit nein und meinte, es müsse ein Fabrikationsfehler gewesen sein. Mein Vater war sehr wütend und befahl mir, in der nächsten Woche im Laden Bretter aufeinanderzustapeln. Das war etwas, was ich haßte, aber die Zufriedenheit in den Gesichtern von Pickles und Blackey zu sehen, als ich ihnen die Geschichte erzählte, war die Bestrafung wert. Ich beschloß, daß ich von nun an jede Möglichkeit, den Hufschmied zu ärgern, nutzen werde.

Das jährliche Dorffest war eine große Sache. Im Jahr der Krönung von Königin Elisabeth fragte ich Pickles, ob ich bei der Parade auf ihm reiten dürfte. Er fand diese Idee großartig. Ich teilte Pickles mit, ich würde sehr schön gekleidet sein und er bekomme ein Band an seinem Geschirr befestigt. Er entgegnete mir sofort, er wolle ein rotes Band haben, und so sagte ich ihm, er bekomme ein rotes.

Als der große Tag gekommen war, stand ich früh auf. Mr. Sturgess hatte mir gesagt, ich müsse Pickles vor der Parade baden und sein Fell so lange bürsten, bis es glänze. Pickles war wegen der Parade sehr aufgeregt und sehr glücklich, daß ich ihn reiten würde. Ich sagte ihm, er sei ein ganz besonderes Pferd, weil es nicht viele Pferde gebe, die an einer solchen festlichen Parade teilnähmen. Und in diesem Jahr war er überhaupt das einzige Pferd.

Ich bürstete seine Mähne und flocht seinen Schweif, und ich erzählte ihm die ganze Zeit, wie überaus elegant er aussehe. Da Pickles mir sagte, sein Schweif sei noch nie zuvor geflochten worden, erinnerte ich ihn daran, daß ich in der Woche zuvor mein eigenes Haar geflochten hatte und daß ich dies nun auch mit seinem Schweif tun werde. Das freute ihn ganz ungemein.

Da Pickles keinen Sattel besaß, ritt ich auf seinem bloßen Rücken. Das alte Pferd war es gewöhnt, seinen Kopf nach unten zu neigen, um das Gewicht des Wagens ziehen zu können. Ich aber übermittelte ihm das Gefühl, gerade und zu voller Größe aufgerichtet dazustehen. Ich sagte ihm, er solle heute mit hocherhobenem Kopf und stolzen Schrittes gehen, da er ein ganz besonderes Pferd sei.

Während ich mit Pickles die Straße hinaufritt, sagte er mir, er werde so schön er nur könne gehen, er hoffe nur, daß Hero, der böse Hund, der ihn immer jagte und nach seinen Beinen zu schnappen versuchte, nicht bei der Parade dabeisein werde. Ich sagte ihm, er solle sich keine Sorgen machen, und daß es nichts gäbe, was uns den Tag verderben könne. Ich sagte ihm, wir würden den Wettbewerb gewinnen, und wenn dies so wäre, dann erhalte er von mir viele Äpfel als Belohnung. Ich sagte ihm, wir bekämen ein Band und ein schönes Geschenk, wenn wir einen Preis gewännen. Über diese Aussichten war er sogar noch aufgeregter als ich.

Wir gewannen den dritten Preis, und ich sagte Pickles, diesen Tag würde ich, solange ich lebte, nie vergessen, und daß ich nur habe gewinnen können, weil es für ihn gewesen sei. Ich versprach auch, ihm jeden Tag Äpfel auf die Weide zu bringen. Wann immer wir später über dieses Ereignis sprachen, übermittelte er mir Gefühle von Freude, Liebe und Stolz.

Wenn ich zurückblicke, gehört zu meinen liebsten Erinnerungen das alte Pferd, wie es seinen Wagen durch das Dorf zieht, das zerfetzte Band für den dritten Preis an seinem Geschirr, das er partout nicht entfernen lassen wollte.

Häufig nahmen auch andere Tiere an meinen Gesprächen mit Pickles teil. Wir diskutierten über das Wetter, und ich kann mich noch daran erinnern, wie sich die Kühe über den Regen beschwerten. Wie sie das jämmerliche Gefühl haßten, das sie aushalten mußten, während der kalte Regen an ihnen herablief. Sie hatten keine Möglichkeit, sich unterzustellen, keinen Ort, um sich vor dem Wetter zu schützen. Sie sagten mir, am schönsten sei es für sie, wenn die Sonne scheine. Wenn man an ihrer Weide vorbeiging, sah man, wie sie zufrieden in den Tag schauten, ihre Gesichter den warmen Sonnenstrahlen zugewandt.

Am liebsten sprach ich mit meinen Freunden über die Neuigkeiten im Dorf, oder, um es einfacher auszudrücken, über den Tratsch. Einige Tiere, die heugierigeren von ihnen, wußten alles über jeden und waren ganz erpicht darauf, alles zu erzählen. Sie akzeptierten die kleinen Schwächen ihrer menschlichen Gefährten und hatten keine Vorurteile, doch fiel es ihnen häufig schwer, die Komplexität des menschlichen Verhaltens zu verstehen. Besonders unverständlich war für sie ein Mann aus dem Dorf, der zu seiner Frau und den Kindern nicht sehr freundlich war. Die Katze aus dem Süßwarenladen berichtete uns, daß er seiner Frau am Zahltag immer eine große

Schachtel Schokolade kaufte, egal wie oft er sie unter der Woche geschlagen hatte. Für die Katze war das ein schlechter Tausch für dieses Leben in Angst und Schrecken, und wir alle stimmten dem zu.

Nach diesem Tratsch bekam ich mit meiner Mutter häufig Probleme, weil ich etwas wußte, was ich nicht wissen sollte. Wäre ich schlau gewesen, hätte ich nichts gesagt, aber ich war genauso darauf bedacht, meiner Familie den Tratsch aus dem Dorf mitzuteilen, wie die Tiere dies mir gegenüber wollten. Mutter konnte die Quelle meines Wissens nie nachvollziehen. Wenn sie mich fragte, wieso ich soviel wisse, sagte ich, dieser Hund oder jene Katze habe es mir berichtet. Da wurde sie nur noch wütender. „Kleine Schweinchen haben große Ohren", pflegte sie wie mein Vater zu sagen, und wußte nicht, wie wahr ihre Worte waren.

Eines Tages kam mein Vater mit drei Gänseeiern nach Hause und sagte meiner Mutter, sie seien für mich. Mir sagte er, wenn ich die Eier unter eine Henne legte und sie beobachtete, würden daraus Junge schlüpfen. Der Gedanke, eigene Gänse zu haben, machte mich sehr glücklich.

Die Hennen saßen mehrere Wochen auf den Eiern, und ich ging jeden Tag dorthin, um nachzusehen, ob sich bereits kleine Gänschen ihren Weg durch die Schalen hindurchgepickt hätten. Als ich eines Tages sah, wie eines sich bereits zur Hälfte aus seiner Schale herausgekämpft hatte, war ich schrecklich aufgeregt. Zwei Tage danach folgten auch die beiden anderen Gänschen.

Endlich hatte ich das Gefühl, eine eigene Familie zu haben. Die drei jungen Gänse folgten mir als Reaktion auf meine Liebe und Freundlichkeit überall hin. Ich nannte sie nach meinen Lieblingsblumen: Buttercup, Daisy und Primrose (Butterblume, Gänseblümchen und Schlüsselblume). Mit zunehmendem Alter begannen auch sie, mit mir zu kommunizieren, so wie alle anderen Tiere. Wir saßen stundenlang auf der Wiese in der Nähe des Hühnerhauses und plauderten.

Samstags machte ich mich fein und fuhr mit meiner Großmutter im Bus zum nahegelegenen Northhampton, um ihr beim Einkaufen zu helfen. Ich liebte diese Zeit allein mit meiner Großmutter und versuchte, mein bestes Benehmen an den Tag zu legen. Meine Gänse gingen immer mit mir bis zur Bushaltestelle und warteten, bis ich ihnen bei Ankunft des Busses sagte, sie sollten nach Hause gehen. Mein neuer Hund Silky, eine Golden Retriever-Hündin, begleitete die Gänse. Sie brachte sie sicher nach Hause, sobald der Bus weitergefahren war.

Meine Gänse und Silky begleiteten mich auch jeden Tag zur Schule, sie kamen bis zum Schultor mit und warteten, bis die Klingel ertönte. Mit Beginn des Unterrichts kehrten meine Tiere auf die Wiese beim Hühnerhaus zurück. Zur Schulpause kamen sie wieder, um einen Bissen von meinem Käsebrot abzubekommen. Nach der Pause gingen sie wieder zurück nach Hause, wo ich sie nach Ende des Schultages wieder traf.

Einige der anderen Kinder staunten sehr über mein Gefolge. Gänse als Haustiere zu halten, schien ihnen seltsam, aber mich störte das nicht. Bei meinen Gänsen hatte ich das Gefühl und die Sicherheit, daß sie zu mir gehörten.

Eines Tages berichteten die Gänse, sie hätten mir etwas Besonderes mitzuteilen. Primrose, die aufgrund ihrer Größe und ihrer Entschiedenheit die Verantwortung für die drei trug, machte einen Schritt nach vorne und berichtete atemlos die Neuigkeit, daß Silky Welpen bekommen würde. Sie hatte gehört, wie mein Vater Mr. Webster dies berichtete. Kaum hatte sie diese Information weitergegeben, als mich Buttercup fragte: „Was sind Welpen?" Mit meinem begrenzten Verständnis erklärte ich, daß Welpen Babyhunde wären, die eines Nachts von einer Fee in Silkys Bauch gelegt würden.

„Wie kommen sie da heraus?" fragte Buttercup.

„Wenn sie soweit sind, fallen sie einfach heraus", antwortete ich. Dann erklärten alle drei Gänse, sie hätten auch gern ein paar Welpen.

Weiter erklärte ich, daß Gänse keine Welpen bekämen. Sie bekämen Babygänse, die als Eier herauskämen. Da dies nicht annähernd so faszinierend schien, wie Welpen in ihren Bäuchen zu haben, beschlossen sie, die Gelegenheit, sich selbst zu vermehren, nicht zu nutzen. Sie erklärten, sie würden Silky mit ihren Welpen helfen, wenn es so weit wäre.

Meine Gänse begleiteten mich auch immer, wenn ich die Hühner in das Hühnerhaus sperrte. Ich sagte ihnen, sie müßten zum Schutz vor dem Fuchs über Nacht in ihrem kleinen Haus bleiben. Ich sagte ihnen, Füchse täten Gänsen und Hühnern schlimme Dinge an; also hörten sie auf mich und blieben die ganze Nacht in ihrem Häuschen, bis ich am nächsten Morgen zu ihnen kam und sie wieder herausließ.

Diese glückliche Beziehung dauerte beinahe neun Monate. Ich verbrachte idyllische Tage in der Gesellschaft meiner geliebten Tiere und plauderte mit ihnen über viele interessante Themen. Ich erzählte ihnen alles – wie es mir in der Schule erging, welche Fächer ich gern, welche ich überhaupt nicht mochte –, und sie hörten mir zu, als ob ich das faszinierendste Kind auf der Welt sei. Sie bemitleideten mich wegen meiner Familienprobleme, und ich hörte mir all ihre Geschichten an.

Ebenso wie Pickles mochten alle anderen Tiere des Dorfes den Hund Hero nicht wegen seiner schlechten Laune. Sie erfreuten mich häufig mit Geschichten über ihr neuestes Zusammentreffen mit diesem unberechenbaren Hund, erkannten aber voller Mitleid an, daß Heros Besitzer ein gemeiner Mensch war und er deshalb nicht anders konnte.

Meine Tiere erklärten mir, die meisten Menschen nähmen sich nicht so wie ich die Zeit, um mit ihnen zu reden. Die meisten Menschen, so sagten sie, könnten ihre Sprache nicht verstehen. Obwohl ich schon eine vage Ahnung davon hatte, war dies für mich die erste richtige Bestätigung, daß meine Fähigkeit, auf telepathische Weise mit Tieren zu kommunizieren, ungewöhnlich war.

Meine Gänse waren gern auf der Wiese bei ihren Namensvettern, den Butterblumen, Gänseblümchen und Schlüsselblumen. Ich flocht ihnen sogar Ketten aus Gänseblümchen und legte sie um den Hals jeder Gans und sogar meines Hundes. Auch flocht ich eine für mich selbst, und die Leute lächelten über mich und meine Menagerie von Tieren, die alle mit Gänseblümchen geschmückt waren.

Ich erinnere mich daran, wie sehr sich die Gänse darüber freuten, daß sie nicht zur Schule gehen mußten. Sie wunderten sich, warum ich dorthin gehen mußte. Ich sagte ihnen, daß Kinder dies halt tun müßten, daß ich in die Schule gehen mußte, um zu lernen. „Was denn lernen?" fragten sie. „Du weißt doch schon alles, was wichtig ist." Sie konnten nicht verstehen, wie man ein Kind den ganzen Tag lang drinnen sitzen läßt, weit weg von den Wiesen und Blumen und Tieren in der Natur. Sie erzählten mir, sie vermißten meine Gesellschaft, während ich in der Schule war, und warteten sehnsüchtig auf die Stunde meiner Rückkehr.

Ich erinnere mich dieser Zeit als einer goldenen Zeit, in der ich getragen war von der Liebe meiner Tiere und meiner Großmutter Robishaw. Ich hatte das Gefühl, zu ihr zu gehören, ein Gefühl, das ich bei dem Rest meiner Familie nicht hatte. Häufig fragte ich meine Mutter, ob man mich adoptiert habe, weil ich mir so anders vorkam als der Rest der Familie. Meine Großmutter aber verstand mich, verstand die unglaubliche Gabe der Kommunikation mit den Tieren, die mir gegeben war, weil sie selbst hellsehen konnte und oft Vorahnungen hatte.

Meine Großmutter half mir auch dabei zu lernen, wie ich trotz meines Hörverlustes besser mit den Menschen kommunizieren konnte. Sie hatte als junge Frau in den Baumwollspinnereien von Lancashire gearbeitet. Wegen der laufenden Maschinen war eine normale Unterhaltung nicht möglich. Deshalb lernten die jungen Frauen, die dort arbeiteten, einander von den Lippen abzulesen. Meine Großmutter lehrte mich diese Fähigkeit, die mir half, mich mehr mit der Welt der Menschen verbunden zu fühlen.

Ich begann zu erkennen, daß nicht alle Menschen die Tiere so liebten wie ich oder dieselben zärtlichen Gefühle hegten. Ich wunderte mich, warum sich so viele Erwachsene den Tieren überlegen fühlten. Für mich war das Verhalten der Menschen viel unvorhersehbarer als das der Tiere, und ich mochte die Tiere viel mehr als einige Menschen (das gilt auch heute noch).

Für alles, was die Tiere taten, hatten sie immer sehr einsichtige Erklärungen, sie verletzten einander niemals mit Absicht, so wie dies oft die mir bekannten Menschen taten. Allmählich wurde mir klar, daß meine Fähigkeit, mit Tieren zu kommunizieren, etwas war, was außer meiner Großmutter niemand glauben, geschweige denn verstehen konnte. Endlich dämmerte mir auch, warum meine Familie so wenig Geduld für meine „Phantasiebegabung" übrig hatte. Sie glaubten wahrhaftig nicht, daß ich mit Tieren sprechen konnte. So etwas war jenseits ihrer Erfahrungswelt.

Dann kam Weihnachten 1950. Ich kam nach einem Ausritt mit Freunden auf einer nahegelegenen Farm zum Mittagessen nach Hause. Es war ein Sonntag, und mittags wird in England gut und ausgiebig gegessen – verschiedene Fleischsorten, Gemüse und Beilagen, Apfelkuchen, Eiercreme oder Reispudding zum Nachtisch. Da Weihnachten war, beschloß meine Mutter, zu dieser Gelegenheit ein besonderes Mahl zuzubereiten.

Ich ging ins Haus und zog mich zum Essen um, wusch meine Hände sehr sorgfältig und kämmte mein Haar, bevor ich zu Tisch kam. Als ich mich hinsetzte, kam meine Mutter mit einer dampfenden Platte herein und lächelte, als mein Vater ankündigte: „Heute gibt es bei uns Gans!" Meine Mutter stellte die Platte vor meinen Vater auf den Tisch, damit er den Vogel tranchieren konnte, und ich erkannte, daß ich einen meiner geliebten Freunde anschaute, der für diese Gelegenheit getötet worden war und nun serviert wurde.

Ich war wie betäubt. Ich konnte weder weinen noch sprechen, ich erstickte fast vor lauter Emotionen. Dann merkte ich, wie Tränen mein Gesicht herunterliefen und ich fing an zu schluchzen. Ich spürte, daß mein Herz gebrochen war. Darum sprang ich vom Tisch auf und rannte hinaus in den Garten, dorthin, wo meine Gänse immer waren. Aber keine war da. Ich rannte zum Gänsehaus, aber auch dort waren sie nicht. Völlig außer mir schaute ich überall nach, ging zu all ihren Lieblingsplätzen und suchte verzweifelt nach den beiden Gänsen.

Schließlich ging ich in die Scheune. Dort waren sie, meine wunderbaren Freunde, in voller Größe – tot, an ihren Füßen von den Sparren herabhängend, Blut tropfte aus ihren Schnäbeln. Mein Vater hatte alle drei Gänse getötet, weil er vorhatte, die anderen zwei an andere Familien im Dorf zu Weihnachten zu verschenken.

Vieh aufzuziehen, um es später zu essen, war in einem englischen Dorf üblich, insbesondere kurz nach Kriegsende, als es nur wenig Fleisch gab und es auch noch rationiert war. Was mein Vater getan hatte, war für ihn und für die anderen Mitglieder meiner Familie reine Routine. Für mich war es schrecklich. Ich spürte all die Schmerzen und das Entsetzen, das die Gänse erlebt hatten. Ich saß da und schaute auf ihre toten, kalten Körper und hörte nicht auf zu schluchzen. Ein Teil von mir war mit meinen geliebten Freunden gestorben. Die unschuldige Glückseligkeit meiner Kindheit war auf grausame Weise zerstört worden.

In jenem Augenblick zwang ich mich, in meinem Kopf eine Tür – wie ich damals meinte, für immer – zu schließen, überwältigt von Pein und Schmerz und mit dem Wissen, daß ich dieses Leid nie wieder selbst erleben wollte. Obwohl ich meine Tiere immer noch liebte und in sie vernarrt war, ließ ich es nicht zu, mit ihnen auf jene besondere Art zu kommunizieren, daß ich ihre Gedanken, Gefühle und Wünsche verstehen konnte und ihnen auch meine eigenen erzählte. Zu meinem eigenen Schutz vor der schrecklichen Todesqual meiner kleinen Familie schwor ich, ich würde mich niemals mehr für die Schmerzen und das Leiden eines Tieres öffnen.

Meine Großmutter half mir, das Ablesen der Worte von den Lippen zu perfektionieren, so daß ich in der Welt der Menschen besser funktionieren konnte; und als ich älter wurde, ließ ich die Welt der Kommunikation mit den Tieren hinter mir. In den folgenden vierzig Jahren blieb mein Entschluß, zu vergessen, unverändert.

2
Tiere kennen Geheimnisse
Wie es begann

Es war im Frühjahr des Jahres 1994, und ich war müde. Ich befand mich in meinem Studio im Stadtteil Galleria von Houston, wohin ich mit meiner Tochter Emma ausgewandert war, um dort amerikanische und europäische Umgangsformen zu unterrichten. Das Geschäft lief gut, aber ich mußte viel Zeit aufwenden, um es aufzubauen.

Eines Tages hatte ich mich gerade nach einem besonders anstrengenden Vormittag einen Moment in meinem Studio aufs Sofa setzen und bei einer Tasse Kaffee ein wenig entspannen wollen. Plötzlich dachte ich, ich sähe etwas aus meinem Augenwinkel, und so drehte ich mich um. Über einem der großen Spiegel an der Wand sah ich, wie ein grellweißes Licht erschien. Ich erkannte es als die obere Hälfte eines Engels mit großen Flügeln. Er hatte ein wunderschönes, sanftes Gesicht. Ich wußte, er würde jetzt zu mir sprechen.

„Du wirst Gottes Arbeit tun", sagte der Engel und fuhr dann fort: „Du wirst mit Tieren und für Tiere arbeiten", und verschwand dann wieder.

Ich saß ruhig da und überlegte, was für eine Arbeit dies denn sein würde. Ich war sprachlos, überwältigt und über das, was gerade geschehen war, sehr verwundert. Noch wußte ich es nicht, aber innerhalb weniger Wochen sollte der Kanal, durch den die Energie zwischen mir und dem Reich der Tiere floß, so stark und mächtig werden, daß er den Schwur meiner Kindheit, die Stimmen meiner Freunde nicht an mich heranzulassen, vollkommen zunichte machte.

Zwei Wochen ereignete sich nichts weiter. Ich hatte so viel mit meiner Etikette-Schule zu tun, daß mir wenig Zeit blieb, über den Besuch des Engels oder über seine Bedeutung nachzudenken. Eines morgens ging ich in mein Ankleidezimmer, um mich zu schminken und merkte, daß sich irgend jemand hinter mir befand. Da fragte ich den Besucher: „Wer bist du?" Er antwortete: „Ich bin der Heilige Franziskus, der Schutzherr der Tiere. Ich werde mit dir arbeiten, um den Tieren zu helfen und sie zu heilen."

Das war alles, was der Heilige sagte. Ich setzte mich hin, um darüber nachzudenken, was diese Besuche bedeuteten. Ich fing an, mich vage an meine Kindheit zu erinnern, verblaßte Erinnerungen kämpften sich aus einer vergessenen Ecke meines Gedächtnisses ins Leben zurück. Etwas nagte am äußeren Rande meines Bewußtseins – Gedanken, Gefühle, die ich noch nicht richtig fassen konnte. Die Tür öffnete sich etwas weiter, aber es sollte noch Wochen dauern, bevor ich die Bedeutung der beiden himmlischen Besuche vollständig begriff und die wahre Aufgabe meines Lebens zu verstehen begann, so wie ich sie jetzt kenne.

Es vergingen noch einige Wochen, in denen ich etwas verwirrt war. Ich versuchte zu verstehen, was der Heilige Franziskus damit meinte, daß er mit mir arbeiten wolle, um den Tieren zu helfen und sie zu heilen. Ich erinnerte mich an einen Vorfall in England, der vor meinem Umzug nach Amerika geschah. Eines späten Abends kam mein Mann Fitz herein und regte sich sehr über unseren Kater Wellington auf, ein recht elegantes und anspruchsvolles Tier. Als Wellington ein paar Minuten später versuchte, das Zimmer zu verlassen, biß ihn Bella, unsere geliebte Rhodesian Ridgeback-Hündin, so daß der Kater am Nacken blutete. Ich war über den Angriff sehr erstaunt, denn die Tiere lebten seit Jahren in Harmonie miteinander.

Als ich nach Amerika ging, zog Fitz aus unserem Haupthaus in unsere Gästewohnung. Wellington blieb lieber in dem großen Haus, durch das er gern seine Kontrollgänge machte, während Bella mit Fitz in das Cottage zog. Der Mieter des großen Hauses liebte Katzen und war in Wellington ganz vernarrt. Ich war wegen der

Attacke jedoch sehr beunruhigt und machte mir Sorgen, daß ich die Tiere zurückließ.

Die Mieter zogen nach einem Jahr wieder aus. Fitz zog wieder in das große Haus und brachte die beiden Tiere nach einer längeren Zeit wieder zusammen. Als ich in Amerika davon hörte, hatte ich Bedenken, daß Bellas offensichtliche Eifersucht für Wellington Probleme bedeuten könnte. Um sicherzustellen, daß Bella ihre Attacke nicht wiederholte, bat ich Fitz, bei dem Wiedersehen der beiden besonders aufmerksam zu sein.

Ich äußerte meine Ängste gegenüber mehreren Freunden und einer empfahl mir Florance, die in Kalifornien lebte und als Tierkommunikatorin anerkannt war. Ich rief sie an und erzählte ihr meine Geschichte. Sie versprach mir, am nächsten Morgen nach der Rückkehr aus der Kirche zu versuchen, mit den Tieren Kontakt aufzunehmen. Wegen der Entfernung hegte sie jedoch einige Zweifel, weil sie niemals zuvor mit einem Tier, das so weit von ihr entfernt lebte, kommuniziert hatte. Ich erinnerte sie daran, daß es für eine telepathische Kommunikation keine Grenzen in der Zeit oder im Raum gäbe und war überrascht, daß sie dies nicht wußte. Florance erzählte mir, sie entspanne sich einfach, wenn sie bereit sei, zu kommunizieren, und dann geschehe es einfach. Zu jener Zeit war ich mir nicht einmal sicher, woher ich es wußte, aber ich verstand intuitiv, daß es so war. Davon fest überzeugt, sprach ich mit Florance, und sie sagte, sie wolle versuchen, mit meinen Tieren in Kontakt zu treten, um herauszufinden, wo das Problem lag.

Am nächsten Tag rief ich sie wieder an und fand heraus, daß es ihr tatsächlich gelungen war, mit meinen Tieren in England Kontakt aufzunehmen. Sehr zu meinem Erstaunen entdeckten wir, daß sich Bella die Schuld für meinen Weggang nach Amerika anlastete; sie nahm an, ich hätte sie aus Verärgerung über ihre Attacke auf Wellington verlassen. Nach Florances Aussage war Bella über meine Abwesenheit sehr bestürzt und wollte wissen, wann ich nach England zurückkehrte. Wellington berichtete Florance, er mache sich wegen Bellas Eifersucht keine Sorgen; er gehe ihr einfach aus dem

Weg. Aber er vermißte mich und wollte auch wissen, wann ich zurückkehrte.

Ich merkte, daß die Informationen, die mir die Frau gegeben hatte, absolut richtig und ganz typisch für die grundverschiedenen Persönlichkeiten meiner beiden Tiere waren. In meinem Gedächtnis wurde durch dieses Ereignis quasi ein Schlüssel herumgedreht, der eine vergessene Erinnerung wieder ins Bewußtsein rief. Mir wurde wieder bewußt, daß ich eine solche Arbeit auch selbst tun konnte.

Ich entschloß mich, meine eigene Fähigkeit zu Kommunikation mit Tieren zu testen. Einst, so erinnerte ich mich, gelang mir dies mit Leichtigkeit, und ich vermutete, daß es diese Gabe war, die der Heilige Franziskus meinte, als er zu mir sagte, ich würde den Tieren helfen.

Ich begann jeden Tag um dieselbe Zeit, mit meinen Tieren zu sprechen. Ich stellte mir mein Zuhause in England vor und versuchte, mit Bella und Wellington zu reden. So redete ich ganze zwei Wochen lang, ohne irgend etwas zurückzubekommen, doch gab ich nicht auf. Ich hatte mir selbst drei Monate Zeit gegeben, um zu sehen, ob dieses Experiment funktionierte.

Eines Abends sollte ich in Houston im Rahmen einer gesellschaftlichen Veranstaltung vor einer Gruppe von Geschäftsfrauen eine Rede halten. Das Essen sollte gerade serviert werden, als ich plötzlich hörte, wie meine Hündin Bella telepathisch mit mir sprach.

„Warum hast du mir nicht geantwortet?" fragte Bella eindringlich. „Ich habe immer wieder zu dir gesprochen, und du hast nicht geantwortet. Bist du immer noch wütend, weil ich Wellington gebissen habe?"

Ich sprang praktisch von meinem Stuhl hoch. Ich sagte zu meiner Tochter Emma, die wußte, daß ich versucht hatte, mit meinen Tieren Kontakt aufzunehmen, daß Bella plötzlich durchgekommen sei, zu mir spreche und mir Bilder schicke. Es war das erste Mal, daß ich merkte, wie uns Tiere hauptsächlich durch die Übermittlung von Bildern mitteilen, was sie sagen wollen.

„Wann kommst du zurück nach Hause?" wollte Bella wissen. „Wir alle vermissen dich. Ohne dich sind wir alle traurig."

Ich war überglücklich, die Stimme meiner Hündin zu hören. Plötzlich mischte sich Wellington ein und erzählte mir all den Tratsch aus meinem Dorf. Bei seinen Wanderungen durch Aston Lee Walls hatte der wißbegierige Kater die interessantesten Dinge des Dorfes aufgeschnappt. Er erzählte mir, daß Daisy, eine ältere Frau aus dem Dorf, ins Krankenhaus mußte, eine Tatsache, die ich bei meinem nächsten Telefongespräch mit Fitz überprüfte. Dann beschwerte sich Bella über die Putzfrau, weil sie das Haus nicht so reinigte, wie das die „Mamma" tat, und ich lachte. Bella sagte auch, Fitz sei sehr über sein kaputtes Auto verärgert, und daß sie selbst sehr traurig sei, weil meine Mutter, die einige Wochen zu Besuch gewesen war, wieder in ihr eigenes Haus zurückgekehrt sei und sie sie vermisse.

All dies geschah in einem Raum voller Frauen, die in wenigen Minuten eine Rede über die Feinheiten der Etikette erwarteten. Ich konnte mein Erstaunen nicht verbergen. Irgendwie wußte ich, daß ich es konnte, daß ich die Gabe besaß, über die Energie meines Geistes mit den Tieren zu kommunizieren, doch ich konnte nicht erklären, wieso ich es wußte. Also nahm ich mich zusammen und stand auf, um zum Podium zu gehen. Ich versuchte, meine Gedanken für die Rede zu ordnen, während die Stimmen von Bella und Wellington noch in meinem Kopf klangen. Ich überlegte kurz, daß einige denken könnten, ich sei total verrückt, wenn ich meinen Zuhörerinnen von meiner unglaublichen Erfahrung berichtete.

Ich hielt meine Rede, konnte es aber kaum erwarten, nach Hause zu Emma zu fahren, um mit ihr darüber zu sprechen, was mir mit Bella und Wellington geschehen war.

Ab diesem Zeitpunkt sprach ich jeden Tag mit meinen Tieren. Wellington erzählte mir weiterhin den neuesten Klatsch aus dem Dorf, während Bella herauszubekommen versuchte, wann ich endlich nach Hause zurückkäme. Ich bat die beiden, sich zu vertragen und für einander zu sorgen, und Fitz berichtete mir von einer Veränderung in der Rivalität zwischen den beiden. Dann erfuhr ich, daß es zwischen Bella und Wellington wegen eines Vogels, den er getötet und im Haus unter den Tisch gelegt hatte, einen Streit gab. Bella gab dem leidenschaftlichen Jäger ordentlich Bescheid und erinnerte ihn daran, daß ich es auch nicht mochte, wenn er Vögel jagte. Fitz berichtete, Bella habe den Kater an dem Tag, an dem Wellington den Vogel getötet hatte, unaufhörlich angebellt. Ich war jeden Tag mehr von der Genauigkeit meiner Kommunikation mit meinen Tieren überzeugt. Was auch immer sie mir erzählten, wurde von Fitz bestätigt. Und die Informationen, die mir Bella und Wellington in unseren täglichen Gesprächen gaben, konnte ich mir auf keine andere Weise besorgen.

Als mir Fitz die Geschichte erzählte, wie wütend Bella auf Wellington war, wurde mir plötzlich der Grund für die frühere Attacke klar. Jedes Jahr kehrten die Schwalben aus Afrika zurück, um auf unserem Grundstück in den alten Scheunen, Ställen und Nebengebäuden zu nisten. Dieses Ereignis erfüllte uns nicht nur wegen der Schönheit der Vögel mit Freude, sondern auch weil ihre Rückkehr das Ende des langen, kalten englischen Winters ankündigte und warme, sonnige Frühlingstage versprach.

Jedes Frühjahr freuten wir uns auf die Ankunft der Schwalben und auf das Schlüpfen ihrer Jungen, die sie auf unserem Land großzogen. Jeden Abend saßen wir in unserem wunderschönen Garten, umgeben von üppigen Lupinen, Stockrosen, Geißblatt und Baumrosen, genossen ein Glas Wein und die segelnden Schwalben. Da ich wußte, daß viele der Schwalben auf ihrem Weg umkamen, fühlte ich mich ganz besonders für die überlebenden verantwortlich, die jedes Frühjahr so treu wieder in meinem Garten auftauchten.

Wenn die kleinen Schwalben fliegen lernten, fielen viele ins Gras und waren für eine räuberische Katze leichte Beute. Ich versuchte immer, Wellington in den wenigen Tagen, in denen die Jungen ihre Flügelchen austesteten, im Haus zu halten. Wellington gelang es aber, wie allen anderen Katzen auch, einen Weg nach draußen zu finden. Sein Jagdinstinkt war tief in ihm verwurzelt.

Eines Tages tötete Wellington zwei junge Schwälbchen, was mich sehr aufbrachte. Bella hörte, wie ich mit ihm schimpfte und war wütend, weil sie wußte, Wellington hatte etwas getan, was mich zornig machte. Ohne unser Wissen beschloß sie, dieses Problem zu lösen. Sie übernahm es selbst, Wellington wegen seiner Missetaten zu strafen, und das war auch der Grund, warum sie hinter ihm her war, nicht aus Eifersucht, wie ich fälschlicherweise angenommen hatte.

Als mein Vertrauen in meine Fähigkeit wuchs, mit Tieren kommunizieren zu können, fing ich an, einigen engen Freunden die Einzelheiten dieser bemerkenswerten Dinge, die mir geschahen, zu berichten. Als ich anfing, die Kommunikation mit den Tieren offiziell zu betreiben, wußten nur wenige meiner Freunde genau, was ich tat. Sie dachten, ich sei eine englische Expertin für gute Umgangsformen, und ich fand nicht immer den passenden Zeitpunkt oder den Ort, ihnen zu erzählen, wie mein Leben sich in dem Maße änderte, in dem ich mehr und mehr fast ausschließlich mit Tieren arbeitete. Dann bat mich Stacey, meine Freundin, die die Frau in Kalifornien empfohlen hatte, mit ihren beiden Katzen Hubert und Leonard zu sprechen; vielleicht könnte ich bei Verhaltensproblemen helfen, die aufgetreten waren. Ich sagte zu, fühlte mich bereit, jede Aufgabe anzugehen, die mir der Heilige Franziskus über den Weg schicken würde. Ich wußte, ich hatte meine wahre Lebensaufgabe gefunden.

3
Es gibt keine schlechten Tiere
Kämpfe und Verhaltensprobleme

Für Tierbesitzer ist vielleicht kein Problem so schmerzlich wie das plötzliche Auftreten eines ungewöhnlichen Verhaltens bei einem geliebten und normalerweise gutzogenen Tier. Genauso bestürzend ist es, wenn einstmals friedfertige Hausgenossen zu kämpfen anfangen. Viele meiner Klienten ziehen mich bei dieser Art von Problem zu Rate, und sie sind normalerweise so beunruhigt und verunsichert, daß sie fast schon soweit sind, das Tier ins Tierheim zu bringen oder es einschläfern zu lassen, falls es sich um ein Tier handelt, das beißt oder angreift. Ein wahrer Tierliebhaber will so etwas natürlich vermeiden, wenn es irgendwie möglich ist.

Ein unerwünschtes Verhalten kann, wie alle Probleme mit Tieren, dadurch behoben werden, daß man genau beobachtet und das herauszufinden versucht, was das Tier so außer Fassung gebracht hat. Denken Sie daran, daß Tiere wie Kinder sind, die nach unserer Aufmerksamkeit und Zuneigung verlangen. Haben sie das Gefühl, daß sie nicht beachtet werden, können sie sicherlich Wege finden, die gewünschte Aufmerksamkeit zu bekommen, und ihnen ist es wirklich egal, ob es eine positive oder negative Aufmerksamkeit ist. Sie wissen nur, daß, wenn sie sich nicht richtig verhalten, ihr Besitzer, der sie zuvor übersehen hatte, aufmerken und das Tier beachten wird. Je schlimmer der Mangel an Aufmerksamkeit ist, desto schlimmer kann das Verhalten des Tieres werden.

Über die Stimmung eines Tieres läßt sich sehr viel durch die Beobachtung seiner Körpersprache erfahren, die leicht zu lesen und zu deren Interpretation keine besondere Ausbildung erforderlich ist. Läßt das Tier seine Ohren hängen oder legt sich auf den Bauch und hat einen verlorenen Gesichtsausdruck, gibt es sicherlich etwas, was das Tier durcheinandergebracht hat.

Zur Beobachtung des Tieres ist keine besondere Gabe vonnöten, lediglich die Fähigkeit, über die Umstände nachzudenken, die zu dem Beginn des Verhaltensproblems geführt haben. Gelingt es, das zu erkennen, was sich verändert hat, hat man wahrscheinlich schon die Ursache für das schlechte Benehmen herausgefunden.

Tiere machen sich um jede Veränderung in ihrem Haushalt Sorgen. Oft nehmen Tierbesitzer Änderungen vor und treffen wichtige Entscheidungen, ohne die Auswirkung auf ihre Tiere zu bedenken. Denken wir daran, daß Tiere sehr sensibel auf die menschlichen Emotionen reagieren, die sie umkreisen. So ist es wichtig, den Tieren die Wahrheit über jegliche Veränderungen im Haushalt zu sagen. Helfen wir ihnen, die Situation zu verstehen, insbesondere dann, wenn eine Veränderung dauerhaft sein wird, wie zum Beispiel im Fall einer Scheidung oder eines Todes in der Familie.

Auch wenn die Veränderung nicht unbedingt von Dauer ist, also wenn ein Kind das Haus verläßt und aufs College geht, so ist es für ein Tier doch wichtig zu erfahren, was geschieht. Erklären wir einem Tier nicht, warum eine Veränderung erfolgt, dann kann es schon sein, daß es sich schuldig fühlt, wie im Fall von Bella, die dachte, ihre Attacke auf Wellington sei der Grund, warum ich nach Amerika gegangen war.

Hubert

Meine Freundin Stacey, die normalerweise auf die Bedürfnisse ihrer Tiere sehr empfindsam reagiert, rief mich wegen eines Problems an, das sie mit ihrem Kater Hubert hatte. Hubert war einer von zwei grau getigerten Brüdern und ist etwas temperamentvoll und reizbar, sein Bruder Leonard eher etwas zurückhaltender. Die beiden Kater schliefen jede Nacht bei Stacey. Für Mensch und Katzen war dieses Arrangement gleichermaßen zufriedenstellend.

Plötzlich fing Hubert damit an, Stacey um drei Uhr morgens

dadurch zu wecken, daß er auf ihre Brust sprang. Hatte das nicht die gewünschte Wirkung, dann ging er zu der Jalousie über der Kommode und klapperte mit seinen Pfoten so lange daran, fast so, als ob er Xylophon spielte, bis Stacey nichts anderes übrigblieb, als aufzustehen und ihn zu stoppen. Mit jeder Nacht wurde sie zorniger und vom mangelnden Schlaf richtig mürrisch.

Verzweifelt rief sie mich an und bat um Hilfe. Zu jener Zeit experimentierte ich noch mit der Kommunikation mit meinen eigenen Tieren Bella und Wellington. Ich sagte aber, ich werde versuchen, zu helfen.

Ich war erstaunt, wie leicht ich telepathisch mit den Katzen in Verbindung trat. Ich fragte Hubert, warum er so ungezogen sei und sein Frauchen jede Nacht aufwecke. Er antwortete mir sofort, er sei wütend, weil Stacey in letzter Zeit nicht viel zu Hause sei. Stacey verbringe fast überhaupt keine Zeit mehr mit ihnen. Deshalb wecke er sie mitten in der Nacht auf, weil er dann ihrer vollen, wenn auch zornigen Aufmerksamkeit sicher sein könne – und das sei immer noch besser als überhaupt keine Aufmerksamkeit.

Hubert schien zu merken, daß er eine aufmerksame Zuhörerin hatte, und so fuhr er mit der Aufzählung seiner Beschwerden fort. Es ärgerte ihn, daß Stacey ihm schon eine ganze Weile seine Lieblingsspeise Thunfisch vorenthalten hatte. Er wolle viel häufiger Thunfisch haben, sagte er mir, und verstehe nicht, warum er keinen mehr bekomme. Er vermisse auch seinen kleinen roten Ball, der schon vor einiger Zeit verschwunden war, und wolle als Ersatz einen neuen Ball. Schließlich beschwerte er sich über sein neues Kratzbrett, er mochte sein altes lieber.

Ich rief Stacey an und berichtete, was Hubert mir erzählt hatte, und sie gab zu, daß ihre Arbeit in letzter Zeit ihre volle Aufmerksamkeit beansprucht habe. Sie sagte, sie komme spät abends nach Hause und sei dann so erschöpft, daß sie mit ihren beiden Katzen nicht so lange spiele, wie die es gewohnt waren. Sie war auch überrascht, als sie erkennen mußte, daß sie Thunfisch unabsichtlich vom Speiseplan der Katzen gestrichen hatte. Der Thunfisch war ausgegangen, und sie hatte einfach keine Gelegenheit, in den Laden zu gehen, in dem sie ihre Lieblingsmarke kaufte. Sie stellte fest, daß sie den Katzen fast drei Monate lang keinen Thunfisch gegeben hatte.

Sie lachte, als ich ihr von dem roten Ball erzählte, und sagte, Hubert habe ihn ständig bei sich gehabt. Stacey erzählte, sie habe, von Natur aus ordentlich, den Ball weggeworfen, weil er so schäbig ausgesehen habe; daß Hubert dies aufregen würde, habe sie nicht bedacht. Sie versprach, den Katzen mehr Aufmerksamkeit zu schenken und sofort loszuziehen, um Thunfisch und einen neuen roten Ball zu kaufen, und auch das geliebte alte Kratzbrett wieder hervorzuholen.

Dann sagte ich zu Stacey, sie solle sehen, daß sie regelmäßig ausreichend Zeit mit ihren Tieren verbringen könne, ansonsten würde das Problem fortbestehen. Und Hubert sagte ich, er dürfe Stacey nicht mitten in der Nacht aufwecken. Hubert versprach, sich zu benehmen – aber nur dann, wenn Stacey am Abend mehr Zeit mit ihm verbringe. Auch bestand er darauf, daß Stacey ihm ihre ungeteilte Aufmerksamkeit schenke. Das interessierte mich. Hubert erklärte mir, daß Stacey, auch wenn sie bei ihm war, sich oft in der Küche oder im Badezimmer aufhalte und mit anderen Dingen beschäftigt sei, statt sich wirklich auf ihn zu konzentrieren. Er übermittelte mir ein Bild, wie Stacey sich seinem Wunsch nach mit ihm beschäftigen solle: von Angesicht zu Angesicht.

Stacey fing an zu lachen, als ich ihr dies schilderte, und gab zu, daß sie häufig aus einem anderen Zimmer mit ihren Katzen spreche, während sie kochte, wusch oder sich schminkte. Diese geteilte Aufmerksamkeit störte Leonard überhaupt nicht, der sich Staceys Liebe ganz sicher war und sich nicht sorgte, wenn sie den gelegentlichen Ohrkrauler vergaß. Hubert aber, von Natur aus unsicherer, konnte sich ganz einfach keinen Moment länger mit diesem Mangel an Aufmerksamkeit abfinden; er mußte sich dafür rächen und so Stacey wissen lassen, daß er aufgebracht war. Ich sagte zu Stacey, daß ein untypisches Verhalten eine der wenigen Möglichkeiten für

Tiere sei, die Aufmerksamkeit ihrer Besitzer zu erlangen, wenn sie etwas nicht mochten.

Stacey führte die gewünschten Veränderungen aus und nahm Hubert jeden Abend zum Kuscheln auf den Schoß. Auf dem Speiseplan der Katzen stand wieder Thunfisch, und es wurde ein neuer roter Ball beschafft. Innerhalb weniger Tage hörte Huberts nächtliches Wüten auf, und er benahm sich wieder ganz normal.

Wichtig ist, daß wir die Zeit, die wir unserem Tier geben, uneingeschränkt dem Tier widmen. Wir sollten uns zu ihm auf den Boden setzen oder es auf unseren Schoß setzen, den Blickkontakt zu ihm aufnehmen und ihm unsere ganze Aufmerksamkeit schenken, es streicheln und mit ihm reden. Denken wir auch daran, daß Tiere Materialien gegenüber sehr empfindsam sind. Das Gefühl mancher Stoffe mögen sie mehr als das anderer. Ist der Stoff der Kleidung schlüpfrig glatt oder rauh, kann es sein, daß sich das Tier nicht gern in unseren Schoß legt oder darin sitzt. Katzen lieben es, Stoffe durchzukneten, insbesondere weiche Decken und Wollschals.

Manche Menschen haben das Problem, daß ihre Katze an den Möbeln kratzt. Kratzen ist für Katzen eine natürliche und notwendige Sache, um die Krallen gesund zu halten. Ich bin völlig dagegen, den Katzen die Krallen zu entfernen (Anmerkung der Übersetzerin: Das Entfernen der Krallen ist in Deutschland verboten). Das ist unmenschlich und verursacht höllische Schmerzen, und oft bringt es die Katzen dazu, zu beißen, da sie nach dem Entfernen ihrer Krallen keine andere Verteidigungsmöglichkeit mehr haben. Dies ist ein weiteres Beispiel für ein Verhaltensproblem bei Tieren, das durch einen Fehler des Menschen ausgelöst wurde.

Häufig ist Kratzen das Ergebnis eines schlechten (oder keines) Trainings oder der Verwendung eines ungeeigneten Kratzbrettes. Kratzbretter sollten ausreichend robust, lang und breit sein, um das Gewicht der Katze ohne nachzufedern aushalten zu können, wenn sie sich streckt und ihre Krallen wetzt. Das Brett muß unbedingt groß genug sein, damit sich eine Katze mit ihren Krallen oben einhaken, ihren ganzen Körper strecken und alle Muskeln trainieren kann. An einem runden, schmalen Kratzbaum können Katzen nicht richtig kratzen. Steht ihnen nur ein solcher Baum zur Verfügung, werden Katzen häufig lieber an einem Sofa oder Stuhl kratzen, insbesondere dann, wenn ihnen nicht beigebracht wurde, daß das Kratzen an Möbeln ein unerwünschtes Verhalten darstellt.

Es gibt eine einfache und humane Methode, die Katzen von den Möbeln abzubringen. Dafür benötigen wir eine Sprühflasche mit einfachem Wasser auf Zimmertemperatur, die wir immer dann einsetzen, wenn die Katze an den Möbeln kratzt. Wir sagen dann scharf „nein!", bespritzen sie mit Wasser und führen sie zum Kratzbrett. Das zischende Geräusch der Sprühflasche zusammen mit dem Wasser ist für die Katze höchst unangenehm. Schließlich lernt sie aber, daß sie die Möbel nicht anrühren darf. Das funktioniert aber nur dann richtig, wenn der Katze eine entsprechende alternative Kratzfläche zur Verfügung steht.

Pebbles

Eines Tages rief mich meine Klientin Luan an, eine reizende chinesische Dame, mit deren Tieren ich oft gearbeitet hatte. Sie war fassungslos, weil Pebbles, eine ihrer drei Katzen, plötzlich Timmy, eine ihrer anderen Katzen, in eine Ecke gedrängt hatte und nicht mehr herauslassen wollte. Wann immer der arme Timmy versuchte, die Ecke zu verlassen, griff Pebbles ihn an, biß und kratzte ihn. Pebbles hatte auch Luan gebissen, als sie versucht hatte, einzugreifen – eine Tatsache, die sie in Erstaunen versetzte, weil der Kater in den sieben Jahren, die sie bis dahin gemeinsam verbracht hatten, immer nur ein liebevoller und sanfter Gefährte gewesen war.

Ich trat mit Pebbles telepathisch in Verbindung. Er war sehr zornig. Ich fragte ihn, warum er so außer sich sei. Er schickte mir ein seltsames Gefühl in meiner Nase zurück und ein Bild von Timmy. Ich fragte Pebbles: „Warum attackierst du Timmy?"

Pebbles gab eine ganz einfache Antwort: „Timmy riecht eigenartig. Wenn er aus seiner Ecke kommt, wird alles andere auch so seltsam riechen."

Die Erklärung für dieses unangenehme Gefühl in meiner Nase war nun klar, aber ich wußte immer noch nicht, warum Pebbles Luan gebissen hatte. „Pebbles, warum hast du Luan gebissen? Du hast das nie zuvor getan."

„Wenn sie Timmy hochgenommen hätte, hätte sie genauso gerochen wie er. So habe ich sie gebissen, um sie daran zu hindern", sagte Pebbles.

Aus der Sicht des Tieres war auch dies logisch. Ich fragte Luan, ob sie Timmy mit einem neuen Spray oder Puder behandelt habe, und sie antwortete, sie habe ein neues homöopathisches Flohmittel gekauft, weil sich Timmy schrecklich viele Flöhe eingefangen und sie Angst gehabt habe, ein Flohgift zu verwenden. Auf meine Frage, wann sie mit der neuen Behandlung begonnen habe, sagte sie mir, erst vor einigen Tagen. Dann fragte ich sie, ob ab diesem Zeitpunkt Pebbles sein Verhalten gegenüber Timmy verändert habe, und sie sagte ja. Wie die meisten Katzen, so hatte auch Pebbles einen stark ausgeprägten Geruchssinn. Ich erinnerte Luan an einen Vorfall mit Pebbles, der schon einige Zeit zurücklag, als er nämlich auf den Duft eines neuen Parfüms damit reagierte, daß er sich weigerte, zu ihr zu kommen. Offensichtlich war auch der Geruch des Flohmittels für seine empfindliche Nase unangenehm.

„Für mich riecht das Mittel gut", sagte Luan, „und es hat die Flöhe vertrieben."

„Nun ja, aber für Pebbles ist der Geruch nicht in Ordnung", sagte ich ihr. „Ihn hast du damit nicht behandelt?"

Luan erwiderte, sie habe es nicht getan, weil Pebbles keine Flöhe gehabt habe. Ich erklärte ihr, daß es der schreckliche Geruch war, der Pebbles aufgebracht und ihn veranlaßt hatte, sie und Timmy zu attackieren. Darum riet ich ihr, sofort mit Wasser und einem milden Shampoo sowohl Timmy als auch ihre Hände gründlich zu waschen, um den Geruch zu entfernen. Auch solle sie dieses Mittel nicht mehr verwenden.

Luan rief einige Tage später an und berichtete, daß sich, nachdem sie Timmy gebadet und den Geruch entfernt hatte, die Dinge in ihrem Haus wieder normalisiert und die beiden Katzen wieder ihre enge und liebevolle Beziehung aufgenommen hatten.

Amadeus

Eines Tages rief mich Rhonda an, deren Hund Amadeus als Mitglied des Teams der Flyball-Vereinigung von Houston ausgebildet wurde. Man hatte Amadeus aber fast schon aus dem Team geworfen, weil er gegenüber den anderen Hunden des Teams ein sehr aggressives Verhalten zeigte.

Als Amadeus mit Rhonda bei mir eintraf, ging er durch das ganze Studio, schnüffelte überall umher und fragte mich, wo die anderen Hunde seien. Ich sagte ihm, daß es hier keine anderen Hunde gebe. Er fragte mich weiter, wo die Katzen seien, da er mit neunzehn Katzen zusammenlebe. Ich erwiderte: „Es gibt hier keine Katzen, nur dich."

Amadeus hatte den Geruch der anderen Tiere aufgenommen, die hier bei mir gewesen waren. Da ihn die faszinierenden Gerüche so stark interessierten, dauerte es eine ganze Weile, bis er sich beruhigt hatte. Wenn Tiere aus ihrer gewohnten Umgebung genommen und zu mir gebracht werden, sind sie aufgeregt oder nervös oder manchmal auch ein wenig aufgebracht. Da ich sofort mit den Tieren über die Energie ihrer Besitzer kommunizieren kann, habe ich es lieber, wenn die Besitzer allein ohne ihre Tiere zur Beratung kommen. Dadurch sparen wir zwanzig oder dreißig Minuten, die vergehen, bis die Tiere sich beruhigt haben und für die telepathische Kommunikation aufnahmefähig sind. Eine Ausnahme mache ich dann, wenn das Tier krank ist und ich es zur Heilung mit meinen Händen berühren muß. In unserem Fall machte ich eine Ausnahme, weil ich erst, als sie bei mir eintraf, erfuhr, daß Rhonda ihn mitbringen würde. Da sie nun schon mal da waren, war es nicht sinnvoll, sie zurückzuschicken.

Rhonda erzählte mir, Amadeus wolle nicht zur Box gehen, um den Flyball zu holen. Ich ließ sie den Parcours aufzeichnen und mir berichten, welche Aufgaben während eines Wettkampfs von dem Hund auszuführen waren. Rhonda erläuterte, wie alles ablief, sagte aber, Amadeus attackiere alle anderen Hunde, die während des Wettkampfs in seine Nähe kommen.

Ich fragte Amadeus, warum er die anderen Hunde attackiere. Er erzählte mir, daß er früher einmal ein Rinderhütehund auf einer Ranch gewesen war und es nicht mochte, wenn das Vieh ihn anrannte. Er habe Angst, daß die anderen Hunde dies auch täten, wenn er sie zu nahe an sich heranlasse. Ich versicherte ihm, die anderen Hunde hätten nicht die Absicht, ihn anzurennen, so wie das Vieh es oft getan hatte, und sagte, die anderen Hunde wollten ihm nichts Böses tun; sie wollten im Wettkampf einfach nur gute Arbeit leisten.

Ich fragte ihn, ob er zusammen mit den anderen Hunden an den Wettkämpfen teilnehmen wolle, was er bejahte, doch wisse er nicht, was er tun solle. Ich sagte ihm, er müsse zur Box gehen und den Ball mit seinem Maul fangen. Als ich ihm dann dieses Bild übermittelte, sagte er, er habe nun endlich verstanden, was er tun soll.

Rhonda erzählte mir auch, er sei nicht sehr leinenführig. Ich fragte ihn, warum er sich nicht hinsetzen und das tun wolle, was ihm seine Besitzerin sagte. Nun kam seine traurige kleine Geschichte heraus. Er sagte mir, sein früherer Besitzer habe ihn an einem dünnen Strick, der regelrecht in seinen Hals einschnitt, festgehalten, was ihm sehr weh getan habe. Er sei an dem Strick umhergezogen und an einem Baum angebunden worden. Sein Hals war bis aufs Fleisch wundgerieben. Auch wenn er wisse, daß Rhonda ihn niemals verletzen würde, weil sie ihn so sehr liebe, so erinnere er sich doch jedes Mal, wenn sie ihn auf eine bestimmte Weise an der Leine zog, an diese Schmerzen, die er in der Vergangenheit erlitten hatte, und dies bringe ihn durcheinander.

Diese Geschichte gab ich Rhonda wieder, und sie sagte mir, auf welche Weise Amadeus seinem früheren Besitzer weggenommen wurde, der ihn so schlecht behandelt hatte. Sie habe ihn aus einem Tierheim und wisse nicht sehr viel über seine Vergangenheit, jetzt aber verstehe sie, woher die Probleme kämen. Sie bat mich, Amadeus mitzuteilen, daß sie nie wieder so stark an seiner Leine ziehen werde.

Im Laufe unseres Gesprächs erzählte mir Amadeus noch viele andere Dinge, die mein Herz bluten ließen. Man hatte ihn mit ungeheurer Grausamkeit behandelt. Er sagte, er wolle für immer bei Rhonda bleiben und sie niemals verlassen. Er habe bereits mehrere Besitzer gehabt und fürchte sich davor, wieder woanders hin zu müssen. Ich versicherte ihm, Rhonda werde ihn niemals verlassen und nie grausam behandeln. Auch sagte ich ihm, er sei ein sehr schlauer und kluger Hund und werde im Flyball-Wettkampf sehr gut abschneiden.

Rhonda bat ich, mich am Abend vor dem Wettkampf anzurufen, um mit Amadeus nochmals alles durchgehen und ihn daran erinnern zu können, was er zu tun hatte. Nach dem Wettkampf rief Rhonda mich an, um zu berichten, Amadeus sei zur Box gegangen, habe seinen Ball gefangen und sich an der Leine sehr gut benommen. Er habe keinen der anderen Hunde gebissen.

Einige Wochen lang ging es gut, bis Rhonda mich anrief und mich bat, nochmals mit Amadeus zu sprechen. Er habe am Tag zuvor einen Wettkampf erfolgreich beendet, sei aber dann aus einem nicht erkennbaren Grund hinter einem anderen Hund hergerannt und habe ihn gebissen. Rhonda war außer sich, weil die Tierarztrechnung für die Behandlung des Hundes 200 US Dollar betragen hatte.

Ich nahm mit Amadeus Verbindung auf, und er sagte mir, er wolle nicht, daß ihm nach dem Wettkampf ein anderer Hund zu nahe komme, und deshalb habe er ihm nachgesetzt. Ich erwiderte, dies sei sehr unfreundlich gewesen und er dürfe andere Hunde nicht attackieren, ansonsten müsse man ihn aus dem Team herausnehmen und er dürfe niemals mehr an einem Wettkampf teilnehmen. Ich sagte ihm, Rhonda werde versuchen, ihn so weit wie möglich von den anderen Hunden fernzuhalten.

Vor dem nächsten Wettkampf rief mich Rhonda an und bat mich, Amadeus daran zu erinnern, keine anderen Hunde zu attackieren. Ich nahm zu Amadeus Verbindung auf und spürte plötzlich eine große Traurigkeit und Sorge. Ich fragte ihn, was denn nicht in Ordnung sei, und er berichtete mir, daß eine seiner Katzen sehr krank sei und sterben werde. Amadeus wollte wissen, wohin denn die Katze gehe, wenn sie stürbe. Ich habe häufig erfahren, daß mißhandelte Tiere meinen, Sterben bedeute, in ein anderes grausames Zuhause zu müssen. Ich versicherte und sagte ihm, Sterben bedeute, daß die Seele der Katze an einen anderen Ort gehe, an dem sie sehr glücklich sein werde. Ich erklärte, die Seele werde, wenn der Körper erschöpft sei und Schmerzen habe, den Körper verlassen und weiterziehen. So ist das, wenn man stirbt, sagte ich zu ihm.

Rhonda bestätigte mir die Krankheit einer ihrer Katzen. Ich sagte ihr, Amadeus sei wirklich zu sehr durcheinander, als daß er jetzt reden könne, weil Tiere anders als Menschen nur jeweils an eine Sache denken können. Eine gute Kommunikation sei mit Amadeus nicht möglich, weil er sich zu viele Sorgen mache. Es sei nicht der richtige Tag, um mit ihm zu sprechen. Es werde ungefähr eine Woche dauern, bis er dies überwunden habe.

Nach ein paar Wochen konnte ich wieder mit Amadeus reden, und ich sagte ihm, Rhonda sei sehr aufgebracht gewesen, weil er den anderen Hund attackiert hätte. Amadeus sagte, er habe den Geruch des anderen Hundes überhaupt nicht gemocht, so habe er ihn halt gebissen. Ich erwiderte, Rhonda sei sehr traurig, wenn er sich so schlecht benehme und zu anderen Hunden so unfreundlich sei. Amadeus wollte alles richtig machen. Er wollte gut mit Rhonda zusammenarbeiten und den Kurs richtig absolvieren. Wiederum versicherte ich ihm, er sei ein wunderbarer, schlauer Hund und zu intelligent, um andere Hunde zu beißen. Er versprach, sich in Zukunft zu benehmen, und seit der Zeit sind keinerlei Probleme mehr aufgetreten.

Ich finde häufig, daß bei aus schlechten Verhältnissen geretteten Hunden Probleme auftreten, die mit Ereignissen im Leben der Tiere in Verbindung stehen, die vor der Zeit des jetzigen Besitzers stattgefunden haben. Viel Liebe und Geduld ist erforderlich, um diesen Problemen aus früheren Zeiten auf den Grund zu gehen. Es ist aber wie bei allen anderen Verhaltensproblemen bei Tieren auch: häufig finden wir die richtige Lösung, wenn wir uns in die Lage des Tieres versetzen und versuchen, das Problem aus seiner Sicht zu sehen.

Wir haben hier über schlechtes Benehmen von Tieren gesprochen, die sich vernachlässigt oder mißverstanden fühlen. Nun will ich über ein Problem berichten, das die Besitzer sehr unglücklich macht, wenn nämlich ihr eigentlich stubenreines Tier unsauber wird oder die Katzentoilette nicht mehr benutzt. Katzentoilette und Unsauberkeit gehören zu den schwierigsten Herausforderungen, denen sich Tierbesitzer gegenübersehen. Wie wir aber im nächsten Kapitel sehen werden, gibt es hierfür immer einen Grund.

4
Der Katzenklo-Blues
Probleme mit der Unsauberkeit

Möglicherweise gibt es nichts, was einen Tierbesitzer mehr aufregt, als Tiere, die nicht stubenrein sind und die Toilette nicht benutzen. Es ist schon schwierig genug, immer wenn man sich rumdreht, etwas aufnehmen, wischen und schrubben zu müssen. Bedenkt man aber, welchen Schaden Haus, Teppich, Möbel und Kleidung nehmen, dann können solche Zwischenfälle ungeheure Mengen Geld kosten.

All diese Schwierigkeiten zusammengenommen führen dazu, daß Unsauberkeit und Pannen auf der Katzentoilette zu den Hauptgründen gehören, wegen denen mein Rat gesucht wird. Das Problem ist besonders beunruhigend, wenn ein ehemals stubenreines Tier plötzlich anfängt, unsauber zu werden. Ich finde dann immer heraus, daß das Tier einen guten Grund für diese „Unfälle" hat und daß dies gewöhnlich seine Art ist, sein Mißfallen über eine bestimmte Situation auszudrücken, die in seinem Zuhause entstanden ist. Nur selten stellt sich ein medizinischer Grund als Ursache heraus.

Auch habe ich festgestellt, daß dieses Problem häufiger bei Katzen auftritt. Manchmal kann es eine Weile dauern, bis ein Welpe richtig stubenrein ist, aber wenn, dann kommt es in der Regel zu keinen Unfällen mehr, außer er ist krank oder wird zu lange alleingelassen. Katzen sind jedoch sehr empfindlich, wenn es um ihre Katzentoiletten geht, und Veränderungen, die wir als unbedeutend ansehen, können sie völlig umwerfen. Häufig zeigen Katzen ihr Mißfallen über eine bestimmte Situation auch dadurch, daß sie sich außerhalb ihrer Toilette lösen.

Man sollte sich immer daran erinnern, daß Tiere ihre Gewohnheiten genauso verändern wie dies Kinder tun. Einige Welpen lernen es innerhalb von Monaten, während andere bis zu einem Jahr brauchen, bis sie wirklich verstanden haben, daß sie ihre körperlichen Bedürfnisse außerhalb des Hauses befriedigen müssen. Aus dem gleichen Grunde aber machen einige Hunde gleich, nachdem sie nach draußen gebracht wurden, wohingegen andere erst kilometerlang jeden Busch beschnüffeln müssen, bevor sie ein geeignetes Örtchen finden.

Mit der Eigenart unseres Hundes oder unserer Katze müssen wir Geduld haben. Vergessen wir nicht, daß wir Menschen immer eine Toilette in der Nähe haben, während die Hunde sich darauf verlassen müssen, wann wir meinen, daß sie raus müssen. Manche Besitzer nehmen es mit dem häufigen Ausführen ihres Tieres nicht so genau und sind dann zornig, wenn ein Tier nicht stubenrein wird, nachdem es, stundenlang in einer Wohnung eingesperrt, unsauber war. Ich hatte eine Kundin, bei der ihr erwachsener Hund während des Tages unsauber war. Als ich aber zu ihr kam, erfuhr ich, daß sie den armen Hund den ganzen Tag lang nicht herausließ. Hier lag wiederum der Fehler beim Besitzer und nicht beim Tier.

Diese Art von Problem steht nach der amerikanischen Tierärztevereinigung an erster Stelle als Grund dafür, daß Familien ihre Tiere abgeben und ist auch die Erklärung, die am häufigsten gegeben wird, warum ein Tier eingeschläfert werden soll, das nicht krank ist.

Ich verabscheue die Vorstellung, ein Tier einfach wegen eines Problems mit der Sauberkeit einschläfern zu lassen. Mir bricht das Herz, wenn Tiere deswegen bestraft werden, weil ihre Besitzer die Pflichten, die der Besitz eines Tieres mit sich bringt, nicht übernommen haben. Die Tiere müssen darin angeleitet werden, das zu tun, was man von ihnen will, und dies muß mit Liebe, Mitgefühl und sehr viel Geduld geschehen.

Trotzdem verstehe ich, daß solche Unfälle einen Besitzer in Rage bringen können. Wir alle wollen, daß unser Zuhause schön und gemütlich ist und ein andauerndes Einnässen kann einen Teppich schon ruinieren. Es kommt dann der Zeitpunkt, an dem der Uringeruch bis in die Unterlage des Teppichbodens eindringt und einfach nicht mehr entfernt werden kann. Dann bleibt nichts anderes übrig, als entweder den Teppichboden zu ersetzen oder mit dem unangenehmen Geruch zu leben. Mit dem Kot gibt es so die eigenen Probleme. Ist der Kot des Tieres normal, so bereitet es keine Schwierigkeiten, ihn aufzunehmen; ist er dagegen wässrig, so kann es schon zu bleibenden Verfärbungen kommen.

Meine Kunden fragen mich oft, warum ihre Tiere unsauber sind. Niemals sind solche Schwierigkeiten die Schuld der Tiere, sondern können stets auf etwas zurückgeführt werden, was der Besitzer tut oder nicht tut, was das Tier ärgert. Gelegentlich unsauber zu sein, ist ein sicherer Weg, wie ein Tier unsere Aufmerksamkeit bekommen kann. Vernachlässigte Tiere ziehen die negative Aufmerksamkeit, die mit dem Schimpfen über den Vorfall einhergeht, einem völligen Mangel an Aufmerksamkeit vor.

Mit ein wenig Beobachtung und vielleicht sogar etwas detektivischer Arbeit, läßt sich fast immer der Grund für die Unsauberkeit des Tieres herausfinden und geeignete Schritte zur Behebung des Problems können eingeleitet werden.

Für diese Vorfälle gibt es plausible Gründe, wie bei allen Problemen mit Tieren. Sehr oft ist eine Veränderung im Tagesablauf oder in der Familie dafür verantwortlich. Häufig liegt das Problem an anderem Futter, der Katzentoilette oder dem Toilettenort, der das Tier aufregt, verwirrt und aus seiner normalen Routine bringt.

Erinnern wir uns an die Woche vor dem Beginn der „Unfälle" und versuchen alles herauszufinden, was sich in der täglichen Routine des Tieres geändert hat. Wurden das Futter oder die Futterzeiten geändert oder ein neues Futter angeboten? Gibt es ein neues Tier (oder Baby) im Haus? Ist ein Familienmitglied krank geworden oder ist nicht mehr da? Gab es ungewöhnlichen Streß oder Streit im Haus? Sind wir überarbeitet und konnten unserem Tier nicht seinen normalen Anteil an Aufmerksamkeit schenken?

Wenn Tiere spüren, daß ihre Menschen außer sich sind, reagieren sie sehr stark darauf; und eine der Möglichkeiten, ihre eigene unglückliche Stimmung zu demonstrieren, besteht darin, unsauber zu sein. Damit zeigt das Tier die rote Flagge und sagt: „Ich mag nicht, was hier geschieht."

Die Tiere wissen, daß Unsauberkeit kein erwünschtes Verhalten ist. Das ist auch der Grund, warum sie ihre Missetaten verbergen wollen. Die Tiere lieben ihre Menschen und wollen nichts so sehr, als ihnen zu gefallen. Deshalb können wir sicher sein, daß ein Tier, das sich absichtlich auf eine Weise verhält, die seinen Besitzer aufregen muß, dies aus einem seiner Ansicht nach guten Grund tut.

Wir müssen immer bedenken, daß Tiere ebenso wie Menschen in ihrer Persönlichkeit sehr unterschiedlich sind. Wir neigen dazu, zu denken: „Also, ich will, daß mein Tier dies und das tut, folglich muß es dies und das tun." Dabei ziehen wir nicht die einzelnen Vorlieben der Tiere in Betracht. So gibt es zum Beispiel einige Menschen, die sich nichts dabei denken, sich mit einem Handtuch abzutrocknen, das gerade von jemand anderem benutzt worden ist, während andere dies niemals tun würden. Tiere haben auch ihre Eigenheiten, und dies müssen wir berücksichtigen. In einem Haushalt mit mehreren Katzen werden einige Tiere die Katzentoilette benutzen, die alle anderen auch benutzen; viele Katzen werden das aber keinesfalls tun. Katzen sind sehr saubere Tiere, und für sie ist ein sauberer Ort für ihre Bedürfnisse wichtig. Sorgen wir nicht dafür, daß die Katzentoilette immer frisch ist und die Exkremente entfernt wurden, sollten wir nicht überrascht sein, wenn die Katzen einen anderen Ort finden, den sie als ihre Toilette nutzen können. Diese Tendenz müssen wir sofort stoppen, denn haben sich Katzen erst einmal dafür entschieden, einen Ort als ihre „Toilette" zu nutzen, wird es schwierig, sie davon wieder abzubringen. Junge Katzen müssen an den entsprechenden Ort gewöhnt werden, und wir müssen die Katzentoilette gewissenhaft rein halten, damit die Katzen nicht auf die Idee kommen, sie müßten woanders hingehen.

Das gilt auch für den Ort, an dem die Katzentoilette steht. Katzen sind Gewohnheitstiere. Entscheiden wir, weil es uns besser paßt, die Katzentoilette an einen anderen Ort zu stellen, und die Katzen sind aber daran gewöhnt, sie an dem üblichen Ort zu haben, dann ist es mehr als wahrscheinlich, daß sie weiterhin an ihrem gewohnten Platz auf die Toilette gehen, ob nun die Katzentoilette dort steht oder nicht. Auch wenn einige Katzen nichts gegen einen Ortswechsel einzuwenden haben und ihrer Toilette überall hin folgen, rufen mich überraschend viele Katzenbesitzer mit Klagen über Unsauberkeiten an, die auf meine erste Frage „Haben Sie die Katzentoilette an einen anderen Ort gestellt?" mit ja antworten. Ist die Antwort ja, dann sage ich ihnen einfach, sie sollen die Toilette wieder an ihren alten Ort stellen, egal wie störend es auch sein mag, und damit ist das Problem mit der Unsauberkeit gelöst.

Auch sollte die Katze nicht auf eine zu enge Toilette gehen müssen. Viele Kunden, die dem Trend folgten und modische Toilettenkästen mit Deckel gekauft hatten, haben mich wegen Problemen mit der Katzentoilette um Rat gebeten. Auch wenn der Deckel ein Verteilen des Katzenstreus verhindert, kann es vorkommen, daß einige Katzen sich sehr beengt fühlen, wohingegen andere nichts gegen den engen Raum haben. In den Fällen, in denen die Katze nach dem Aufsetzen des Deckels nicht mehr die Toilette benutzte, waren alle Sauberkeitsprobleme gelöst, sobald die Besitzer die Deckel wieder entfernt hatten.

Wenn sie ihr Geschäft verrichten, sind die Tiere sehr verletzlich, also sind sie dann leicht etwas schreckhafter. Der Kater einer Freundin, ein weiser, fünfzehnjähriger Veteran, war eines Morgens im Garten gewesen, um sein Geschäft zu verrichten. Er paßte einen Moment nicht gut auf, und schon sprang mitten in der Stadt ein Fuchs aus dem Gebüsch, schnappte den Kater und brach ihm das Genick, noch bevor es meiner Freundin gelang, ihn wegzujagen. Versuchen wir also, ein wenig mehr Verständnis dafür aufzubringen, wenn unsere Katze sich nicht draußen hinhocken will.

Haben wir einmal die Faktoren festgestellt, die sich in der Woche vor dem Auftreten einer Verhaltensänderung möglicherweise geändert haben, können wir einen Plan aufstellen, wie wir den Grund für die Unsauberkeit zu beheben versuchen. Das Problem zu lösen, kann einige Zeit dauern, aber das Tier ist es wert. Wenn es überhaupt nicht gelingt, das Problem in den Griff zu bekommen, bestünde eine Möglichkeit darin, die Katze draußen leben zu lassen, solange ihr ein geräumiger, sicherer und geschützter Raum zur Verfügung steht. Ist das nicht möglich, haben wir die Pflicht, für unser Tier ein gutes Zuhause zu finden. Ein unsauberes Tier einzuschläfern, ist vollkommen inakzeptabel, und die meisten mir bekannten Tierärzte würden dies auch nicht tun. Sie berichten mir jedoch von vielen Anfragen von Tierbesitzern, die dachten, das flauschige kleine Kätzchen oder der entzückende Welpe könnte ohne jegliches Training oder jedwede Anleitung seitens des Besitzers selbst damit zurechtkommen.

Weder Tiere noch Kinder sind in der Lage, sich selbst ordentlich großzuziehen. Wenn man also meint, man könne nicht die Zeit, Liebe und Energie aufbringen, die notwendig sind, um aus einem „Tier" ein richtiges Haustier zu machen, dann sollte man besser gar kein Tier anschaffen. Man spart sich selbst dann eine Menge Ärger und so manchem Hund oder mancher Katze eine Menge Leid. Sind Sie jedoch bereit, sich selbst einzubringen, um aus einem Haustier einen guten Kameraden zu machen, lesen Sie bitte weiter. Ich möchte einige Geschichten von Tieren erzählen, bei denen Probleme mit der Sauberkeit aufgetreten waren, die ich beheben konnte.

Misty

Meine Kundin Kerry präsentierte mir einen ungewöhnlichen Fall. Wann immer sie zu Hause war, benutzte ihre Katze Misty regelmäßig die Katzentoilette. Sobald Kerry das Haus aber verließ, sah die Katze das ganze Haus als eine Art riesiger Toilette an. Daß Kerry und ihre Familie darüber nicht sehr erfreut waren, muß nicht besonders erwähnt werden.

Zuerst dachte ich, das sei ganz einfach der Fall einer verwöhnten Misty, die wollte, daß ihr Frauchen immer zu Hause bleibe, eine Situation, die sich oft durch eine zweite Katze beheben läßt, die der ersten Katze Gesellschaft leistet (siehe hierzu auch die Geschichte von Whiskey in Kapitel 5). Als ich aber mit der Katze in Verbindung getreten war, begriff ich, daß Misty vor Monaten, als sie noch ein junges Kätzchen war, irgendeine schreckliche Angst befallen haben mußte. Als Kerry einmal nicht zu Hause gewesen und sie gerade dabei war, auf die Katzentoilette zu gehen, hörte sie einen enormen Donnerschlag und sah einen grellen Blitz. Dieses schreckliche Donnern verband sie mit zwei Dingen: ihrem Versuch, auf die Toilette zu gehen, und Kerrys Abwesenheit. Sobald Kerry also das Haus verließ, befürchtete die Katze einen erneuten Donner, falls sie auf ihre Toilette ginge.

Ich sagte zu Misty, es sei alles in Ordnung, und diese Sache komme sehr wahrscheinlich nicht noch einmal vor, der Donner und der Blitz könnten sie nicht verletzen, solange sie im Haus bliebe. Ich fragte Misty, wohin sie die Toilette gestellt haben wollte, um ihr so ein Gefühl der Kontrolle und Macht zu geben, die ihr so sehr fehlten. Misty antwortete, wenn die Toilette in den Schrank passe, in dem sie auch gern schlafe, fühle sie sich dort sicher.

Als ich Kerry über den Donner und Blitz berichtete, bestätigte sie mir, es habe vor einigen Monaten ein großes Unwetter gegeben, als sie einmal nicht zu Hause gewesen sei. Als sie an jenem Abend heimgekehrt sei, habe sie Misty in ihrem Schrank hockend vorgefunden, und das Problem mit der Katzentoilette habe genau am darauffolgenden Tage begonnen. Kerry sagte, Misty verbringe die meiste Zeit damit, sich in dem Schrank zu verstecken, wo auch viele der ‚Unfälle' passierten.

Obwohl wir nun die Lösung des Problems gefunden hatten, machte ich mir doch Sorgen, als Kerry mir erzählte, Misty verstecke sich dauernd, denn ein gelegentliches Unwetter schien mir kein ausreichender Grund für die Angst der Katze zu sein. So entschloß ich mich zu warten und zu sehen, was geschehen würde. In der Tat gab es mit der Katze keine Probleme, nachdem Kerry die Katzentoilette dahin gestellt hatte, wohin Misty sie haben wollte.

Dann rief Kerry mich wieder an. Misty habe wieder Probleme, und jetzt sogar mit der Toilette an dem von ihr gewählten Ort. Nachdem ich mit der Katze wieder Verbindung aufgenommen hatte, fragte ich sie, was es sonst noch so gebe, das ihr Angst mache und sie unsauber sein lasse. Nur sehr zögerlich und mit viel Nachhelfen erzählte sie mir, daß ihr Herrchen, also Kerrys Mann, seine Schuhe nach ihr geworfen habe, als sie sich im Schrank versteckt hatte, und sie absichtlich auch getroffen habe. Seine Wut habe sie derart geängstigt, daß sie keine Kontrolle mehr über ihren Darm gehabt und etwas verloren habe, woraufhin er noch wütender geworden sei. Misty hatte so schreckliche Angst vor Kerrys Mann, daß sie sich, wenn er im Haus war, im Schrank versteckte. Er hatte jedoch ihr Versteck entdeckt und schien Spaß daran zu haben, das arme Tier auf grausame Weise zu quälen.

Es fällt mir immer schwer, einem Klienten zu sagen, daß ein Mitglied seiner Familie das Tier mißhandelt und dies die Ursache für die Schwierigkeiten des Tieres ist. Man stelle sich die unmögliche Situation vor, der sich meine Kunden gegenübersehen, wenn sie den Bösewicht mit dieser Information konfrontieren müssen. Denn dieser will natürlich immer wissen, wer das „gesagt" hat. Jemandem, der Tiere nicht mag, zu erklären, das Tier selbst habe es „gesagt", ist eine schwierige Sache.

Natürlich konnte ich Kerry nicht sagen, sie solle zwischen ihrer Katze und ihrem Mann wählen; häufig ist es aber genau das, was ich den Leuten am liebsten raten würde. Erfahre ich von den Tieren, daß sich der Ehepartner oder Freund grausam verhält, möchte ich laut schreien: „Sie werden niemals mit jemandem glücklich werden, der die Tiere nicht so liebt wie Sie."

Unter Tränen bestätigte Kerry mir, was Misty mir berichtet hatte, und sagte, ihr Mann möge die Katze nicht, insbesondere seit sie angefangen habe, unsauber zu sein, und daß er des öfteren Schuhe nach ihr werfe. Ich sagte ihr, sie müsse ihre Katze vor ihrem

Mann schützen, und wenn sie dies nicht könne, dann müsse sie ein neues Zuhause für sie finden.

Leider rief Kerry mich nach ein paar Monaten an und sagte, sie habe Misty einschläfern lassen. Ihr Mann habe ihr ein Ultimatum gesetzt, und sie habe nachgegeben. Ich war mir sicher, daß die Schwierigkeiten beendet gewesen wären, hätte sie sich nur die Mühe gemacht, für Misty ein neues Zuhause zu finden. Alles, was die arme Katze brauchte, war ein Zuhause, in der ihr Liebe und Zuneigung entgegengebracht würden. Sie hatte eine solche Angst, daß sie ihren Schrank kaum verließ. Obwohl es traurig ist, daß Kerry es vorzog, ihre Katze zu opfern, tröstet es mich zu wissen, daß sie nun an einem besseren Ort ist, an dem sie nicht mehr leiden wird.

Mistys Fall ist so ungewöhnlich nicht. Ich habe mit vielen Tieren gearbeitet, die besonders gegenüber Gewitter empfindsam sind. Für einige Tiere sind Gewitter außerordentlich erschreckend, während andere wiederum beim schlimmsten Blitz und Donner friedlich schlafen. Dies hat mit den Sensibilität des einzelnen Tieres gegenüber den elektromagnetischen Feldern der Erde zu tun. Bei großer Empfindsamkeit können ihnen Gewitter körperliche Schmerzen verursachen. Ich habe dies an meinem eigenen Körper verspürt, als ich telepathisch mit einem sensiblen Tier verbunden war. Es ist nicht nur das Geräusch des Donners. Da geschieht viel mehr. Ein sensibles Tier dient bei einem nahen Gewitter als elektrischer Leiter, und dies ist für sie, wie man sich vorstellen kann, sehr erschreckend. Man denke nur daran, wie wir im Winter zusammenzucken, wenn wir nach einer elektrostatischen Ladung Metall berühren. Das gleiche passiert den Tieren.

Machen wir uns bewußt, welche Erfahrung unser Tier vielleicht macht. Denken wir nicht, unser Tier kann nichts empfinden, nur weil wir es nicht tun. Unsere Körper arbeiten nicht auf derselben Frequenz wie die der Tiere, und deshalb sind unsere Sinne nicht so wie ihre auf Veränderungen der elektromagnetischen Felder abgestimmt.

Ich habe herausgefunden, daß einige Tiere die elektromagnetischen Schwingungen des menschlichen Körpers ebenfalls spüren können. Wenn man sich ihnen zu schnell nähert, verursacht es bei ihnen ein Gefühl des Unbehagens. Denken wir also daran, daß dies der Grund sein kann, warum sich ein Hund oder eine Katze vor uns zurückzieht. Es ist nicht so, daß sie uns gegenüber unfreundlich sind; sie versuchen vielmehr, sich vor unserer elektrischen Ladung zu schützen. Sagen wir also unseren Gästen bei einem Tier, das Menschen gegenüber auf diese Weise reagiert, daß sie es einfach ignorieren sollen. Wenn es sich wohlfühlt, wird es zu seiner Zeit und auf seine Weise schon kommen.

Wissen wir, daß unser Tier elektrischer Ladung gegenüber empfindlich ist, sollten wir es bei einem Gewitter nicht allein lassen, insbesondere nicht außerhalb des Hauses. Will sich das Tier während des Gewitters unter dem Bett verkriechen, lassen wir es dies ruhig tun. Es wird sich dann sicher fühlen, die Stille und der enge Raum werden es vor dem Aufbau einer statischen Ladung schützen. Die Angst, die unser Tier nach einem elektrischen Schock empfindet, kann dazu führen, daß es die Kontrolle über seinen Darm oder seine Blase verliert; seien wir also mitfühlend, wenn wir am Tage eines Gewitters etwas an einer nicht gewohnten Stelle finden.

Sparky

Celia kam wegen ihres Hundes Sparky zu mir, der sich angewöhnt hatte, neben die vor dem Bett auf dem Boden abgelegten Schuhe und Kleidungsstücke ihres neuen Freundes einen Haufen zu machen. Ihr Freund hatte von Celia verlangt, den Hund zu entfernen, anderenfalls würde er gehen. Sie aber wollte keinen ihrer beiden Begleiter verlieren, weder den neuen Freund noch den Hund.

Celia und Sparky lebten schon zehn Jahre zusammen, seit Sparky ein Welpe war. Da Celia mir sagte, der wunderschöne Dalmatiner sei in der ganzen Zeit niemals unsauber gewesen, vermutete ich, daß Sparky entweder eifersüchtig war wegen der Zuwendung, die sein Frauchen nun dem neuen Freund gab, oder daß er den

Freund nicht mochte und deshalb auf ein uraltes Mittel verfallen war, seine Mißbilligung zu äußern.

Als ich mit dem Hund telepathisch Verbindung aufnahm, bemerkte ich Sparkys großen Kummer, weil der Freund ihn unfreundlich behandelte. Auch war er, wie vermutet, eifersüchtig; es gefiel ihm nicht, daß der Mann mit im Haus lebte, weil er mit Celia sonst immer allein gelebt hatte. Er vermißte ihre abendlichen Schmusereien und sehnte sich verzweifelt nach ein wenig von Celias Zuneigung. Sparky war einsam und hatte Angst. Er schlief sonst jede Nacht in Celias Schlafzimmer, jetzt sah er sich ausgesperrt, ersetzt durch den unsympathischen Freund, der ihn trat und ihn grausam behandelte, wenn Celia weg und er mit dem Hund allein im Haus war. Der Hund erzählte mir, der Mann habe mehrmals gedroht, ihm wehzutun, und verhöhne ihn damit, daß er ihn früher oder später loswerden würde.

Da sich Celia wegen ihres Hundes Sorgen machte und nicht wollte, daß er sich völlig vernachlässigt fühlte, fing sie damit an, ihn frühmorgens wieder ins Schlafzimmer zu lassen. Sparky nahm dies als Gelegenheit, sein Mißfallen gegenüber dem Freund zum Ausdruck zu bringen, indem er auf oder neben dessen Schuhe und Kleidung machte – etwas, was er nie zuvor getan hatte. Mir gegenüber betonte er, er sei stets ein sehr sauberer Hund und seine Verdauung immer normal gewesen; daher wußte ich, daß diese „Unfälle" Absicht gewesen waren. Als ich Sparky fragte, warum er unsauber sei, sagte er mir, er wiederhole dieses Verhalten fast jeden Morgen in der Hoffnung, daß Celia seine Gründe verstehe.

Das tat sie natürlich nicht. Ihr Herz und ihre Emotionen waren bei ihrem neuen Freund, und sie konnte nicht verstehen, warum ihr zuverlässiger alter Hund plötzlich angefangen hatte, unsauber zu werden. Ihr Freund war wütend und setzte das übliche Ultimatum „entweder er oder ich".

Eine solche Wahl zu treffen, würde für mich keine Schwierigkeit bedeuten. Das Tier gewönne immer. Wenn man Tiere liebt, muß auch der Partner Tiere lieben, sonst gibt es garantiert Probleme.

Auch wenn Sparkys Missetaten sicherlich sehr begründet waren, so ermutige ich die Tiere niemals, mit ihrem Verhalten fortzufahren, da dadurch die bereits angespannte Situation nur noch schwieriger wird. Als ich Celia berichtete, Sparky habe mir erzählt, ihr Freund behandele ihn schlecht, machte ich sie vorsichtig darauf aufmerksam, daß sie mit einem Menschen nicht wirklich glücklich werden könne, der nicht so wie sie die Tiere liebte. Ich sagte ihr, sie müsse Sparky vor ihrem Freund beschützen und ihm das Gefühl geben, er sei für sie noch genauso wichtig wie in der Zeit, bevor der neue Freund in ihr Leben trat, denn nur dann würden die Unfälle aufhören.

Es überraschte mich nicht, daß dies nicht die Antwort war, die Celia hören wollte, und so verließ sie mein Studio. Irgendwie hatte sie erwartet, ich würde mit einem magischen Stab all ihre Schwierigkeiten beheben. Wie aber alle meine Kunden schnell herausfinden, müssen sie an der Lösung ihrer Probleme arbeiten, denn Schwierigkeiten lösen sich nie von selbst. Es gibt kein einfaches Rezept.

Ich hoffte das Beste, hatte aber das Gefühl, daß die glücklichen Tage des armen Sparky vorüber waren. Ich wußte, er werde mit seinen Taten nicht aufhören, denn er versuchte, sich durchzusetzen. Ich fürchtete, Celia werde ihren alten Freund abschieben.

Dieses Mal gab es aber ein glückliches Ende. Celia kehrte nach drei Monaten unerwartet zu mir zurück und erzählte, sie hätte sich schließlich von ihrem Freund getrennt. Es hatte sich herausgestellt, daß die Meinung ihres Hundes über ihren Ex-Freund die richtige war – nur hatte es bei Celia ein wenig länger gedauert, dies zu erkennen. Der Mann war nun seit einer Woche weg, und Sparky machte jeden Tag immer noch an die Stelle, auf die der Mann immer seine Kleidung geworfen hatte. Celia bat mich, Sparky zu beruhigen, der Mann werde niemals wieder in ihrem Haus leben.

Ich nahm mit dem Hund Verbindung auf und übermittelte ihm die frohe Botschaft. Und nach Celias Berichten ist Sparky seitdem wieder so sauber wie ehedem. Aus dieser Erfahrung hat Celia etwas gelernt und beschlossen, sich nie wieder ernsthaft mit einem Mann einzulassen, bevor sie nicht festgestellt hat, ob er Tiere mag oder nicht.

Eine andere Frau suchte mich wegen ihrer drei Hunde auf, die auf ihren Teppich machten, ein Problem, das sich seit der Ankunft des vierten Hundes im Hause entwickelt hatte. Wir lösten ihr Problem erst, als wir die verletzten Gefühle und die Angst vor dem Verlassenwerden herausbekamen, die die drei älteren Hunde durch die Gegenwart des neuen Hundes in ihrem Zuhause empfanden. Da Unsauberkeiten häufig das Ergebnis von Eifersucht und Aufregung über die Anwesenheit eines neuen Tieres sind, werde ich im nächsten Kapitel Lösungen für dieses Problem anbieten.

5
Whiskey und Sally
Neue Tiere kommen ins Haus

Häufig sehen sich Tierbesitzer unerwarteten Schwierigkeiten gegenüber, wenn ein neues Tier ins Haus kommt. Mit der Einführung eines neuen Tieres kann über ein vormals ruhiges häusliches Umfeld das Chaos hereinbrechen. Es bringt die Rangordnung der bereits im Hause lebenden Tiere durcheinander, und bevor es wieder Frieden geben kann, muß alles wieder neu geregelt werden. Es ist von größter Wichtigkeit, daß sich die Tiere, die wir bereits haben, nicht durch den Neuankömmling ersetzt fühlen. Gleichzeitig müssen wir aber auch sicherstellen, daß der Neuankömmling nicht draußen vorgelassen wird, sondern das Gefühl hat, willkommen zu sein. Dieses empfindliche Gleichgewicht zu erreichen, ist nicht ganz einfach.

Andererseits lassen sich manchmal durch ein weiteres Tier Probleme lösen, die ein alleinlebendes Tier mit Einsamkeit, Depression oder Scheu hat. Wenn wir immer lange arbeiten und unser Tier allein lassen, kann ihm die Einsamkeit schaden. Wenn in einer solchen Situation ein weiteres Tier ins Haus gebracht wird, kann dies das einsame Tier häufig aus seiner Traurigkeit befreien und Verhaltensprobleme lösen.

Tierbesitzer machen einen großen Fehler, wenn sie ein neues Tier ins Haus bringen, ohne die dort bereits wohnenden Tiere darüber zu informieren, daß ein neues Tier kommen wird. Allen meinen Kunden sage ich, sie sollten niemals denken, ihre Tiere hätten keine Meinung zu einem Familienzuwachs, denn das stimmt nicht. Ich betone immer wieder, wie wichtig es ist, diese Neuigkeit den vorhandenen Tieren vor dem Eintreffen des neuen Tieres mitzuteilen. Auch sollten wir um ihre Erlaubnis bitten, ein weiteres Tier aufzunehmen. Vielleicht klingt es albern, aber wenn wir unser Tier in den Entscheidungsprozeß einbeziehen und mit ihm rechtzeitig über seine neue Rolle sprechen, werden wir viele Probleme vermeiden können.

Wir sollten betonen, wie sehr wir unser Tier lieben und wie wichtig seine Rolle ist, die es in unserer Familie spielt. Dies ist sehr wichtig, weil zu den stärksten Befürchtungen von Tieren gehört, der Neuankömmling könnte sie von ihren Lieblingsplätzen vertreiben. Ein älteres Tier kann sich so wie ein Kind, das eifersüchtig auf die Geburt eines Geschwisters reagiert, von der Ankunft eines neuen, jüngeren und möglicherweise schöneren Tieres in seinem Haus verdrängt fühlen, das er zuvor als ihm gehörig angesehen hatte. Wie dem auch sei, ein Neuankömmling wird unweigerlich das Machtverhältnis unter den Tieren verändern. Wir sollten deshalb auf die Gefühle unseres Tieres sensibel reagieren und sicherstellen, daß wir ihm unsere Zuneigung in der gewohnten Weise zeigen. Verbringen wir mit unseren älteren Tieren nach der Ankunft des neuen Tieres nicht genügend Zeit, so werden sie den Neuankömmling wahrscheinlich für die Vernachlässigung verantwortlich machen, und dann kommt es zu Problemen.

Der mit der Einführung eines neuen Tieres einhergehende Streß und Konflikt kann unser Tier krank machen. Das ist Zuki, einem Leguan geschehen, der zu mir gebracht wurde, also er schon halbtot war.

Zuki

Seit ich begonnen habe, Tiere zu heilen, habe ich mit sehr unterschiedlichen Lebewesen gearbeitet; natürlich mit Hunden und Katzen, aber auch mit Vögeln, Pferden und Schildkröten. Zuki aber war meine erste Echse.

Der Leguan wurde in einer Sporttasche zu mir gebracht. Er war so krank, daß seine Besitzerin Karen Angst hatte, die Tasche zu öffnen, da sie befürchtete, er könne bereits tot sein. Als ich ihn aus der Tasche nahm, war er ganz schlaff und reagierte überhaupt nicht. Und dennoch war mein erster Gedanke, daß dies eines der schönsten Lebewesen sei, das ich jemals gesehen hatte. Weder Karen noch eine ganze Reihe von Tierärzten waren in der Lage gewesen, herauszufinden, was mit ihm los war. Zuki fraß nicht und war im Verlauf von zehn Tagen zunehmend lethargischer geworden.

Ich legte ein weiches, sauberes Tuch über meinen Schoß, hob die Echse aus der Sporttasche und legte sie auf das Tuch. Zuki war noch immer ein junges Tier, er maß nicht mehr als 40 Zentimeter und war noch nicht einmal zwei Jahre alt. Wie immer dauerte es einige Minuten, bis ich die Energie des Tieres spürte und es sich an mich gewöhnt hatte. Während ich Zuki streichelte, sagte ich ihm, was ich tat und bat ihn um Erlaubnis, ihm zu helfen. Ich wartete, bis ich fühlte, wie mein Engel die Heilenergie durch meine Hände schickte, dann legte ich meine Hände sanft auf ihn und streichelte seinen Kopf.

In meinem Magen begann ich, ein extremes Unwohlsein zu spüren, und ich fühlte einen Blockade in den Gedärmen des Leguans. Ich nahm ein blaues Licht, das der Engel mir gab, und bewegte es von Zukis Nasenspitze bis zu seiner Schwanzspitze, während ich mir vorstellte, daß das heilende Licht durch ihn hindurchströmt. Ich erkannte, daß ich im Auftrag meines Engels eine parapsychische Operation durchzuführen hatte, und stellte mir dann vor, wie ich mit Hilfe eines Lasers Zukis Magen aufschnitt; ich konnte sehen, daß er innen ganz entzündet war. Dann sah ich, wie die Energie die Blockade auflöste und Zuki durchströmte. Ich schloß den Magen, legte meine Hände auf den Leguan und fühlte, wie meine Hände vibrierten, während sie von heilender Energie durchströmt wurden. Nach weiteren zehn Minuten des Heilens löste sich der Leguan in das Handtuch, und ich war sehr froh, daß ich daran gedacht hatte, das Handtuch auf meinen Schoß zu legen, bevor ich ihn hochnahm.

Ich fuhr mit meinem Heilen solange fort, bis ich die Energie frei durch Zuki fließen spürte. Nachdem der Leguan mehr als eine Woche teilnahmslos und reglos gewesen war, fing er nun plötzlich an, sich zu bewegen, und die Augen begannen zu leuchten. Karen konnte es nicht glauben, daß der Leguan in so kurzer Zeit wieder völlig gesund war und dachte, es grenze an ein Wunder. Sie war überglücklich, Zuki so aktiv zu sehen, insbesondere als er nach unten klettern und mein Studio untersuchen wollte.

Ich wollte nun gern wissen, ob ich leicht mit dem Leguan kommunizieren konnte; ich fragte mich, ob er genauso aufmerksam und intelligent wie die anderen Tiere war, mit denen ich gearbeitet hatte. Er enttäuschte mich nicht. Mit zunehmender Besserung fing er schnell an, mit mir zu kommunizieren.

Zuki begann, über seine Familie zu plaudern, so wie dies die Tiere häufig tun, wenn es ihnen besser geht und sie merken, daß sie Zuhörer haben. Er erzählte, Karens Tochter Shannen habe sich gerade eine neue Frisur zugelegt. Als ich das berichtete, sagten Karen und Shannen, dies sei richtig. Zuki erzählte mir auch, er sei aus Shannens Schlafzimmer in einen anderen Raum gebracht worden, und er ginge gern wieder zurück, weil er das Gefühl der Gemeinschaft liebte, das er mit Shannen, seinem Liebling in der Familie, teilte.

Dann sagte mir Zuki, er habe etwas Schreckliches zu essen bekommen. Karen dachte einen Moment lang nach, und sagte mir dann, es sei Tofu gewesen. Zuki erwiderte daraufhin, er wolle davon nichts mehr essen und daß Echsen kein Tofu äßen. Karen versprach, sie werde es ihm nicht mehr anbieten. Dann kehrte er zu seinem Lieblingsthema zurück, zu Shannen, und sagte, er habe ihr in der Zeit, in der er in ihrem Zimmer lebte, gern zugeschaut. Er sagte, sie habe häufig im Bett gelesen, und ihr Schlafzimmer sei immer sehr unaufgeräumt gewesen, was ihre Mutter immer aufgebracht habe. „Das stimmt genau!", rief Karen aus.

Zuki sagte auch, das Mädchen habe ihren Becher und Teller auf dem Nachttisch stehen lassen. Er könne nicht verstehen, warum Karen darüber wütend gewesen sei. Er könne nicht begreifen, was das ausmachte, und fand es seltsam, über so etwas wütend zu sein. Immer wieder betonte er, wie gern er wieder zurück in Shannens Schlafzimmer wollte, die, wie er sagte, die ganze Zeit mit ihm geredet und ihm das Gefühl gegeben habe, etwas Besonderes und wichtig zu sein.

Zu diesem Zeitpunkt lachten wir alle ganz laut, und Zuki wurde immer munterer. Niemals zuvor hatte ich eine so bemerkenswerte Genesung erlebt. Er sagte mir, durch unsere Unterhaltung fühle er sich viel glücklicher.

Dann fing Zuki an, sich wirklich zu öffnen. Er sagte mir, in seinem Hause sei noch ein anderer Leguan, der sich ihm gegenüber grausam verhalten habe. Plötzlich nahm Spika, das andere Tier, Kontakt zu mir auf und fing an, zu sprechen. Ich war über die Intensität der Eifersucht, die dieses Lebewesen gegenüber dem kleinen Zuki hegte, sehr erstaunt. Spika mochte Zuki überhaupt nicht und fuhr fort, mir ganz klipp und klar zu sagen, er wolle, daß Zuki stürbe und verschwände. Ich erkannte, daß Zukis Krankheit zum Teil durch den Streß verursacht war, den die große Eifersucht des anderen Leguans hervorgerufen hatte. Aus ihrer Sicht als Mensch glaubte Karen, die beiden Leguane müßten ihre gegenseitige Nähe genießen. Im Gegensatz dazu stellte ich fest, daß die Tiere sich überhaupt nicht mochten.

Ein Terrarium, der ursprünglich Spika gehörte, erwies sich als Hauptgrund für die Schwierigkeiten. Spika war aus seinem alten Terrarium herausgewachsen und bekam ein prächtiges neues, das für seine Größe paßte. Karen hatte Zuki dann Spikas altes Terrarium gegeben.

Spika aber war sein Lieblingsterrarium gedankenlos weggenommen worden, ohne auf seine Gefühle Rücksicht zu nehmen – so jedenfalls sah er es. Dabei war es auch nicht wichtig, daß er kaum noch hineinpaßte. Unter praktischen Gesichtspunkten konnte er es nicht betrachten. Spika empfand nur eine starke Eifersucht, weil er glaubte, er sei zu Unrecht aus seinem Terrarium entfernt worden, damit Zuki es bekommen konnte. Auch fand ich heraus, daß Spika nicht die Aufmerksamkeit teilen wollte, die seine Familie früher ihm allein so verschwenderisch gegeben hatte.

Nachdem Karen die beiden Terrarien in einen Raum gestellt hatte, nutzte Spika seine Nähe zu Zuki, um ihn zu quälen. Zuki war von der älteren Echse eingeschüchtert und völlig ihrer Macht ausgesetzt. Die starken negativen Energieschwingungen, die Spika ständig Zuki übermittelte, waren es, die den kleinen Leguan krank machten.

Sicherlich haben Sie alle schon mal von ‚Voodoo' gehört. Was Spika Zuki antat, war mit diesem uralten Brauch vergleichbar. Er brachte Zuki dazu, zu glauben, er, Zuki, werde erkranken und sterben; und diese suggestive Kraft führte dazu, daß aus Spikas Herzenswunsch beinahe Zukis unglückliche Wirklichkeit geworden wäre. Als der andere Leguan Zuki sagte, er wolle ihn nicht mehr da haben und Zuki werde sterben, glaubte Zuki dies wirklich.

Ich sagte Karen, sie solle die Terrarien der Echsen voneinander wegstellen, so daß die Tiere einander nicht sehen konnten, wodurch Zuki weit genug von Spikas negativen Energieschwingungen entfernt wäre. Ich bat sie, Zukis Käfig wieder in das Zimmer ihrer Tochter zu stellen, die ihn liebte, und an deren Gesellschaft er sich in der Vergangenheit so erfreut hatte. Da Karen dem bereitwillig zustimmte, versicherte ich Zuki, er müsse den anderen Leguan nie wiedersehen, was ihn sehr glücklich machte.

Die starke Eifersucht, die Spika fortwährend auf den kleinen Leguan richtete, hatte Zukis Immunsystem zerstört; so war er Krankheiten gegenüber empfänglich und immer mutloser und verzweifelter geworden. Die freudige Nachricht, er müsse seinen eifersüchtigen Rivalen niemals wiedersehen, erwies sich für Zuki als die beste Medizin.

Der nun glückliche und gesunde Zuki kam für seine Reise zurück nach Hause wieder in seine Sporttasche. Er war schon dabei, seinen Kopf in dem Beutel zu verstecken, als er ihn noch einmal herausstreckte und mich bat, Karen solle die Temperatur in seinem Käfig etwas erhöhen, denn er habe es gern ein wenig wärmer.

Ich versprach ihm, es ihr zu sagen. Als Zuki wieder zu Hause war, wurde sein Käfig sofort wieder in Shannens Zimmer gebracht. Karen berichtet, Zuki schaue nun Shannen wieder stundenlang glücklich zu.

Diese Schwierigkeiten hätten sich zum großen Teil vermeiden lassen, wenn man mit Spika vor Zukis Ankunft im Haus kommuniziert hätte. Meiner Meinung nach wäre Spika auch dann noch eifersüchtig geblieben, weil Eifersucht Teil seiner Persönlichkeit war. Wenn man ihn vorab seiner Rolle in der Familie versichert hätte, hätte dies aber sicherlich die Intensität seiner negativen Gefühle gemildert. Es beruhigte Spika ein wenig, als ich ihm sagte, der Grund dafür, daß man ihm seinen Käfig weggenommen und Zuki gegeben hatte, sei entgegen seiner Annahme keine Bestrafung gewesen oder eine Bevorzugung Zukis, sondern habe einfach mit seinem Wachstum zu tun. Dennoch befürchte ich, daß Spika Zuki gegenüber eifersüchtig bleiben wird.

Hubert

Nach mehreren idyllischen Jahren als Staceys beste Gefährten sahen sich meine alten Freunde Hubert und Leonard, über die ich bereits im dritten Kapitel berichtet habe, in der Pflicht, auf zwei junge Kätzchen aufpassen zu müssen. Da ihre Besitzerin Stacey sie um Erlaubnis gebeten hatte, die Kätzchen mit nach Hause bringen zu dürfen, waren sie nicht eifersüchtig und machten auch keine Probleme. Allerdings trug sich eine lustige Geschichte zu, eine Geschichte, die beweist, wie klug es ist, wenn wir unsere Tiere in die Entscheidung miteinbeziehen, neue Tiere ins Haus zu nehmen.

Diese Geschichte passierte mit Hubert. Wie wir ja bereits wissen, ist Hubert reizbar und recht selbstgerecht. Es gelang uns nur selten, ihn dazu zu bringen, eine schlechte Gewohnheit aufzugeben; wir waren lediglich dann erfolgreich, wenn wir ihm die Vorteile aufzeigen konnten, die er aus einem Eingehen auf unsere Bitten hätte. Angesichts seiner elterlichen Pflichten machte Hubert jedoch eine

Kehrtwendung. Er beschloß, seine alte Art aufzugeben und ein perfektes Vorbild für die Kätzchen zu werden.

Stacey hatte einen schönen Kratzpfosten gekauft, den Hubert sich standhaft zu benutzen weigerte; zum Schärfen seiner Krallen bevorzugte er seinen alten Lieblingsplatz auf Staceys Sofa. Trotz mehrerer Gespräche mit Hubert hatten wir bei der Lösung dieses Problems nur sehr wenig Fortschritt erzielt. Nachdem ich ihm aber erzählt hatte, er müsse den neuen Kätzchen ein gutes Beispiel geben und ihnen zeigen, wie man sich richtig benimmt, wurde aus Hubert eine ganz neue Katze. Er nahm seine Rolle sehr ernst, und Stacey berichtete, man könne beobachten, wie er sich am Kratzpfosten streckte und seine Übungen machte, sobald die Kätzchen in die Nähe kamen – das perfekte Vorbild eines Katzen-Erwachsenen. Kein Kratzen am Sofa mehr durch Hubert und auch nicht durch die jungen Kätzchen, jedenfalls nicht in seiner Obhut.

Als ich das nächste Mal über Staceys Energie mit Hubert in Verbindung trat, gratulierte ich ihm zu seinen Fortschritten in puncto Verantwortungsbewußtsein. Er sagte mir, er habe erkannt, daß er sich nicht mehr selbst schlecht benehmen könne, nachdem er nun die Aufgabe habe, den Kätzchen richtiges Benehmen beizubringen, und habe dementsprechend seine alten Verhaltensweisen geändert.

Mir gefällt Huberts Geschichte, weil es ein gutes Beispiel für die Dinge ist, die geschehen können, wenn ein neues Tier richtig in einen Haushalt mit mehreren Tieren eingeführt wird. Probleme werden gar nicht erst entstehen, wenn wir dafür sorgen, daß unsere alten Tiere sich immer noch geliebt und wichtig fühlen und wir ihnen gegenüber betonen, daß der Neuankömmling nur dazu dasein wird, die Familie noch glücklicher zu machen.

Murphy

Meine Kundin Pam hatte solche Vorkehrungen nicht getroffen. Sie brachte einen wunderschönen neuen Hund mit nach Hause, ohne die Wirkung auf den Hund, den sie bereits hatte, zu bedenken. Ihre

Familie überschüttete den Neuankömmling mit einer solch übergroßen Aufmerksamkeit, daß sich ihr alter Hund ziemlich verlassen fühlte. Mit seinem Versuch, etwas von der Aufmerksamkeit zurückzubekommen, indem er den neuen Hund angriff, erreichte der arme Hund allerdings eine ganz andere Wirkung, als er sich gewünscht hatte. Seine früher so liebevolle Familie warf ihm vor, er sei grausam zu dem neuen Hund. Sie verstanden nicht, daß die Attacken seine Art waren, seine Bestürzung über die beinahe völlige Vernachlässigung auszudrücken, die er erfuhr.

Ich wurde in die Geschichte eingeschaltet, als Pam zu mir kam und sagte, sie müsse ihren Hund Murphy bei einem Tierarzt lassen, um ihn dort unterzubringen, während sie in Houston war. Ich fragte sie, warum sie Murphy unterbringen mußte, wenn sie doch nur den einen Tag weg sei. Pam erklärte, daß Murphy ständig ihre anderen Hunde angreife und er sich in einem schrecklichen Zustand befände, seine Haare fielen ihm aus, er habe schon fast kein Fell mehr.

Das Mitgefühl für Murphy überwältigte mich fast, und so fragte ich Pam, ob ich versuchen könne, mit Murphy Kontakt aufzunehmen und herauszufinden, warum er die anderen Hunde attackiere. Ich erklärte Pam, für das Fehlverhalten eines Tieres müsse es immer einen Grund geben, und vielleicht könne ich ihr dabei helfen, die Probleme, die ihre Hunde miteinander hatten, herauszubekommen.

Ohne weiter nachzufragen, sagte Pam, ja, sie wäre bei diesem Problem für jede Hilfe dankbar, denn es verursache in ihrer Familie eine Menge Kummer.

Als ich über Pams Energie mit Murphy in Kontakt trat, vernahm ich eine traurige, ganz leise Stimme und merkte, daß der Hund fürchterlich durcheinander war. Er erzählte mir, er sei verzweifelt, weil ihn seine Familie weggeben wolle. Als ich Pam dies mitteilte, sah sie mich völlig überrascht an und sagte, sie habe gerade am Morgen erst ihre Haushilfe gefragt, ob sie Murphy nehmen wolle, denn das Mädchen habe Murphy sehr gern, während sie, Pam, der Probleme überdrüssig sei, die Murphy verursache. Ich erklärte Pam, daß die Tiere alles verstehen, was wir sagen. Da die an jenem Morgen gemachte Bemerkung jedoch das Ergebnis von Murphys wochenlangem schlechtem Verhalten gewesen war, war ich dem Geheimnis noch nicht auf den Grund gekommen. Pams Bitte an ihr Mädchen stand am Ende, nicht am Anfang der ganzen Sache.

Murphy erzählte mir dann, Pams Tochter habe ihn häßlich genannt. Da er einst ein schöner Hund gewesen sei, mache ihn dies sehr traurig; er wisse, er sei jetzt nicht mehr schön, weil er fast sein ganzes Haarkleid verloren habe. Daß Pams Tochter ihn aber als häßlich bezeichnet habe, verstärke seinen Schmerz nur noch.

Als ich Pam dies berichtete, sagte sie: „Oh ja, wir sagen, er sei häßlich, aber nur so zum Spaß! Wir haben nicht gewußt, daß er uns verstanden hat!" Pamela war darüber erschüttert, wie sehr dieser unbedachte Scherz der Familie ihren kleinen Hund verletzt hatte. Weiter sagte sie, Murphy sei der erste Hund in der Familie gewesen, und bevor die Probleme anfingen, habe sie immer eine besondere Zuneigung zu ihm empfunden.

Murphy unterbrach uns und sagte, er sei als erster Hund in seine Familie gekommen, viel früher als die anderen Hunde, und er habe immer das Gefühl gehabt, er sei für seine Familie wunderschön und etwas Besonderes gewesen. Dann habe sich Pam entschlossen, ihre Hundefamilie zu vergrößern. Sie habe noch zwei Hunde gekauft; diese neuen Hunde bekamen Welpen, darunter einen mit weichem Fell und wundervollen Augen, den sie Charlotte riefen. Pam beschloß, Charlotte neben ihren anderen drei Hunden zu behalten.

Kurze Zeit danach fing Murphy an, sich vernachlässigt zu fühlen. Er spürte, daß alle Aufmerksamkeit, die zuvor ihm gegolten hatte, nun auf Charlotte gerichtet war. Aufmerksamkeit und Zuneigung ihres Herrn teilen zu lernen, ist für Tiere genauso schwierig wie für ihre Brüder und Schwestern unter den Menschen, ganz besonders dann, wenn man längere Zeit im Mittelpunkt der Aufmerksamkeit gestanden hat, bevor der Neuankömmling eintraf.

Murphy erzählte mir, Charlotte und ihr Vater und ihre Mutter hätten überhaupt nicht mit ihm gesprochen, und dadurch sei er sehr traurig und einsam geworden. Murphy begann, Charlotte zu attackieren, und diese Attacken waren im Laufe der Zeit so bösartig geworden, daß Pam die beiden Hunde trennen mußte. Da die Hunde bei ihrem ersten Zusammentreffen wunderbar miteinander zurechtkamen, konnte sich Pam nicht erklären, was diese Schwierigkeiten verursacht haben könnte.

Ich fragte Murphy, warum er Charlotte attackiert habe, wo er doch wisse, daß dies seiner Familie Sorgen bereite und sie dadurch gegen ihn aufgebracht sei. Er antwortete, er sei eifersüchtig, weil jeder Charlotte für schön halte, und er wegen seines ausgefallenen Haarkleides nicht mehr schön sei. Auch sagte Murphy, die anderen Hunde bekämen ihr Futter in viel schöneren Näpfen.

Als ich Pam berichtete, was Murphy gesagt hatte, fing sie an zu weinen. Sie hatte geglaubt, daß es egal ist, aus welcher Schüssel ein Hund frißt, und war erstaunt zu erfahren, daß Murphy den Unterschied zwischen seinem einfachen Kunststoffnapf und den Edelstahlschüsseln, in denen die anderen Hunde ihr Futter bekamen, bemerkt hatte. Sie hatte nicht gewußt, daß Hunden solche Dinge etwas ausmachen oder sie es als Zeichen einer Bevorzugung auslegen.

Ich sagte Pam, Murphys unerwünschtes Verhalten stamme insgesamt von seinem Bedürfnis nach Aufmerksamkeit, die er seit Charlottes Ankunft von seiner Familie nicht mehr verspürte. Weil er Charlotte attackierte, war die Familie natürlich auf ihn böse; sie erkannte nicht, daß Murphy so unglücklich war, daß er nur diesen einen Weg wußte, seine Familie und die anderen Hunde wissen zu lassen, wie er sich fühlte. Er bekam die Aufmerksamkeit seiner Familie, wenn auch nicht der Art, die er gebraucht hätte. Murphys Verhalten war ein Aufschrei nach Liebe.

Auch mußte Pam Murphy allein in einen anderen Raum sperren, damit er die anderen Hunde nicht mehr attackieren konnte; dies wiederum verstärkte Murphys Kummer nur noch mehr, weil er sich sehr einsam fühlte und aufgebracht war, daß man ihn von seiner geliebten Familie getrennt hatte. Ich sagte Pam, sie solle Murphy nicht die ganze Zeit wegsperren, sondern dies als Strafe für seine Attacken auf Charlotte einsetzen. Ich wies sie an, ihm ganz deutlich zu sagen: „ Nein! Das machst du nicht mit Charlotte!", und ihn bei jeder Attacke ungefähr zehn Minuten lang allein in einen Raum zu sperren, damit er erkennen konnte, daß dieses unerwünschte Einsperren das direkte Ergebnis seines unerwünschten Verhaltens war. So mußte er nicht denken, seine Familie sperre ihn weg, weil sie ihn nicht mehr liebe.

Die Traurigkeit und die Bestürzung, die Murphy mir übermittelte, beunruhigten mich insbesondere, weil ich wußte, daß sein Kummer durch seine Familie verursacht war, die die Situation nicht richtig eingeschätzt hatte. Ich beruhigte Pam damit, daß viele Tierbesitzer genauso wie sie auf eine solche Situation reagierten, und fragte sie, was sie tun wolle. Pam sagte, sie wolle Murphy behalten, sie liebe ihn sehr und habe nur deswegen vorgeschlagen, ihn wegzugeben, weil sie keinen anderen Rat mehr gewußt hätte. Ich sagte ihr, ich würde mit dem Hund sprechen und ihm ihre Liebe übermitteln; sie aber müsse die von mir vorgeschlagenen Änderungen ausführen, wenn sie eine Verbesserung in Murphys Verhalten erwarte. Das wollte Pam tun.

Ich sprach mit Murphy und versicherte ihm, Pam und seine Familie hätter ihn immer noch sehr lieb und es gebe für ihn keinen Grund, Charlotte noch einmal zu attackieren, da ihn seine gesamte Familie liebe, so wie sie auch Charlotte liebte. Ich sagte ihm, ich wisse, er werde nun ein sehr guter Hund sein und es gebe keinen Grund mehr für diese Art von Verhalten, auch wenn ich schon verstünde, wie es zu dieser starken Eifersucht gekommen war.

Dann fragte mich Murphy wegen seines Fells. Er war wegen der Entzündung, die zu dem Haarausfall geführt hatte, offensichtlich so mit Steroiden vollgepumpt worden, daß sein Fell nie wieder nachwachsen würde. Ich hörte meine Engel sagen, er solle Reis und frischen Fisch zu essen bekommen, dann würde sein Fell wieder wachsen. Das erzählte ich Pam und erinnerte sie daran, ihm eine Schüssel zu besorgen, wie sie die anderen Hunde auch hatten.

Nach ein paar Tagen rief mich Pam in meinem Studio an und sagte mir, es habe sich alles schon sehr gebessert. Murphy habe nun seine neue Schüssel und bekomme viel Liebe und Bestätigung von seiner Familie, die ihn nun verstand. Jeder in der Familie sage ihm, wie schön er sei.

Pam berichtete auch, Murphy komme viel besser mit den anderen Hunden aus. Während ich noch mit Pam telefonierte, nahm ich mit Murphy Kontakt auf, der mir ein gutes, glückliches Gefühl übermittelte. Dann sandte er mir auf telepathischem Wege ein Bild von sich, wie er zusammen mit den anderen Hunden schlief. Ich sprach auch mit einem von Pams anderen Hunden, der mir sagte, Murphy sei jetzt wieder ein netter Hund. Es freute mich sehr, daß Murphy und seine Gefährten nun wieder miteinander kommunizierten und harmonisch miteinander lebten.

Nach einigen Wochen brachte Pam Murphy vorbei. Sein Fell war gut nachgewachsen, und er war nun wirklich ein schöner Hund. Ich konnte den Stolz und die Glückseligkeit spüren, die er ausstrahlte. Murphy hatte wieder eine wichtige Position in seiner Familie eingenommen, und seine Familie zeigt ihm jetzt häufig ihre Liebe und Zuneigung. Um seine Verhaltens- und Gesundheitsprobleme zu beheben, bedurfte es nichts anderem.

Pam ist immer noch wegen des Schmerzes, den Murphy durch die Gedankenlosigkeit ihrer Familie erlitten hatte, bestürzt. Es geschieht jedoch häufig, daß wir Menschen nicht begreifen, daß Tiere intelligente und fühlende Lebewesen sind. Häufig glauben die Menschen nicht, daß Tiere die Fähigkeit besitzen, zu verstehen.

Solange jedes Tier spürt, daß es für seine Familie etwas Besonderes ist, geliebt und geschätzt wird, sollte es keine unüberwindbaren Probleme geben. Kommt es nach der Ankunft eines neuen Tieres zu wirklichen Schwierigkeiten, werden wir die Ursache in den meisten Fällen deutlich feststellen können, wenn wir die Zeit bis zum Eintreten dieser Schwierigkeiten genau analysieren.

Whiskey

Manchmal kann ein neues Tier genau das richtige Rezept gegen Probleme mit einem einsamen, gelangweilten oder scheuen Tier sein. Zwei unterschiedliche Persönlichkeiten zusammenzubringen, schafft häufig sowohl für das Tier als auch für seine Familie eine angenehmere und erträglichere Atmosphäre. Die Unterhaltung und Zerstreuung durch ein anderes Tier können die Gedanken eines neurotischen Tieres oft von seinen eigenen Problemen zu angenehmeren Beschäftigungen hinlenken.

Dies war bei meiner Freundin Carol der Fall. Sie kam wegen ihres Katers Whiskey zu mir, der sich den ganzen Tag lang unter dem Bett zu verkriechen pflegte. Auf welche Weise Carol Whiskey auch lockte, er kam nicht unter dem Bett in ihrem Schlafzimmer im oberen Stockwerk hervor. Als ich anfing, mit ihm zu sprechen, fand ich heraus, daß das Erdgeschoß von Whiskeys Haus bei einer verheerenden Flut mehrere Meter hoch unter Wasser gestanden hatte. Die Familie war gezwungen, vor dem Wasser in das obere Stockwerk auszuweichen, wo sie bleiben mußten, bis das Wasser zurückgegangen war. Das steigende Wasser, das stürmische Wetter und die Aufregung der Familie hatten die arme Katze zutiefst verängstigt.

Nach der Katastrophe mußte die ganze Familie im oberen Stockwerk wohnen, während unten die durch die Flut hervorgerufenen Verwüstungen beseitigt wurden. Das Durcheinander durch die fremden Arbeiter, die den ganzen Tag ins oder aus dem Haus liefen, führte zusammen mit dem furchterregenden Lärm ihrer Maschinen dazu, daß Whiskey einen Nervenzusammenbruch erlitt. Carol sagte mir, eines Tages sei er plötzlich unter dem Bett verschwunden und wolle jetzt nicht mehr hervorkommen, wie sehr sie auch versuche, ihn hervorzulocken.

Der arme Whiskey hatte so viele schreckliche Dinge erlebt, daß er mit dem, was ohne die Schuld anderer geschehen war, nicht fertig wurde. Er wollte überhaupt nicht mehr unter dem Bett hervorkommen, dem einzigen Ort, an dem er sich, außer in einem dunklen Schrank, sicher fühlte. Whiskey hatte, wie er so allein unter dem Bett saß, zuviel Zeit, über seine Probleme nachzudenken. Ich schlug ihm deshalb ein kleines Kätzchen als Gefährten vor. Ich fragte auch Carol, ob sie schon daran gedacht habe, einen Gefährten für Whiskey zu besorgen. Sie sagte, sie fände die Idee gut, wenn sie Whiskey helfen würde.

Ich merkte, als ich so mit Whiskey sprach, daß er ein sehr redseliger Kater war. Er übermittelte mir viele Einzelheiten über die Kleidung und das Aussehen seiner Besitzerin. Die Idee, eine andere Katze um sich zu haben, fand er gut, und gab hierzu seine Zustimmung.

Die Ankunft des neuen Kätzchens war ausführlich mit Carol geplant, um sicherzustellen, daß sich Whiskey in alle Vorbereitungen einbezogen fühlte. Ich warnte ihn, das Kätzchen werde wahrscheinlich ein wenig fauchen, weil es nach dem Verlassen seiner Mutter ein wenig nervös sein werde. Ich sagte Whiskey aber, daß sie sicherlich Freunde würden, wenn er gut auf das Kleine aufpaßte, und die Freundschaft und der Spaß, die ihm das Kätzchen geben werde, könnten Whiskey helfen, seine Angst vor einer neuen Überschwemmung vergessen zu lassen.

Wie wir gehofft hatten, wurden die beiden Katzen Freunde; und sobald der neugierige kleine Samuel anfing, sich die Treppen herunterzuwagen, blieb Whiskey nichts anderes übrig, als ihm zu folgen. Dies war ein großer Durchbruch. Nach einem Monat, so berichtete Carol, lebten Whiskey und Samuel in allen Räumen des Hauses. Whiskeys Ängste, wieder von Hochwasser eingeschlossen zu werden, gingen zurück.

In Whiskeys Fall half der neu hinzugekomme Samuel, daß Whiskey seine Ängste überwinden und das ganze Haus der Familie wieder als sein Territorium beanspruchen konnte.

Wie schwierig eine Situation auch sein mag, es läßt sich im allgemeinen immer eine Lösung für die durch neue Tiere hervorgerufenen Probleme finden. Wie immer liegen die Antworten darin, daß man die Veränderungen im menschlichen Verhalten überprüfen muß, die zu den Veränderungen im Verhalten der Tiere geführt haben. Wenn unser altes Tier einen Neuankömmling wirklich nicht akzeptieren will, müssen wir uns fragen, warum es für uns so wichtig ist, ein neues Tier mit nach Hause zu bringen. Brauchen wir wirklich noch ein Tier? Können wir es gut versorgen, mit nahrhaftem Futter und guter tierärztlicher Betreuung? Haben wir genügend Zeit, um einem neuen Tier die Liebe und die Aufmerksamkeit zu geben, die es benötigt? Oder müssen wir die Zeit, die wir normalerweise den schon bei uns lebenden Tieren widmen, unter allen Tieren aufteilen und dabei ein bereits vorhandenes Tier von seinem gewohnten Sockel in der Rangordnung stoßen?

Wollen wir, daß die Einführung eines neuen Tieres in unseren Haushalt erfolgreich verläuft, so müssen wir sicherstellen, daß die Tiere, die schon bei uns sind, in den Planungsprozeß einbezogen werden. Sagen wir ihnen also, daß ein neuer Hund oder eine neue Katze bei uns leben wird und betonen, wie sehr wir sie lieben und schätzen und wie wir uns vorstellen, daß der Neuankömmling unsere Familie bereichern wird. Sobald das neue Tier da ist, müssen wir dafür sorgen, daß es die Tiere, die wir haben, nicht verdrängt. Wenn wir den Neuankömmling bemuttern, sollten wir uns auch die Zeit nehmen, uns besonders um unsere alten Freunde zu kümmern, um Eifersuchtsgefühle unter Kontrolle zu halten. Sind wir klug und gestatten es dem neuen Tier nicht, unsere Beziehung zu unserem älteren Tier zu beeinflussen, so kann ein solcher Neuzuwachs reibungslos eingegliedert werden, zur Zufriedenheit und zum Vergnügen aller Beteiligten. Unannehmlichkeiten können jedoch dann entstehen, wenn wir nicht gut genug geplant haben und unsere alten Tiere zugunsten eines neuen Lieblings nicht mehr beachten.

Manchmal entstehen jedoch Verhaltensprobleme, die sich nicht direkt auf den Zugang eines neuen Tieres zurückführen lassen. Schwierigkeiten können sich dann ergeben, wenn die Besitzer die gewohnte Umgebung ihrer Tiere gedankenlos stören. Mehrere Beispiele dazu werde ich im nächsten Kapitel besprechen.

6
Sonnys eigener Zeitplan
Ein Rhythmus ist wichtig

Die Bedeutung eines geregelten Tagesablaufs für ihre Tiere und die Einhaltung dieses Ablaufs kann ich gegenüber Tierbesitzern nicht genug betonen. Eine verläßliche Routine hilft Tieren, einige der häufiger vorkommenden Traumata zu überwinden, wie zum Beispiel der Umzug in ein neues Heim. Für ein Tier ohne einen festen Tagesablauf ist ein solcher Umzug völlig beunruhigend, da ihm die einzige zuverlässige Sache in seinem Leben, sein Stammplatz, plötzlich weggenommen wird. Ein Tier, das immer noch sein gewohntes Bett, seine Futterschüsseln und Spielzeuge hat, das sich weiterhin am täglichen Spaziergang oder an der Toberei mit seinen Besitzern erfreut, kann einen solchen Übergang mit viel weniger Problemen überstehen.

Obwohl Besitzer oft wegen eines speziellen Problems zu mir kommen, wie Unsauberkeit oder Kämpfe, gelingt es mir häufig, die Schwierigkeiten auf eine Veränderung im Tagesablauf zurückzuführen, also auf etwas, was ihr Tier beunruhigt oder erschreckt und zu einem unangemessenen Verhalten geführt hat. Tiere sind Kindern so ähnlich. Sie brauchen einen regelmäßigen Tagesablauf, Disziplin und eine Struktur, um ihren Weg zu gehen, und wenn sie dies nicht bekommen, entstehen oft Schwierigkeiten dieser oder jener Art. Oft entdecke ich, daß ein Tier mit großen Verhaltensproblemen sehr viele Besitzer gehabt hat oder mißhandelt worden war. Viele dieser Probleme lassen sich durch die Einrichtung eines regelmäßigen Tagesablaufs und viel Liebe überwinden. Hat das Tier einmal eine Routine, der er vertrauen, und eine Beziehung zu seinem Besitzer, auf die er sich verlassen kann, wird es wahrscheinlich viele unerwünschte Gewohnheiten oder neurotische Verhaltensweisen ablegen.

Ein Zeitgefühl bekommen die Tiere durch unsere Routine. Unsere Tiere kennen unseren Tagesablauf in der Woche und am Wochenende, und sie wissen, daß an den Werktagen der Rhythmus ein anderer ist als an den Wochenenden. Sie begreifen das Konzept von Tag und Nacht als Licht und Dunkelheit.

Wenn wir jeden Tag um dieselbe Zeit zur Arbeit gehen und jeden Abend um dieselbe Zeit zurückkehren, ist das eine Routine, auf die sich das Tier verlassen kann. Die Arbeitszeit kann aber auch variieren, und wir alle müssen gelegentlich bis spät in die Nacht arbeiten. Wichtig ist dabei, daß wir es unsere Tiere wissen lassen, wenn es später wird, damit sie sich keine Sorgen machen.

Wissen wir, daß wir spät nach Hause kommen werden, sollten wir die folgende Übung ausprobieren, weil uns unser Tier erwarten und beunruhigt sein wird, wenn wir nicht zur rechten Zeit erscheinen. Um unserem Tier mitzuteilen, daß wir später als gewöhnlich heimkehren werden, senden wir aus unserem Wagen oder Büro ein telepathisches Bild der Dunkelheit. Anschließend senden wir das Gefühl der Rückkehr zu einem späteren Zeitpunkt zusammen mit den entsprechenden Worten und einem Bild der Dunkelheit. Unsere Nachricht wird das Tier sofort erreichen, und es wird wissen, daß wir später und nicht zur normalen Zeit nach Hause kommen werden. Damit werden seine Befürchtungen wegen einer Unterbrechung der Routine besänftigt.

Es haben mich Menschen um Rat gefragt, die sich nicht erklären konnten, wie ihr Tier so genau wußte, wann sie heimkämen, obwohl die Zeit ihrer Ankunft jeden Tag eine andere war. Einer Dame bereitete dies besonderes Kopfzerbrechen. Als Hausfrau war sie mit ihren Kindern zu Hause und immer darüber erstaunt, daß ihr Hund jeden Abend bellte, um in den Garten gelassen zu werden – und zwar volle zehn Minuten, bevor ihr Ehemann vorfuhr. Da sich die Ankunftszeit ihres Ehemannes je nach der Arbeitsbelastung um bis zu zwei Stunden unterschied, wußte sie, daß für den Hund die

Tageszeit nicht das Entscheidende war. Sie wollte herausfinden, wie ihr Hund wußte, wann ihr Mann auf dem Heimweg war.

Der Hund wußte es, weil ihm die geistige Energie des Mannes telepathisch übermittelt wurde, während dieser auf dem Heimweg war. Ich trat mit dem Mann in Kontakt und fand heraus, daß er während der Nachhausefahrt das Gefühl der Vorfreude aussandte, das er auf dem Weg nach Hause beim Gedanken an die ihn erwartende Familie empfand. Sein intelligenter und sehr ungeduldiger Hund nahm diese telepathische Mitteilung sofort auf und bellte, um in den Garten hinausgelassen zu werden, wo er zur Begrüßung seines Herrn neben der Garage wartete und mit ihm seine abendliche Toberei hatte. Mir war klar, daß die Heimkehr des Mannes einen wichtigen Teil im Tagesablauf dieses Hundes ausmachte. Hätte irgend etwas seine abendlichen Ausflüge in den Garten gestoppt, wären Verhaltensprobleme die Folge gewesen.

Wenn wir unseren Tag durchgehen, denken wir daran, wohin wir gehen müssen und wann wir dort sein müssen. All diese Informationen werden unseren Tieren ohne unser Wissen telepathisch übermittelt, so wissen sie nicht nur durch die Hetzerei und die Aktivitäten vor unserem Fortgang, daß wir gleich das Haus verlassen werden, sondern auch durch das mentale Bild, mit dem wir uns vorstellen, wie wir hinaus zum Wagen gehen, den Motor starten und zu unserem Zielort fahren. Auf dieselbe Weise übermitteln wir, wenn wir auf dem Nachhauseweg sind, Bilder von unserer Ankunft, die das Tier aufnimmt. Dies ist ein Bestandteil unserer täglichen Routine.

Ist sich unser Tier seiner Routine sicher und weiß, daß es regelmäßig gefüttert und ausgeführt wird, daß man mit ihm spielt, sich um es sorgt und mit großer Liebe und Freundlichkeit behandelt, wird es wahrscheinlich kaum Verhaltensprobleme entwickeln. Ein Tier, für das nicht regelmäßig gesorgt wird, das gedankenlose oder grausame, oder auch viele Besitzer aushalten und viele Ortswechsel erleiden mußte, lebt in einem Zustand der Unsicherheit. Es gibt nichts in seinem Leben, auf das es sich verlassen kann, und so mißtraut es den Menschen leicht und verläßt sich mehr auf sich selbst. Häufig ergeben sich daraus Verhaltensprobleme, weil ein unabhängiges Tier wenig Nutzen darin sieht, mit Menschen zu kooperieren.

Sonny Brass Horn

Bei einem meiner Fälle handelte es sich um ein wunderschönes kastanienfarbenes Freizeitpferd, das wegen seines wie poliertes Messing glänzenden Fells Brass (dt.: Messing) hieß. Gayle, seine jetzige Besitzerin, rief mich an, weil Brass weder auf seinen Namen hörte noch Anweisungen von ihr annahm, wenn sie ihn ritt. Er zog es vor, seinem eigenen Weg zu folgen und hatte mit Gayle viele wilde und gelegentlich auch fast böse ausgehende Ritte erlebt. Sein Lieblingstrick bestand darin, mit voller Kraft unter tiefhängenden Ästen hindurchzugaloppieren. Für Gayle war es schwierig, sich im Sattel zu halten. Wenn er sich jedoch benahm, war es mit seiner seidenweichen Gangart wie ein Schaukelpferd eine Freude, ihn zu reiten, erzählte mir Gayle.

Wäre Gayle nicht eine besonders fähige und couragierte Reiterin, hätte sie möglicherweise schwere Verletzungen erlitten. Der Hengst Brass war, wie wir bald herausfanden, kein unkontrollierbares Pferd, sondern lediglich ein eigensinniges. Er versuchte nicht, Gayle zu verletzen, er wollte nur die Kontrolle über eine Situation bekommen, die für ihn beunruhigend und verwirrend war. Gayle hoffte, ich könne herausfinden, warum Brass sich so verhielt, und dem Pferd etwas kooperativen Geist beibringen. Sie liebte ihn sehr und wollte ihm vorbehaltlos vertrauen können.

Als ich mit Brass telepathisch Kontakt aufnahm, informierte er mich sofort und mit großer Entrüstung, er werde nicht auf den Namen Brass hören, weil dies überhaupt nicht sein Name sei – sein Name sei Sonny, ganz ähnlich wie mein eigener Spitzname. Nachdem ich ihm erzählt hatte, ich hieße auch Sunny, schien er ein wenig aufzutauen. Hier aber kam die anfängliche Verwirrung wieder ins Spiel. Sein erster Besitzer habe ihn „Sonnys Brass Horn" genannt und rief ihn „Sonny"; er könne nicht verstehen, warum seine nächsten Besitzer, und es waren derer viele, darauf bestanden, ihn „Brass" zu rufen. In dieser Hinsicht sei er unnachgiebig. „Sonny" sei der einzige Name, auf den er auch reagieren werde.

Dann sagte er mir, es tue ihm wegen Gayles Verletzung am Bein sehr leid. Als ich ihr das erzählte, war sie sehr überrascht, denn die Verletzung lag mehr als zwei Jahre zurück, als Sonny in Panik geraten und über einen Bach gesprungen war, wobei Gayle herunterfiel und sich das linke Bein verletzte. Gayle bat mich, Sonny zu beruhigen: sie wisse, es sei ein Versehen gewesen. Der Hengst war durch ihr Vertrauen sehr erleichtert.

Sonny erzählte mir, sein Leben habe nur aus Wechseln bestanden, er sei von einem Besitzer zum anderen gereicht worden. Darunter seien viele gewesen, unter deren grausamen Händen er zu leiden gehabt habe. Er schilderte mir, einer seiner Besitzer habe ihn mit einem Stock geschlagen, wodurch er auf seine Knie gefallen sei und sich sein rechtes Bein verletzt habe, was ihm immer noch wehtue. Er habe große Angst gehabt und versucht zu tun, was der Mann von ihm wollte, konnte aber nicht verstehen, was von ihm verlangt wurde, weil der Mann immer so wütend gewesen sei. Sonny berichtete mir auch, er sei in einem Verschlag festgebunden gewesen und quer über die Stirn und den Rücken geschlagen worden, wodurch er glücklicherweise keine bleibenden körperlichen Schäden davongetragen habe. Die Mißhandlung hatte jedoch psychische Narben hinterlassen.

Seine Erzählung machte mich sehr traurig. Bei meiner Arbeit mit Pferden finde ich oft heraus, daß sie durch die Hand ihrer Trainer oder Betreuer schreckliche Mißhandlungen in einer Schwere ertragen müssen, die ein kleineres Tier töten würden. Was Wunder, wenn sich ein so schrecklich mißhandeltes Tier gegen den Menschen wendet?

Als große Tiere sind Pferde in der Lage, Menschen schwere Verletzungen zuzufügen. Daran sollten sich die Ausbilder erinnern, bevor sie die Hand gegen das Pferd erheben. Ein Pferd kann eine solche Mißhandlung eine kurze Zeit ertragen; wenn es aber beschlossen hat, nun sei es genug, kann das Ergebnis ziemlich schrecklich sein.

Obwohl Gayle freundlich und liebevoll war und Sonny sanft behandelte, war nach seiner Erfahrung den Menschen nicht zu trauen. Gayle war der erste Mensch, mit dem er Kontakt hatte und der ihn nicht mißhandelte. In den mehr als zwei Jahren, in denen er schon bei Gayle war, hatte er sie mehr als einmal verärgert, und dennoch hatte sie ihn niemals geschlagen. Er wollte wissen, ob er weiterhin mit ihrer Freundlichkeit rechnen könne, und ich versicherte ihm, daß dem so sei.

Sonny war auch all die Umzüge und Brüche in seinem Leben leid. Er wollte einen regelmäßigen Tagesablauf und hatte ihn sich selbst geschaffen. Er hatte das Gefühl, sich auf nichts und niemanden verlassen zu können, nicht einmal auf die außerordentlich freundliche und gutherzige Gayle, die Sonny mit einer Liebe und Freundlichkeit behandelte, die er zuvor noch nie erlebt hatte.

Nachdem ich eine Weile mit Sonny geredet hatte, wurde mir klar, daß seine Verhaltensprobleme das direkte Ergebnis einer nicht vorhandenen Routine in seinem Leben waren, kombiniert noch mit all den Mißhandlungen. Mißhandlung und ständige Veränderung seiner Routine hatten aus Sonny ein ängstliches, rebellisches Pferd gemacht, das nicht besonders willens war, Anweisungen eines Menschen zu befolgen.

Sonny sagte mir, er liebe Gayle sehr, doch hätten sie beide eine schwere Zeit durchgemacht. Er habe Angst, sie wolle ihn wieder loswerden, und dann müsse er mit einem neuen Besitzer wieder von vorne anfangen. Er wolle nicht, daß dies geschehe, weil er Gayle so sehr liebte und sich nach all der Aufmerksamkeit sehnte, mit der Gayle ihn überschüttete. Auch mochte er seine eigene Weide, auf der er nach Herzenslust umherlaufen konnte.

Als ich dies erzählte, bestätigte Gayle mir, ihr Pferd habe eine schwierige Zeit hinter sich. Es habe mal eine Zeit gegeben, in der sie Sonny am liebsten verkauft hätte, jetzt aber habe sie beschlossen, mit ihm so lange zu arbeiten, bis er begriffen habe, was er tun solle. Als ich Gayle sagte, auf welch grausame Weise Sonny so oft geschlagen worden war, fing sie zu weinen an. Von diesen groben Mißhandlungen habe sie nichts gewußt. Sie versprach, ihn mit „Sonny", dem Namen, den er lieber mochte, anzureden und sagte mir, sie beginne nun zu verstehen, warum er so stur und arglistig und auch so scheu sei, wenn sich ein Mann näherte. Sonny hatte die Erfahrung gemacht, daß kurz nach dem Erscheinen eines Mannes Schläge folgen.

Nach einiger Zeit hatte sich Sonny an Gayles Ehemann Phil gewöhnt, der genauso freundlich zu ihm war wie Gayle. Er erlaubte Phil, sich ihm im Stall oder auf der Weide zu nähern, ohne daß er durchging. Alle anderen Männer aber, die bei Gayle arbeiteten, machten Sonny nervös, auch wenn sie freundlich waren.

Sonny erzählte mir, Phil mache sich große Sorgen wegen der vielen wilden Ritte. Er hatte Angst, daß Gayle bei einem Sturz einmal schwer verletzt werden könnte. Sonny hatte gehört, wie Phil Gayle dazu drängte, ihn zu verkaufen. Dies berichtete ich Gayle, und sie sagte, Phil sei wegen der dauernden Probleme mit Sonny tatsächlich besorgt gewesen, sie habe aber beschlossen, ihr Pferd zu behalten und es mit ihm durchzustehen. Weil sie wußte, daß der große Hengst ihr nichts antun wollte, hatte sie auch keine Angst vor Verletzungen.

Nachdem ich mit Gayle gesprochen hatte, versicherte ich Sonny, er habe bei ihr nun ein festes Zuhause gefunden. Er werde nicht wieder weggegeben. Ich verspürte eine deutliche Liebe zwischen Gayle und ihrem Pferd und wußte, daß er sie erfreuen wollte; deswegen sagte ich Sonny, er müsse auf Gayle hören und tun, was sie von ihm wolle. Ich erinnerte ihn an die Liebe, die Gayle ihm jeden Tag zeigte, an die freundliche und aufmerksame Fürsorge, die sie ihm zuteil werden ließ und dies auch in Zukunft tun werde. Er wußte, Gayle würde ihm auf keinerlei Weise schaden, und ich erwiderte, er könne auf dieses Gefühl und auf Gayle vertrauen. Er aber müsse sich bessern und bei Ausritten auf Gayle aufpassen.

Gayle hatte gesagt, sie sorge sich ganz besonders wegen Sonnys Tendenz, die Kontrolle über sich zu verlieren, wenn sie im Wald waren. Im Wald galoppiere er mit voller Geschwindigkeit hinter anderen Pferden her, ohne sich um Gayles Sicherheit zu kümmern. Er sandte mir viele Bilder davon, wie Gayle herunterfiel, und sie bestätigte mir, dies geschehe viel häufiger als ihr lieb sei, auch wenn es nicht immer Sonnys Schuld sei. Er sagte mir dann, er warte meistens auf Gayle, wenn sie heruntergefallen sei. Dies bestätigte Gayle und sagte, sie halte ihm das zugute, auch wenn sie so manches Mal nach einem Sturz auf freier Strecke zu einem langen Fußmarsch verurteilt gewesen wäre.

Als ich versuchte, mit Sonny darüber zu reden, wie wichtig Gayles Sicherheit sei, entfernte er sich interessanterweise vom Zaun und fing an zu grasen – ein Bild gleichgültiger Unbekümmertheit. Ich wußte sofort, daß er darüber nichts hören wollte. Er dachte, die Jagd im Wald sei ein Spiel und mache viel Spaß. Er streckte gern seine Beine und lief mit voller Geschwindigkeit, um zu sehen, ob er die anderen Pferde einholen könnte. Er war sich dann nicht bewußt, daß er Gayle auf seinem Rücken hatte, die sich an ihrem wild davonpreschenden Roß festklammerte und um ihr Leben fürchtete.

Als ich Sonny sagte, sein rücksichtsloses Verhalten sei für Gayle ein großes Problem und daß er bei Ausritten für ihre Sicherheit Verantwortung trage, kam er zum Zaun zurück und hörte wieder zu. Ich sagte ihm, er müsse sich vorstellen, daß Gayle und er eine Einheit seien und sich deshalb auch zusammen bewegen müßten. Er könne im Wald nicht mehr wild drauflos galoppieren und Gayle mit seinem temperamentvollen Spiel gefährden.

Ich erklärte Gayle auch, sie könne ihren Teil zur Lösung des Problems beitragen, indem sie sich in Sonnys Körper versetze und sich wie ein Pferd fühle, ihre Arme als seine Vorderbeine und ihre eigenen Beine als seine Hinterbeine. Auf diese Weise könne sie das Verhalten, das sie von ihm erwarte, auf telepathische Weise übermitteln. Wolle sie, daß er im langsamen Schritt gehe, solle sie sich vorstellen, ihre eigenen Gliedmaßen bewegten sich langsam in einem ruhigen, gleichmäßigen Schritt und Sonny dieses Bild und dieses Gefühl weitergeben. Wolle sie, daß er anhalte, solle sie ihm dies telepathisch übermitteln; Sonny werde es in seinem Körper verspüren und viel schneller verstehen, als ein in Worten ausgedrücktes Kommando. Wenn sie sich vorstellen könnte, eins mit dem Pferd zu sein, so wie ich Sonny auch angewiesen hatte, dann würden sie beide lernen, auf wunderbare Weise miteinander zu arbeiten.

Gayle rief mich am nächsten Tag an, um mir zu sagen, sie habe gerade einen interessanten leichten Galopp mit Sonny hinter sich. Sie sagte, sein Gang sei langsamer und kantig, fast so, als habe er ganz fest versucht, sich selbst an die Kandare zu nehmen und sie sicher auf sich reiten zu lassen. Ich sagte ihr, wir würden weiter mit ihm arbeiten, um ihn wissen zu lassen, was sie wolle, und daß sie, wenn wir damit fertig seien, das Pferd ihrer Träume hätte.

Bei meinem nächsten Besuch entdeckte ich bei Sonny einen gewissen Stolz. Er erzählte mir, er sei ein wunderbares Pferd, was er ja auch wirklich war, und er sei ein gutes Springpferd und könne sehr schnell rennen. Diese Freude an der Geschwindigkeit war genau das, was Gayle beunruhigte; so sagte ich Sonny, er könne so schnell rennen wie er wollte, wenn Gayle nicht auf ihm sitze; wann immer sie aber im Sattel sei, habe er sich zurückzuhalten und auf Gayle zu hören. Er sagte, er werde sein Bestes versuchen, da er Gayle und Phil liebe und sie erfreuen wolle. Er war intelligent genug, die Verbindung zwischen seinem unangemessenen Verhalten und Phils Angst um Gayles Sicherheit zu begreifen und war willens, seinen Teil dazu beizutragen, Gayle sicher auf seinem Rücken zu tragen.

Obwohl Sonny gelegentlich immer noch schwierig ist, berichtet Gayle, sein Verhalten und sein Verständnis würden ständig besser. Sie habe begriffen, Sonny wegen der schlechten Erinnerungen, die dann hochkämen, nicht ihm unbekannten Männern auszusetzen, die bei dem Pferd wiederum Anfälle unangemessenen Verhaltens auslösten. Sie achtet darauf, daß Sonny einen regelmäßigen Tagesablauf hat, weil er aufgrund seiner wechselvollen Vergangenheit kaum in der Lage ist, mit ungewohnten Situationen umzugehen, die er immer als bedrohlich betrachtet.

Die Einführung einer verläßlichen Routine hatte in dieser Situation eine außerordentlich gute Wirkung. Wann immer ich mit Sonny kommuniziere, scheint es mir, daß er von Mal zu Mal entspannter und sicherer ist, daß er sein endgültiges Zuhause bei Gayle und Phil gefunden hat. Gayle konzentriert sich jetzt darauf, ihre Fähigkeit der telepathischen Kommunikation mit Sonny zu entwickeln, was ihm ganz ungemein gut gefällt. Sonny und Gayle haben aufgrund ihrer telepathischen Kommunikation eine noch tiefere und innigere Bindung aufgebaut.

Topaz

Meine Kundin Sylvia rief mich aus New York an, weil sie ein Problem damit hatte, ihrem roten Kleinpudel Topaz beizubringen, sein Geschäft auf Zeitungspapier zu machen. Sylvia lebte in einem Apartment in Manhattan. Sie war aufgrund einer Krankheit jahrelang fast ganz ans Bett gefesselt und nicht in der Lage, Topaz spazieren zu führen. Sie hatte versucht, ihm beizubringen, sich im gefliesten Badezimmer auf Zeitungspapier zu entleeren, wo Pfützen leicht aufzuwischen wären. Topaz aber ging weiter in den Flur, was David, Sylvias Hausgenossen, endlos ärgerte. David war sehr gutherzig und hatte versucht, Sylvia beim Training des Hundes zu helfen; dauerhafte Erfolge waren aber nicht zu verzeichnen.

Als ich mit Topaz Verbindung aufnahm, fand ich einen sehr redseligen, geselligen Hund vor, eine richtige Persönlichkeit. Bald entdeckte ich, daß der Grund für seine Verwirrung in Veränderungen seines Tagesablaufs lag. Bevor Sylvia erkrankte, ging sie mit ihm spazieren und er sollte sich draußen lösen. Seitdem Sylvia nicht mehr mit ihm rausgehen konnte, verstand Topaz nicht mehr, was von ihm verlangt wurde.

Topaz erwähnte mir gegenüber, er sei ein „Star". Ich fragte, was er damit meine, und er erzählte mir, er gehe mit David zu kranken und ans Bett gefesselten Menschen und unterhalte sie. Das brachte mich auf eine Idee. Ich sagte Topaz, Stars machten nicht in den Flur, sondern entleerten sich immer im Badezimmer auf Zeitungspapier.

Ich berichtete Sylvia, was ich Topaz gesagt hatte, und sie bestätigte mir, der Hund habe kurze Zeit mit David gearbeitet. Nachdem Sylvia erkrankt war, wurde es schwierig, daß Topaz aufgrund seiner Arbeit so lange von seiner Besitzerin getrennt war. So beschloß sie, den Hund bei sich zu Hause zu behalten, um ihr etwas von der Eintönigkeit ihrer Bettlägerigkeit zu nehmen. Sie liebte den kleinen Hund sehr, und seine fröhliche Gesellschaft ließ sie ihre Krankheit vergessen. Nur mit dem Auf-das-Zeitungspapier-Machen gab es Probleme.

Topaz war stolz darauf, daß es ihm gelang, Sylvia während ihrer Krankheit aufzuheitern und wollte alles in seiner Macht stehende tun, um ihr zu helfen. Er versprach mir, er werde auf das Papier gehen und nicht mehr in den Flur machen. Damit hatte er mit seinen Worten aber keineswegs geendet. Er erzählte mir, er möge sein neues rotes Halsband mehr als sein altes und sei gern mit den anderen Hunden im Hundezentrum zusammen, wohin ihn Sylvia zum Spielen schickte. Auch erwähnte er, er wünschte, Sylvia würde ihm wieder das Halstuch anziehen. Als ich Sylvia dies berichtete, war sie erstaunt, weil er das Halstuch nur einmal getragen hatte, und das vor ungefähr sechs Monaten. Topaz erinnerte sich immer noch an das Tuch und meinte, er sähe sehr schön damit aus. Sylvia lachte und sagte mir, sie werde das Tuch suchen, denn sie könne sich nicht genau erinnern, wohin sie es getan habe.

Dann prahlte Tommy damit, sein Frauchen bringe ihn immer in den „Schönheitssalon", und dort werde er noch schöner gemacht, als er ohnehin schon sei. Als ich Sylvia dies erzählte, lachte sie wieder und bestätigte, daß Topaz tatsächlich gerne regelmäßig zum Hundefrisör ging, wo man von dem charismatischen kleinen Hund regelrecht schwärmte.

In der darauffolgenden Woche berichtete mir Sylvia, Topaz habe nach dem Gespräch mit mir sofort begonnen, sein Geschäft auf dem Zeitungspapier zu erledigen und nicht mehr danebengemacht. David konnte es nicht glauben; er hatte alles Erdenkliche versucht, um Topaz zu erziehen und nun verstand der kleine Hund nach nur einem Gespräch endlich, was von ihm verlangt wurde, und fing an, es perfekt zu tun. Ich erinnerte Sylvia aber daran, wie wichtig es war, diese Routine für Topaz beizubehalten und ihn jedes Mal zu loben, wenn er auf das Papier ging.

Alles war in Ordnung, bis Sylvia in ihr Sommerhaus in North Carolina fuhr. Die Änderungen im Tagesablauf und der Ortswechsel warfen Topaz aus der Bahn, und er fing wieder an, unsauber zu werden. Sylvia rief mich an, und ich fragte sie nach dem neuen Tagesablauf. Sie sagte, in ihrem neuen Zuhause in North Carolina solle Topaz nach draußen in den großen Garten gehen. Das war ganz anders als in seinem Zuhause in Manhattan. Und diese Verwirrung brachte das alte Problem, das wir in New York gelöst hatten, wieder zum Vorschein.

Ich erklärte Sylvia, daß für Topaz in North Carolina alles ganz neu sei. Zum Glück hatte sie ihre Krankheit überwunden und war wieder in der Lage, mit Topaz spazieren zu gehen; Topaz aber hatte noch nicht die Verbindung zwischen dem Spazierengehen und dem Sich-Lösen begriffen. Weil er sich häufig entleerte, sobald sie von einem Spaziergang zurück waren, war Sylvia oft niedergeschlagen. Das tat er natürlich, weil dies die Routine war, die er kannte.

Ich sagte Sylvia, sie solle versuchen, wann immer sie mit Topaz nach draußen ging, telepathisch Verbindung mit ihm aufzunehmen und ihm das körperliche Gefühl zu geben, sich entleeren zu müssen, damit er verstehen konnte, was sie von ihm wollte. Auch redete ich mit ihm und erklärte ihm, dieses Haus habe einen schönen Garten, in dem er sein Geschäft erledigen könne.

Anfangs waren wir nicht sehr erfolgreich, und Sylvia rief mich wieder an und beschwerte sich, wenn er sein Geschäft gleich nach der Rückkehr ins Haus machte, obwohl sie dreimal am Tag mit ihm spazierengehen würde. Als ich mit Topaz Verbindung aufnahm, bekam ich ein Bild eines in der Tat sehr schnellen „Spaziergangs" von vielleicht nicht mehr als drei Minuten, die für einen Hund, der nicht genau wußte, was er tun sollte, sicherlich nicht ausreichen. Vergessen wir nicht, daß Hunde gern an unzähligen Stellen schnüffeln, bevor sie sich entscheiden, wohin es gehen soll, und dies braucht seine Zeit, von Topaz zusätzlicher Verwirrung einmal ganz abgesehen. Ich sagte Sylvia, sie müsse mit Topaz jedes Mal mindestens zwanzig Minuten spazierengehen, um ihm die Gelegenheit zu geben, zu verstehen, was sie von ihm wolle und dies dann auch entsprechend zu tun. Sie solle Topaz mit Worten Kommandos geben und ihm telepathisch Gefühle der Dringlichkeit übermitteln, damit er die Vorstellung bekomme, sich im Garten zu entleeren, bevor er wieder ins Haus zurückkehre.

Dies schien der richtige Dreh gewesen zu sein, denn Topaz begriff bald, daß der Ortswechsel auch eine Veränderung dessen bewirkte, was man von ihm verlangte. Er hörte auf, seine Geschäfte im Haus zu erledigen. Ich warnte Sylvia, es sei vielleicht möglich, daß es nach der Rückkehr nach Manhattan wieder eine schwierige Zeit geben könne. Mein Gefühl war aber, Topaz habe begriffen, was man von ihm in New York erwarte und werde keine Probleme haben, sich wieder an die dort übliche Routine anzupassen.

Obwohl sich Sylvia geschäftlich oft in New York aufhalten mußte, wünschte ich, sie könnte in North Carolina bleiben, weil mir Topaz erzählt hatte, er liebe die Toberei in dem wunderschönen Garten und schaue, wenn er mit Sylvia im Haus sei, gern durch die Fenster in den Garten.

Das einzige Problem besteht nun darin, daß die telepathische Kommunikation Topaz Persönlichkeit völlig verändert hat. Er fragte mich, warum Sylvia mit ihm nicht so reden könne wie ich. Ich antwortete, sie könne es und arbeite sehr intensiv daran, es zu lernen. Sylvia erzählte mir, Topaz wolle nun reden. Wann immer sie zu sprechen beginne, fange er sprichwörtlich an zu „reden", und erwarte, verstanden zu werden. Dies könne sie in seinem Gesicht sehen. Wenn es jedoch zu einem problematischen Thema komme, sei Topaz, so ähnlich wie Sonny, nicht annähernd so interessiert, sich zu unterhalten.

Larkspur

Einer meiner Fälle, der mit dem Kater Larkspur, war sehr traurig. Seine Besitzer fragten mich um Rat, weil er im ganzen Haus seine Geschäfte machte. Zuerst dachte ich, es handele sich um ein typisches Problem mit der Katzentoilette; als ich aber telepathisch mit dem Kater Kontakt aufnahm, fand ich heraus, daß ihn seine Besitzer immer lange Zeit und ohne Vorankündigung allein ließen. Obwohl Larkspur schon als junges Kätzchen zu ihnen gekommen war, hatten sie sich niemals bemüht, ihm einen festen Tagesablauf zu geben, und so wußte der arme Kater nie, was am nächsten Tag geschehen würde. Das ist genauso wie mit Eltern, die ihren Kindern nicht erzählen, was geschieht, auch wenn dies dramatische Auswirkungen auf sie hat. So informierten Larkspurs Besitzer ihn nicht über geplante Veränderungen in seiner Umgebung. Aus diesem Grunde lebte er stets im Streß.

Einmal wurde Larkspur, als das Ehepaar wegfahren wollte, zu der Mutter des Mannes gebracht, wo er drei Monate bleiben sollte; in diesem Fall war es eine Vereinbarung, die dem Kater gefiel, weil die Frau sehr nett zu ihm war und ihm viel Aufmerksamkeit schenkte. Während dieser Zeit war Larkspur auch kein einziges Mal unsauber gewesen.

Vor ihrer nächsten Reise sollte Larkspur aber sechs Monate bei der Schwester des Mannes bleiben. Die Schwester war weit weniger geduldig mit den Tieren, als ihre Mutter es war, insbesondere, nachdem Larkspur angefangen hatte, unsauber zu werden. Sie erhob ihre Stimme und schlug ihn sogar. Obwohl ich ihren Wunsch nach einem sauberen Haus, ohne die mit der Unsauberkeit von Tieren einhergehenden Gerüche und Flecken, gut verstand, konnte ich die Art und Weise, wie sie es erreichen wollte, nicht billigen. Je wütender sie wurde, desto verängstigter und verwirrter wurde Larkspur. Obwohl ich ihnen dies zu erklären versuchte, waren Larkspurs Besitzer nicht fähig, die Verbindung zwischen ihrem unregelmäßigen Zeitplan und der Unsauberkeit ihres Katers zu erkennen. Die Bedeutung eines guten, regelmäßigen Tagesablaufs, der ihrem Kater helfen würde, zu verstehen, was von ihm erwartet wurde, begriffen sie absolut nicht. Larkspur wußte überhaupt nicht, was sie von ihm erwarteten. Daß seine Katzentoilette keinen festen Platz hatte, verwirrte ihn, und so fing er an, sein Geschäft immer dort zu machen, wo er gerade war, wenn er mußte.

Als ich mit Larkspur telepathisch Kontakt aufnahm, entdeckte ich in seinem Verhalten auch ein Stück Zorn. Sein Leben bestand aus einer Reihe von verschiedenen Szenen – seine Familie packte und verließ ihn immer wieder –, und dies betrübte ihn ungeheuerlich. Im Haus ein Durcheinander zu veranstalten, war für ihn die einzige Möglichkeit, seine Familie wissen zu lassen, daß er unglücklich war und nicht wollte, daß sie wieder fortfuhr.

Als ich dies den Besitzern erklärte, sagten sie, sie müßten wegen ihrer Geschäftstätigkeit so viel verreisen. Bis zu einem gewissen Grade kann ich sicherlich verstehen, daß dies bei bestimmten Tätigkeiten oder auch, wenn sich ein Ehepaar zur Ruhe setzt, der Fall sein kann. Mein erster Gedanke aber war, warum man ein Tier haben muß, wenn man so viel verreist ist und ihm kein richtiges Zuhause bieten kann? Hin und wieder sehe ich Menschen, die sich aus reinem Egoismus Tiere anschaffen, sich über die Bedürfnisse des Tieres aber keine oder nur wenig Gedanken machen.

Im Zusammenhang mit der Bedeutung, die ein regelmäßiger Tagesablauf für unser Tier hat, möchte ich an dieser Stelle die Gelegenheit nutzen, über die Auswahl eines zu unserem Lebensstil passenden Haustieres zu sprechen. Ein Tier sollte nie deswegen angeschafft werden, weil es niedlich oder gerade in Mode ist. Und lassen wir uns nicht von unseren Kindern dazu drängen, ein Tier zu besorgen, wenn wir selbst es nicht wirklich auch wollen. Die Verantwortung für die Pflege und Erziehung wird aller Wahrscheinlichkeit nach uns zufallen, wenn die Neuheit oder die Niedlichkeit der Tiere einmal vorbei ist.

Die Eigenschaften der verschiedenen Hunde- oder Katzenrassen sind gut dokumentiert, in vielen Büchern werden die Haltung und die erforderliche Pflege gut umrissen. Einige Rassen eignen sich gut für Kinder; andere sind ausgezeichnete Beschützer. Einige Rassen sind lebhaft, andere etwas ruhiger. Wir sollten uns erkundigen und ein Tier auswählen, dessen bekannte Gewohnheiten zu unserem Lebensstil passen. Leben wir zum Beispiel in einer Wohnung in der Stadt, werden wir den Bedürfnissen eines großen Hundes nicht gerecht, der für seine körperliche Gesundheit und geistige Fitneß jeden Tag viele Stunden bewegt werden muß. Auch wenn wir sehr wenig Zeit haben, sollten wir uns kein Tier anschaffen. Um zu gedeihen, brauchen Tiere die Gesellschaft des Menschen, ein Tier isoliert zu halten, ist grausam. Wenn Hunde und Katzen sich langweilen oder einsam sind, können sie vieles zerstören. Gelangweilte Hunde kauen an den Möbeln und der Kleidung, Katzen trainieren ihre Krallen an den Möbeln und zerbrechen allerlei, wenn sie sich vernachlässigt fühlen.

Tiere brauchen ebenso wie Kinder Führung, Erziehung und Gesellschaft. Um sie gedeihen zu lassen, sind Zeit und Pflege erforderlich. Welpen kommen nicht mit dem angeborenen Verstehen auf die Welt, daß sie ihr Geschäft draußen erledigen sollen und nicht auf unserem Teppich. Wir müssen ihnen beibringen, was wir von ihnen erwarten und ihnen zeigen, wohin sie gehen sollen. Katzen neigen von Natur aus dazu, zu kratzen, um ihre Krallen zu schärfen, und Möbel sind hierfür recht gut geeignet. Behutsam müssen wir sie lehren, nicht an Möbeln zu kratzen, und ihnen eine geeignete Alternative bieten. Eine solche Erziehung verlangt Geduld und Zuneigung. Lieben wir unsere Möbel mehr als unsere Tiere, sollten wir uns kein Tier anschaffen.

Um es noch einmal zu wiederholen: Probleme lassen sich am ehesten dadurch vermeiden, daß wir für das Tier gleich zu Anfang eine verläßliche Routine schaffen und sie selbst auch beachten. Wir sollten nicht ständig unsere Regeln oder Erwartungen verändern, denn unser Tier kann mit dieser Unbeständigkeit nicht Schritt halten. Hunde müssen jeden Tag ausgeführt werden, damit sie sich bewegen und ihr Geschäft erledigen können. Hunde brauchen das Spiel und die Gesellschaft des Menschen. Muß ein Tier zu Hause bleiben, während wir einer Arbeit nachgehen, dann sollte es bewegt werden, bevor wir gehen; häufig hilft dies, Problemen zu begegnen, die aus Langeweile und der Kauerei während unserer Abwesenheit entstehen. Werden die Tiere ausreichend bewegt, sind sie müde und legen sich des Nachts eher zur Ruhe.

Viel Bewegung ist wichtig für einen glücklichen, zufriedenen und gut erzogenen Hund. Zudem fördert sie seine Gesundheit und verlängert sein Leben. Auch wenn wir selbst nicht besonders gern spazierengehen, werden wir merken, daß ein Spaziergang mit unserem Gefährten enorm viel Spaß macht. Und wahrscheinlich werden auch wir ein paar Jahre länger leben.

Katzen benötigen eine saubere Katzentoilette und werden anfangen, unsauber zu werden, wenn wir diese nicht regelmäßig säubern. Ist ihre Toilette unsauber, werden sie schon an einem anderen Ort ein sauberes Fleckchen finden.

Alle Tiere benötigen jeden Tag frisches und nahrhaftes Futter sowie frisches, sauberes Wasser. Tiere lieben eine gewisse Abwechslung in ihrem Futter, auch wenn es nicht zu viele Geschmacksrichtungen sein müssen. Die meisten Tiere mögen jedes nahrhafte, gut schmeckende Futter, das wir ihnen geben, doch haben sie – ebenso wie wir Menschen – ihre speziellen Vorlieben und Abneigungen. Mein Kater Wellington liebt zum Beispiel Thunfisch, mag aber keinen Lachs.

Auch wenn eine gewisse Abwechslung im täglichen Speiseplan gut ist, sollten wir nicht ständig drastische Änderungen vornehmen, weil dies das Verdauungssystem durcheinanderbringt und die Routine unserer Tiere unterbricht. Sie sollten zur selben Tageszeit und am selben Ort gefüttert werden. Einige haben ihre Lieblingsschüssel und fressen aus keiner anderen. Achten wir also diese Vorlieben, wenn das bei unserem Tier der Fall ist. Wir sollte auch dafür sorgen, daß das Futter, das wir kaufen, frei von Füllstoffen und chemischen Konservierungsstoffen ist, die auf Dauer die Gesundheit unserer Tiere beeinträchtigen.

Allen Tieren müssen wir unsere Zuneigung offen und regelmäßig zeigen. Es ist für sie wichtig, daß sie ein geschätztes Mitglied der Menschenfamilie sind. Wenn eine Änderung ihres Tagesablaufs vorgesehen ist, müssen sie auch dies wissen: wann wir für wie lange weggehen werden, wann ein neues Tier ins Haus kommt, oder wenn wir umziehen wollen. Vielleicht klingt es albern, wenn ich sage, daß man diese Dinge mit dem Tier besprechen muß. Aber wenn wir uns hierfür die Zeit nehmen, können wir uns später viele Schwierigkeiten ersparen.

Denken wir daran, wenn wir den Tagesablauf ändern müssen, daß jedes Tier anders reagiert. Seien wir, bis wir einen neuen Tagesablauf etabliert haben, geduldig mit unseren Tieren, wenn sie Schwierigkeiten haben, sich an die Anforderungen der neuen Umgebung anzupassen. Haben wir solche Routinen schon früh eingeführt, werden wir später mit einer für beide Teile zufriedenstellenden Beziehung belohnt. Die Tiere wollen es uns recht machen. Bevor ihnen dies aber gelingt, müssen wir ihnen sehr deutlich mitteilen, was wir von ihnen erwarten. Hat unser Tier einmal einen regelmäßigen Tagesablauf, nach dem es sich richten kann, ist der Rest reines Vergnügen.

Manchmal wird unser Tier trotz der besten Pflege der Welt krank. Mit Hilfe meiner Engel war ich in der Lage, viele Tiere zu heilen. Im nächsten Kapitel berichte ich, wie ich diese Gabe bekommen habe und werde ein paar bemerkenswerte Geschichten von Tieren erzählen, die wieder gesund geworden sind, nachdem sie von ihren Besitzern zu mir gebracht worden waren.

7
Heilen mit geistiger Führung
Wenn unser Tier krank ist

Wenn ein geliebtes Tier erkrankt oder verletzt ist, kann das unsere Welt schon auf den Kopf stellen. Nichts läßt einen Tierbesitzer so sehr verzweifeln wie die Mitteilung, sein Gefährte sei unheilbar erkrankt oder tödlich verletzt und das Beste wäre, ihn einzuschläfern und von seinem Elend zu erlösen. Jedes Jahr retten die Tierärzte Tausende kranker und verletzter Tiere, doch auch sie können nur in begrenztem Maße helfen. Deshalb bringen viele Klienten ihr Tier zu mir zum Heilen, nachdem es eine Verletzung erlitten hat oder eine schwere Krankheit bei ihm diagnostiziert wurde und die Tierärzte gesagt haben, es gebe keine Hoffnung auf Gesundung.

Tiere zu heilen, fiel mir nicht einfach so in den Schoß. Ich hatte als Vorbereitung für die Rolle, die ich heute wahrnehme, in meinem Leben eine Menge Schmerzen und Leid zu ertragen, und ich wurde von meinen geistigen Führern darin unterwiesen, wie ich die Kraft richtig einsetze, die sie mir zum Heilen der Tiere geben, welche zu mir gebracht werden.

Natürlich kann ich nicht alle Verletzungen oder Krankheiten heilen. Manchmal ist ein Tier bereit zu gehen, und wir sollten seine Entscheidung akzeptieren. Für einige Menschen, die sich um jeden Preis an ihre Tiere klammern, kann dies sehr schwierig sein. Häufig aber bedenken sie nicht, welchen Preis an Schmerzen und Leiden solch ein Tier dafür bezahlen muß.

Ich empfehle den Menschen, weiterhin zum Tierarzt zu gehen, auch wenn die meisten Tiere mir sagen, sie gingen nicht gern dorthin. In dieser Hinsicht sind sie wie die Menschen, die nicht gern zum Arzt oder Zahnarzt gehen, doch manchmal muß es für die Gesundheit eben sein.

Auch wenn ich niemals ein bestimmtes Ergebnis versprechen kann, so lindert das Heilen doch immer die Schmerzen. Gelegentlich kommt es vor, daß Tiere wieder vollständig gesund werden, für andere Tiere ist bereits die Zeit gekommen, diese Erde zu verlassen und weiterzuziehen. In diesen Fällen gibt es nichts, was ich tun kann, da meine Heilkraft ausschließlich von meinen geistigen Führern kommt und die Wirksamkeit von Fall zu Fall unterschiedlich ist. Aber auch wenn ein Tier geht, bin ich immer noch in der Lage, die trauernden Besitzer darin zu unterstützen, daß sie ihren Verlust akzeptieren, und ihnen zu helfen, sich an die vielen frohen Stunden zu erinnern, die ihnen ihr Tier hier auf dieser Welt geschenkt hat.

Ich bin immer wieder erstaunt, wie meine geistigen Mentoren – ich nenne sie „meine Engel" – durch mich arbeiten. Ich werde von ihnen fortwährend unterwiesen, damit ich als wirksamer Kanal für ihre Heilenergie dienen kann. Dabei habe ich herausgefunden, daß sie auf ganz unterschiedliche Weise arbeiten. Mein erster Engel, Dr. David Thompson, war im Zweiten Weltkrieg Chirurg auf dem Schlachtfeld. Er lehrte mich, mit der Energie zu arbeiten und parapsychische Operationen auszuführen. Mein zweiter Engel, den ich noch nicht so lange habe, ist Harry Edwards, ein berühmter englischer Heiler, der in den Fünfziger Jahren starb. Er heilte sowohl Menschen als auch Tiere. Harry sendet Heilenergie durch mich und verwendet meinen Körper, um heilende Schwingungen auf die Tiere zu lenken, an denen ich gerade arbeite.

Ich möchte betonen, daß die Engel nur dann durch Menschen heilen, wenn sie zuvor um Erlaubnis gebeten und diese Erlaubnis auch erhalten haben. Meinen Engeln habe ich gestattet, durch mich zu arbeiten, doch erlaube ich ihnen nie, sich völlig meines Körpers zu bemächtigen, da ich mich dabei nicht wohl fühlen würde.

Meine Engel haben mir gesagt, sie müßten üben, um in dieser Dimension zu arbeiten, um zu lernen, wie sie durch mich heilen können. Ältere Engel sind es gewohnt, diese Dimension zum Arbeiten aufzusuchen. Jüngere Engel müssen sich erst an die Energiefrequenzen auf der Erde anpassen, bevor sie wirksam durch einen menschlichen Körper arbeiten können. Bei ihrem ersten Besuch können sie nicht lange bleiben, weil es sie und auch die Person, durch die sie arbeiten, anstrengt. Mit zunehmender Anpassung an die Energie auf der Erde sind auch sie in der Lage, längere Zeit zu bleiben.

Ich vergleiche die Erfahrung, die die Engel bei ihrem Besuch auf der Erde machen, mit der Landung des Menschen auf dem Mond. Auf dem Mond befanden sich unsere Astronauten in einer anderen Atmosphäre, in der sie umhertrieben und ohne die Unterstützung von Maschinen nicht atmen konnten, da sie nicht gewohnt waren, in dieser Umgebung zu leben. So ist es auch für meine Engel, wenn sie in unsere Dimension kommen. Wichtig ist, daran zu denken, daß sie keinen eigentlichen Körper besitzen wie wir. Da ihre Energie auf einer höheren Frequenz als unsere pulsiert, müssen sie sich anpassen, damit sie hier effektiv ihre Arbeit tun können.

Und ich muß meine Energie bewahren, damit ich mich nicht überarbeite. Dies ist angesichts der Arbeit, die ich tue, sehr wichtig. Wenn ich heile, arbeite ich sowohl mit meinem physischen als auch mit meinem energetischen Körper und wäre schnell erschöpft, wenn ich mich nicht ausruhe.

Zu meinen beiden Engeln habe ich eine großartige Beziehung. Sie haben einen unglaublichen Humor, oft lachen wir zusammen. Und doch sind sie so verschieden. Der eine ist unendlich geduldig und freundlich, der andere ist kraftvoll und muß seine Stärke oft zurückhalten, damit ich nicht zittere, wenn wir heilen. Ich bin immer wieder von ihrer Liebe zu uns und allen Lebewesen aus dem Königreich der Tiere überwältigt.

Oben hatte ich bereits erwähnt, daß ich mit den Jahren viele Schmerzen ertragen habe. Im Laufe meines Lebens hatte ich vierzehn Operationen. Nach längerer Krankheit und zwei großen Operationen sagten mir die Chirurgen, den Rest meines Lebens müsse ich als Halbinvalidin leben. Nachdem man mir dies gesagt hatte, war ich fest entschlossen, daß mir dies nicht passieren würde. Ich weigerte mich, die Prognose meines Chirurgen zu akzeptieren und beschloß, mich niemals mehr in meinem Leben einer weiteren Operation zu unterziehen. Zu jener Zeit wußte ich nicht, daß mich positives Denken gesund machen würde, und daß negatives Denken und Unglück mein Immunsystem zusammenbrechen lassen und meinen Körper krank gemacht hatten.

Durch positives Denken und Entschlossenheit und weil ich das Urteil der Ärzte, den Rest meines Lebens als Halbinvalidin verbringen zu müssen, nicht akzeptierte, begann meine Reise als Heilerin. Ich war entschlossen, mich selbst zu heilen. Ich ging in die andere Richtung, weg von der Verzweiflung zur Hoffnung, von der Resignation zur Entschlossenheit. In den nächsten zwei Jahren arbeitete ich mich zurück zu guter Gesundheit. Es gelang mir, meinen Körper wieder in Ordnung zu bringen, indem ich mich als völlig gesund sah. Ich schaue jetzt zurück und habe das Gefühl, es sei ein ganz anderes Leben gewesen – ich weiß aber, es war ein wichtiger Teil meiner Ausbildung: alles war dazu gedacht, mich für meine Arbeit als Heilerin und Tierkommunikatorin vorzubereiten.

Weil ich Schmerzen und Selbstheilung an meinem eigenen Körper erfahren habe, weiß ich, wie sich Tiere fühlen. Ich gehe in ihre Körper und spüre, was sie fühlen, wodurch es mir leichter fällt, festzustellen, was sie plagt. Wo immer sie verletzt sind, bin auch ich verletzt. Wo immer sie Beschwerden haben, habe ich dieselben Empfindungen in dem entsprechenden Teil meines Körpers. Mit der Hilfe meiner Engel bin ich in der Lage, genau festzustellen, was ein Tier quält und ob es geheilt werden kann. Ich muß nicht herumraten.

Nun will ich von einigen unglaublichen Tieren und ihren Besitzern berichten, denen ich in den vergangenen drei Jahren helfen durfte.

Mozart

Eines Tages rief mich eine Frau an und sagte, ihr Kater Mozart sei krank und müsse wahrscheinlich operiert werden. Sie fragte, ob sie ihn mir zum Heilen bringen könne und berichtete, der Tierarzt meine, das Tier habe ein Problem mit seinem Herzen.

Sie brachte den Kater in mein Studio, und ich fragte Mozart, ob ich ihm durch das Auflegen meiner Hände auf seinen Körper helfen dürfe, damit er sich besser fühle.

Damit sich die Tiere wohlfühlen, begebe ich mich immer auf gleiche Höhe mit ihnen, so daß ich mich auf ihre Energie einschwingen kann. Obwohl es einige Minuten dauert, legen sich die Tiere auf einen Platz in der Nähe des Tisches nieder, auf die Knie ihrer Besitzer oder auf ein Sofa. Dann kann ich mit ihnen arbeiten. Da es Katzen ganz besonders hassen, aus ihrer gewohnten Umgebung herausgenommen zu werden, dauert es bei ihnen etwas länger, bis sie sich hinlegen.

Anfangs spreche ich zu ihnen mit sehr sanfter Stimme und erzähle ihnen, wie schön sie sind. Dann bitte ich sie um Erlaubnis, sie streicheln und ihnen helfen zu dürfen. Mozart lag sehr ruhig da und war entspannt. Als ich ihn berührte, begann ich zu spüren, wie die Heilenergie in meine Hände floß. Ich bat den Heiligen Franziskus, mir zu helfen. Wenn die Energie durch meine Hände strömt, habe ich ein prickelndes Gefühl, meine Hände werden sehr warm und nehmen eine goldene Farbe an. Diese Veränderung ist mit bloßem Auge sichtbar: häufig machen meine Kunden eine Bemerkung über die Farbe meiner Hände, während ich an der Heilung ihrer Tiere arbeite.

Sobald ich erkannt habe, was dem Tier fehlt, lege ich meine Hände auf den betroffenen Teil ihres Körpers. Dann warte ich, bis das Licht, das ich zum Heilen verwende, zu mir herunterkommt. Für Mozart wurde mir ein wunderschönes indigoblaues Licht gegeben.

Ich legte meine Hände auf die Katze und konnte die heilenden

Schwingungen spüren, die durch den Kater flossen und die Energie, wie sie von meinem Engel durch meine Hände strömte. Ich spürte, wie sich der Kater entspannte, während ich ihm die Energie gab. Alle Tiere, die ich heile, wissen, daß ich versuche, ihnen zu helfen. Sie spüren dies auf der telepathischen Ebene. Anschließend stellte ich mir vor, wie das blaue Licht durch den gesamten Körper des Katers floß, ihn von allen Unreinheiten und Herzblockaden befreite.

An Mozart arbeitete ich ungefähr zwanzig Minuten lang gemeinsam mit meinen Engeln und verwendete zum Heilen erst das blaue, dann das goldene und schließlich das weiße Licht. Bei einigen Tieren kann es länger als zwanzig Minuten dauern, doch ist dies im Durchschnitt die Zeit, in der die Heilenergie fließt. Ich arbeite an einem Tier so lange, bis keine Energie mehr kommt. Das ist der Punkt, an dem ich erkenne, daß meine Engel ihre Arbeit beendet haben.

Dies ist erst der erste Schritt. Von jedem Tier, mit dem ich arbeite, habe ich auch gern ein Foto, damit ich des Nachts bei ruhigem Universum mit der Heilung fortfahren kann. Am wirksamsten kann ich nachts heilen, wenn die Tiere, an denen meine Engel und ich gerade arbeiten, nicht in der Nähe sind (rein im geographischen Sinne betrachtet). Bevor ich schlafen gehe, schaue ich mir jedes Foto an und bereite mich mental für die Arbeit in der Nacht vor. Als ich Mozarts Bild vor mir sah, wußte ich, meine Engel würden in dieser Nacht die Heilung des Katers fortführen.

Gelegentlich finden es meine Kunden etwas seltsam, daß ich in der Nacht in „Abwesenheit" heile. In Wirklichkeit ist es ganz einfach. Normalerweise werde ich von meinen Engeln aufgeweckt und gehe wieder an die Arbeit. Ich bediene mich meiner geistigen Energie und bin in der Lage, an einem kranken oder verletzten Tier zu arbeiten, auch wenn mein physischer Körper schläft. Während ich heile, spreche ich telepathisch mit den Tieren. Ich sage ihnen, was ich tun werde, und sie sind völlig dazu bereit und verstehen es. Dann gehe ich zu ihnen zurück und verstärke meine Heilungsbemühungen. Der einzige Unterschied besteht nun darin, daß ich nicht wirklich dort bin. Ich tue es mit Hilfe der Visualisierung. Und meine Engel arbeiten immer mit mir, ganz besonders bei Tieren, die sehr krank sind.

Manchmal dauert eine Heilung in Abwesenheit eine Woche, und gelegentlich ist es erforderlich, daß die Besitzer ihre Tiere zur Heilung mit meinen Händen nochmals zu mir bringen. Meine Engel sagen mir, was in jedem einzelnen Fall notwendig ist. Sie stellen die Diagnose und entscheiden über den Behandlungsverlauf, so wie es jeder Tierarzt auch tun würde.

Bei Mozart war nur noch eine Heilung in Abwesenheit notwendig. Innerhalb einer Woche war seine Gesundheit völlig wiederhergestellt, und nach Angaben seiner Besitzerin gab es später keinerlei Probleme mehr.

Sneaker

Fünf Jahre lang hatte Joan einen Tierarzt nach dem anderen aufgesucht, um herauszufinden, was mit ihrem Kater Sneaker nicht in Ordnung war. Keinem war es gelungen, festzustellen, woran der Kater erkrankt war, der permanent Verdauungsprobleme hatte. Er war schon so lange krank, daß Joan sich nicht mehr erinnern konnte, wann er einmal gesund gewesen war. Häufig konnte er das Futter nicht im Magen halten, er erbrach fast alles, was er zu essen bekam. Er war dünn und lethargisch. In der langen Zeit seiner Erkrankung konnte kein Arzt die Krankheit diagnostizieren. Joan befürchtete, der Kater könne bald sterben.

Verzweifelt rief sie mich an, nachdem sie meinen Vortrag über die Kommunikation mit Tieren vor einer an Metaphysik interessierten Gruppe angehört hatte. Sie berichtete mir von ihrer Katze und fragte mich, ob ich helfen könne.

Ich schloß meine Augen und bat Dr. Thompson, mir bei der Katze zu helfen. Ich nahm über meine Energie mit Joans beiden Katzen Kontakt auf und sah, wo sie nachts schliefen. Diese Szene beschrieb ich Joan, die mir die Richtigkeit bestätigte. Eine der beiden Katzen sagte mir, sie liebe es, wenn man ihr den Kopf kraule, während das bei der anderen nicht der Fall sei. Joan bestätigte, daß auch dies wahr sei.

Ich fing an, mich auf Sneaker zu konzentrieren und fühlte mich in meinem Körper sofort krank. Der kranke Kater erzählte mir, er sei schon lange Zeit krank und werde sterben. Wegen seiner Krankheit befinde er sich in einem Zustand der Panik. Ich nahm einen Geruch nach Chemie wahr und wußte, daß das Tier erkrankt war, weil es etwas geschluckt hatte. Der Kater sandte mir ein Bild von Joans Waschküche, und ich wußte, dort mußte Sneaker etwas zugestoßen sein. Ich spürte, daß der Kater erkrankt war, weil er eine Chemikalie aufgenommen hatte, und erzählte dies Joan. Ich überlegte, ob die Katze vielleicht eine Chemikalie verschluckt hatte, da ich spürte, wie entzündet und rauh seine Darmschleimhaut war, was zu den chronischen Verdauungsproblemen geführt hatte, an denen der Kater schon so lange litt.

„Hat Sneaker vielleicht zufällig an Bleichlauge geleckt?" fragte ich Joan.

Sie war ganz aufgeregt und berichtete mir, vor fünf Jahren sei der Kater in eine Waschmaschine voller Bleichlauge gefallen; damals habe sie aber nicht bemerkt, wieviel er von dem tödlichen und ätzenden Gift geschluckt habe. Ich erkannte, daß die Lauge seinen Magen und die Darmschleimhaut stark geschädigt hatte, wodurch er in den vergangenen fünf Jahren chronisch krank war.

Dann rief ich meine Engel, die mir helfen sollten, den Kater zu heilen. Dr. Thompson kam, um mich zu unterstützen und führte mich durch die Heilung. Ich visualisierte, wie ein Laserstrahl die Katze öffnet, und bekam verschiedene Lichter, um mit ihnen zu arbeiten. Jedes Mal, wenn mir ein Licht übergeben wurde, wurde mir auch gesagt, was ich tun solle. Nachdem der Kater geöffnet war, konnte ich sehen, daß der Magen voller Geschwüre war, und mir wurde klar, wie schrecklich krank das Tier war. Ich sah ein wunderbares goldenes Licht und wußte, damit sollte ich den Kater heilen.

Ich visualisierte, wie das Licht die Darmschleimhaut des Katers heilt und wiederherstellt. Mit dem goldenen Licht schob ich Energie durch die Gedärme des Tieres und drückte damit seine ganze Krankheit heraus.

Nach dem goldenen Licht bekam ich ein wunderbares blaues Licht und sollte visualisieren, wie dieses durch den Darm geht und die geschädigten Stellen beruhigt und heilt. Mit Hilfe des Laserstrahls nähte ich den Kater wieder zu und badete seinen Körper in einem anderen, wunderschönen, dieses Mal violetten Licht; ich ließ das Tier unter diesem Licht, damit es ihn in seinem Heilungsprozeß schütze. Joan berichtete, der Kater sei während der Operation in einen tiefen Schlaf gefallen. Ich selbst fühlte mich erschöpft, da das Heilen des Katers meine ganze Energie in Anspruch genommen hatte.

In jener Nacht weckten mich meine Engel um drei Uhr morgens auf. Ich wußte, daß meine Arbeit an Sneaker noch nicht beendet war. Ich spürte, wie sich meine Energie mit dem universellen Energiestrom auf der Astralebene vereinte. Ich visualisierte, wie meine Astralhände und meine geistige Energie den Körper des kranken Katers heilten, während er schlief. Ich war mir deutlich bewußt, daß meine Engel mit mir arbeiteten.

Joan berichtete, der Kater habe am nächsten Morgen sichtbar erholt ausgesehen, und sein Appetit sei viel besser gewesen. In den darauffolgenden zwei Wochen setzten meine Engel und ich jede Nacht unsere heilende Arbeit an Sneaker fort. Joan erzählte, der Kater sei wieder völlig gesund, er nehme an Gewicht zu und habe wieder einen normalen Appetit.

Mr. Clinker

In der Radiosendung von Scott Cluthe in Houston, Texas, war ich regelmäßig zu Gast. Wann immer ich auf Sendung war, hörte das Telefon nicht auf zu klingeln. Beunruhigte Tierbesitzer riefen an, weil ihnen ein Tier entlaufen war oder weil es Probleme mit dem

Verhalten oder der Gesundheit gab. Bald merkte ich, daß ich über die Energie der Besitzer rasch mit den betreffenden Tieren in Kontakt treten konnte. Häufig sprach ich mit den Tieren live während der Sendung und sagte den Besitzern Dinge, die nur sie über ihre Tiere wissen konnten, wie zum Beispiel Einzelheiten über eine Operation oder Krankheit, oder über die Tatsache, daß sie nicht die ersten Besitzer des Tieres waren oder der frühere Besitzer sie mißhandelt hatte. Die erstaunten Besitzer bestätigten als richtig, was immer ich ihnen durch ihre Tiere sagte, auch wenn sie nicht verstanden, woher ich das wußte, was ich wußte.

Eines Tages rief ein Mann namens Irwin an: er war sehr über seinen Kater, Mr. Clinker, besorgt, der Katzenleukämie im Endstadium und einen großen Tumor im Kiefer hatte. Der Tierarzt hatte zwar gemeint, man könne den Tumor aufgrund seiner Größe und seines Sitzes entfernen, doch ginge dies auf Kosten des Unterkiefers. Irwin lehnte diese entstellende Operation ab und wollte sein geliebtes Tier nicht solchen Leiden aussetzen. Er richtete, wie er selbst es nannte, eine Todeswache ein.

Der Tumor wurde jeden Tag größer und verursachte schreckliche Schmerzen. Mr. Clinker röchelte, und ab und zu blieb sein Atem stehen. Appetit hatte er überhaupt keinen mehr. Eines Tages schaltete Irwin zufällig die Scott Cluthe Radioshow ein, als diese schon fast zu Ende war. Er rief sofort an, und ich sprach mit ihm nach der Sendung. Irwin wohnte nur wenige Gehminuten von meinem Studio entfernt, in dieser riesigen Stadt Houston ein glücklicher Umstand, weil er wegen seines schlechten Sehvermögens nicht Auto fahren konnte. So ging ich zu Irwin und besuchte Mr. Clinker.

Als ich dort ankam, war ich ganz erstaunt, einen Garten voller Kunst, unter anderem auch eine wunderschöne Bronzefigur, zu sehen. Irwin entpuppte sich als der sprichwörtliche „hungerleidende Künstler", als ein Mann mit sehr wenig Geld, aber einem Herz voller Liebe und Zuneigung zu Tieren. Er hatte acht Katzen aufgenommen, die er fütterte und abgöttisch liebte.

Ich erschrak ob der Größe des Tumors, den ich in Mr. Clinkers Kiefer sah. Als ich Kontakt mit ihm aufnahm, fand ich heraus, daß er immer noch ein wenig wild war. Wegen der schweren Krankheit hatte Irwin dem Kater ein eigenes Zimmer gegeben, in dem er von den anderen Katzen nicht gestört wurde. Ich spürte Mr. Clinkers Energie und wartete darauf, daß der Kater meine Gegenwart akzeptierte. Er brauchte eine Weile, wobei er anfangs noch fauchte und zischte. Ich fragte den Kater, ob ich ihm helfen könne und sagte, ich würde mich sehr geehrt fühlen, wenn er mir dies gestatte. Mr. Clinker dachte darüber eine Zeitlang nach und antwortete dann, er werde mir erlauben, ihm zu helfen. Wieder fühlte ich, wie diese wunderbare warme Energie in meine Hände strömte und wußte, daß die heilende Kraft bereits übertragen wurde.

Ich legte meine Hände auf Mr. Clinker, und er wehrte sich nicht. In meinem eigenen Hals spürte ich, wie schrecklich wund der Hals des Katers war. Ich spürte die Störung im Blut, von der Irwin später sagte, es sei Leukämie. Ich merkte, wie ein wunderschönes grünes Licht herunterkam und wußte, ich würde den Kater mit diesem Licht heilen. Das grüne Licht führte ich von den Augen durch den Hals und den Rest seines Körpers, und während ich das tat, fühlte ich die Schwingungen in seinem Körper und wußte, daß eine Heilung stattfand. Ich stellte mir vor, wie all die Unreinheiten aus seinem Blut herausgenommen wurden und wie sein Blut gesund und gut wurde. Ich sprach mit ihm und sagte, er müsse sich dies auch vorstellen, sich selbst als vollständiges Wesen, wohl und gesund.

Dann fing ich an, den Hals und den Kiefer des Katers zu heilen. Wiederum bekam ich zum Heilen ein wunderschönes Licht – diesmal war es königsblau –, das ich auf seinen Hals visualisierte. Gleichzeitig strömte Heilenergie durch meine Hände.

Mr. Clinker war vollkommen entspannt. Meine Arbeit dauerte ungefähr zwanzig Minuten, dann spürte ich, wie mir die Energie aus meinen Händen genommen wurde, und ich wußte, daß für dieses Mal das Heilen beendet war. Ich dankte Mr. Clinker und sagte Irwin, ich würde in der Nacht weiter heilen. Auch seien noch mehrere Sitzungen mit Mr. Clinker erforderlich, und ich bat Irwin, mich über den Fortschritt des Katers auf dem laufenden zu halten.

Irwin war über das Ergebnis sehr erfreut, denn Mr. Clinker schien es nach drei Tagen gutzugehen. Dann ging er in der darauffolgenden Woche wie gewöhnlich mit Mr. Clinker zum Tierarzt: mit Ausnahme eines kleinen Geschwürs und einer leichten Halsentzündung waren keinerlei Anzeichen des großen Tumors mehr zu erkennen, der eine Woche zuvor noch das Leben des Katers bedroht hatte. Mr. Clinker war voll und ganz geheilt.

Mr. Clinker lebte nach der Heilung durch meine Engel noch weitere elf Monate, er war schmerzfrei und ohne offensichtliche Anzeichen einer Krankheit. Als Irwin wieder mit Mr. Clinker zum Tierarzt ging, war der Tumor in Mr. Clinkers Kiefer nicht mehr zu sehen. Er hatte einen gesunden Appetit und seine Lebensenergie zurückgewonnen. Dann starb er eines Nachts im Schlaf, er hatte das für eine Katze reife Alter von siebzehn Jahren erreicht.

Jean Lafitte

Carter, der Sohn meiner Mitautorin Pat, war sehr enttäuscht, als er herausfand, daß er seine neue „Piratenschildkröte" nicht mit einem Messingohrring und einem Holzbein ausstaffieren konnte. Dennoch war Jean Lafitte ein Tier, das die Familie sehr erfreute. Die Schildkröte war schon zwei Jahre in der Familie, und in dieser Zeit war ihr Panzer von noch nicht einmal fünf Zentimetern Durchmesser auf fünfzehn Zentimeter gewachsen.

Als es im Jahr 1993 das erste Mal kalt war, hörte Jean Lafitte auf zu essen. Dies war schon rätselhaft, weil er sonst immer einen recht guten Appetit gehabt hatte. Pat rief den Tierarzt an, und dieser erzählte ihr, daß Schildkröten zu essen aufhören, wenn sie frieren. Er riet ihr, das Aquarium von dem möglicherweise zugigen Fenster an einen etwas geschützteren Ort im Haus zu stellen. So brachte sie das Aquarium in das Eßzimmer, das keine Außenfenster besaß.

Dieser Umzug half aber nicht. Jean Lafitte aß immer noch nicht.

Innerhalb weniger Tage fing er an, ziellos in seinem Aquarium zu treiben, aus den beiden Nasenlöchern kam Schleim. Pats Sohn war schrecklich beunruhigt und Pat selbst in Panik, sie wußten nicht, wie sie die Gesundheit der Schildkröte wiederherstellen konnten. Inzwischen hatte das Tier schon sieben Tage lang nichts zu sich genommen.

An jenem Morgen hatte ich mich darauf eingerichtet, mich mit Pat zu treffen, um mit ihr an unserem Buch über die Etikette zu arbeiten; sie aber war wegen der Schildkröte besorgt und beunruhigt und konnte sich so nicht konzentrieren.

Pats Besorgnis empfand ich sofort und fragte sie, was denn nicht in Ordnung sei. Sie erzählte mir die Geschichte, und als ich ihr anbot, mit der Schildkröte zu sprechen, um herauszufinden, was mit ihr nicht stimmte, war dies ein Angebot, das sie erstaunte. Obwohl wir seit mehr als einem Jahr befreundet waren, hatte ich ihr gegenüber nie meine Fähigkeit erwähnt, mit Tieren kommunizieren zu können.

Kurz beschrieb ich ihr meine telepathische Gabe. Obwohl Pat dem recht skeptisch gegenüberstand, war sie so verzweifelt, daß sie alles versucht hätte, um die Schildkröte zu retten.

Ich fragte Pat nach dem Namen der Schildkröte. Als sie mir sagte: „Jean Lafitte", konnte ich nicht an mich halten und antwortete: „Das ist ja ein ganz schön feiner Name für eine Schildkröte."

„Er ist eine ganz feine Schildkröte", antwortete Pat und war sich immer noch nicht sicher, was dieses Experiment bringen sollte.

Ich schloß meine Augen und konnte Pat schnell sagen, daß die Schildkröte recht unglücklich war, daß ihr Aquarium von der gewohnten Stelle am Fenster im Zimmer ihres Sohnes weggestellt worden war. Er wollte sofort wieder dorthin zurückgestellt werden. Pat war erstaunt, weil sie das Aquarium erst vor einigen Tagen umgestellt und es mir gegenüber nicht erwähnt hatte.

Die Schildkröte sagte mir, sie sei kurz vor dem Sterben. Sie erzählte mir, sie sei sehr traurig, weil sie Pats Familie liebe und sie nicht verlassen wolle. Dann fing sie an, mir aufzuzählen, was in ihrem Lebensraum nicht stimmte; es waren alles Dinge, die neben der kalten Zugluft zu ihrer Erkrankung beigetragen hatten.

Mit leiser, blecherner Stimme erzählte sie mir, sie sei aus ihrem Aquarium herausgewachsen, es gebe keine Steine auf dem Boden und er sei nicht griffig genug, um darauf zu laufen. Sie schickte mir ein Bild, wie sie mit ihren Füßchen auf dem Boden ausrutschte. Auch teilte sie mir mit, das Wasser müsse tiefer sein, damit sie darin schwimmen könne, und gefiltert werden, damit es frischer und sauberer sei. „Solange ich eine kleine Schildkröte war, war das Aquarium in Ordnung, jetzt aber bin ich dafür zu groß und habe zum Schwimmen keinen Platz, und das Wasser wird zu schnell schmutzig", sagte mir die Schildkröte. Schließlich bat Jean Lafitte um einen größeren Stein zum Sonnen, eine grüne Pflanze und einen kleinen Fisch als Gefährten.

Pat fuhr schnell in die nächste Zoohandlung und ließ das Buchprojekt im Stich, um die Schildkröte zu retten. Dennoch war sie von der Weisheit ihres Tuns immer noch nicht ganz überzeugt. Ich bin ein recht humorvoller Mensch und denke, Pat überlegte, ob sie unschuldiges Opfer eines raffinierten Streichs geworden sei. Um sie zu bestärken, bevor sie losfuhr, betonte ich nochmals, Eile sei vonnöten, da die Schildkröte dem Tode nahe sei.

In dem Geschäft machte Pat den Fehler, dem Besitzer dieses Geschäfts zu erzählen, sie kaufe den Goldfisch für ihre Schildkröte. Er sah sie an, als ob sie verrückt sei: „Meine Dame, Sie können keinen Goldfisch in das Aquarium mit einer Schildkröte tun. Die wird ihn auffressen."

„O, nein", beruhigte Pat ihn. „Meine Schildkröte hat mir gesagt, sie wolle den Fisch nur als Freund haben."

„Was hat Ihre Schildkröte Ihnen gesagt?" sagte der Mann und sah Pat noch seltsamer an.

Pat drehte sich herum, als habe sie ihn nicht gehört und eilte mit ihren Utensilien für die Schildkröte, für die sie 79 Dollar ausgegeben hatte, aus dem Geschäft. Sie dachte, es sei alles sinnlos, es sei zu spät, die Schildkröte werde ohnehin sterben und dann bliebe sie mit einem kunstvoll gestalteten Schildkrötenheim zurück und stehe für den Rest der Woche ohne Brot und Milch da.

Pat stellte das neue Aquarium an das Fenster im Schlafzimmer ihres Sohnes und brachte die Schildkröte in ihr neues Zuhause. An den folgenden drei Tagen ließ sie die Schildkröte kaum aus den Augen, beobachtete sie genau auf irgendein Anzeichen einer Besserung. Sie entdeckte keins, aber Jean Lafitte wurde wenigstens nicht noch kränker. Und er war immer noch am Leben.

Am vierten Tag fraß die Schildkröte zwei Stengel Schildkrötenfutter, und Pat bemerkte, daß die Nase nicht mehr lief. Sie und ihre Kinder feierten diese offensichtliche Wende zum Besseren und riefen mich an, um mir diese gute Nachricht mitzuteilen.

Jean Lafitte erholte sich zusehends. Am siebten Tag tauchte er schwanenartig von seinem neuen Felsen herab und marschierte durch sein Aquarium wie ein Lord: er war wieder völlig gesund. Pat rief an und dankte mir überschwenglich, war aber immer noch nicht ganz sicher, wofür sie mir eigentlich dankte. Sie wußte aber, daß ich mindestens teilweise für die Rettung der Schildkröte verantwortlich war. Sie verstand es zwar nicht, aber sie akzeptierte es, das sei ihr zugutegehalten. Es war Pats erster Kontakt mit der Welt der Tierkommunikation.

Leider hatte sich auch der Goldfisch zu sehr entspannt, nachdem er seine anfängliche Panik darüber verloren hatte, zusammen mit einer Schildkröte in einem vierzig Liter großen Aquarium eingeschlossen zu sein. Eines Abends kam Pat nach Hause, ging Jean Lafitte zu begrüßen und stellte fest, daß kein Goldfisch mehr im Aquarium war. Sie sah überall nach, aber es gab einfach nicht so viele Stellen, an denen sich ein Goldfisch in dem Behältnis hätte verstecken können. Voller Panik rief sie mich an, und ich nahm umgehend mit Jean Lafitte Kontakt auf und fragte ihn, wo denn der Goldfisch sei.

„Ich habe ihn gefressen", antwortete er. „Ich wußte, ich hätte niemals einen Fisch bekommen, wenn ich dir erzählt hätte, daß ich ihn fressen würde."

Ich tadelte ihn dafür, daß er den wahren Grund, weshalb er den Fisch haben wollte, verschwiegen hatte. Bis zum heutigen Tage habe ich mir die Rolle nicht vergeben, die ich beim Tod des unglücklichen Goldfisches spielte. Sie hat mich wirklich betrogen, diese Schildkröte. Ich hatte nicht gemerkt, daß sie so listig war. Sie sagte mir, sie wolle einen Freund haben – was sie stattdessen wollte, war ein Filet!

Pat ihrerseits denkt, daß der Fisch vielleicht einige Nährstoffe, Mineralien oder Vitamine enthielt, die Jean Lafitte für seine vollständige Gesundung benötigte. Jedenfalls hat sie ihm nie wieder einen Fisch zum Knabbern gegeben, und er lebt weiterhin als eine sehr glückliche, gesunde Schildkröte. Jean Lafitte hat sich, wie viele Tiere, denen ich helfe, zu einer regelrechten Klatschbase entwickelt und hält mich über alle Geschehnisse in Pats Haus auf dem Laufenden und erzählt mir insbesondere, wenn sie nicht gespült hat. Pat wünscht sich nur, die Schildkröte würde mir nicht mehr berichten, wenn sie die Wäsche nicht gewaschen hat.

Beau

Meine Freundin Donna brachte mir ihren Hund Beau zum Heilen. Sie war mit ihm beim Tierarzt gewesen, weil er hinkte. Der Doktor aber sagte, Beaus Probleme seien auf sein fortgeschrittenes Alter zurückzuführen, und er könne ihm nicht helfen. Ich nahm mit Beau Kontakt auf und sah alle fünf von Donnas Tieren. Eine Katze namens Spankie kam nach vorn und informierte mich, Beau habe schreckliche Schmerzen in seinen Pfoten und Beinen, mochte aber seine Schmerzen nicht zeigen, weil er seine Familie nicht beunruhigen wolle.

Ich fragte nach der Gesundheit des Hundes, und Donna sagte, ihrer Meinung nach sei alles in Ordnung, sie mache sich aber Sorgen, weil Beau morgens manchmal Probleme habe, aufzustehen.

Spankie meldete sich wieder laut zu Wort. „Beaus Pfoten tun ihm weh. Er will nicht, daß unser Frauchen es erfährt, aber ich bin die größte Katze, und wenn ich rede, widerspricht mir niemand. Beau hat sich lange um uns alle gekümmert, und jetzt werde ich mich um Beau kümmern und sein Geheimnis lüften."

Ich berichtete Donna, was die Katze gesagt hatte, daß dem Hund die Pfoten schmerzten, er seinen Schmerz aber verbergen wollte, um sie nicht zu beunruhigen. Ich fing mit Donnas Erlaubnis an, den Hund zu heilen, der schnell wieder so ausgelassen und aktiv war wie zuvor. Die Ruhe und Untätigkeit, die Donna auf das Alter geschoben hatte, war in Wirklichkeit auf Beaus angeborenes Problem mit seinen Pfoten zurückzuführen. Als meine Engel den Hund einmal von seinen Schmerzen befreit hatten, wurde er wieder ganz der alte.

Zu dieser Geschichte gibt es eine interessante Fußnote. Donna brachte Beau mehrmals zum Heilen vorbei, und auch seinen Bruder Cody, der ein Problem mit seinen Ohren hatte. Ich bemerkte, daß beide Hunde einen Hautausschlag hatten, von dem Donna sagte, der Tierarzt habe die Ursache nicht feststellen können. Ich bat meine Engel um Hilfe, die mir sagten, beide Hunde seien auf den Weizen in ihrem Futter allergisch. Ich riet Donna, das Futter für die Hunde auf Reis und Fisch umzustellen, dann würde der Hautausschlag in wenigen Wochen verschwinden.

Beau starb bald darauf in hohem Alter. Es tröstete Donna aber sehr, als sie sah, daß ihn meine Engel von seinen Schmerzen befreien konnten und er seine letzten Monate angenehm und froh verbrachte.

Heidi

In den Weihnachtsferien des Jahres 1995 rief mich meine liebe Freundin Valerie Patrick an. Sie war wegen ihrer wunderschönen Schäferhündin Heidi in Panik. Diese hatte einige gesundheitliche Probleme, und der sie untersuchende Tierarzt entdeckte einen Tumor auf der rechten Seite ihres Rückens. Der Arzt wollte eine Biopsie vornehmen, der Valerie aber nicht zustimmte, weil die

Hündin im letzten Sommer nach einer Narkose wegen einer Verengung im Hals zwei leichte Herzanfälle erlitten hatte. Die Narkose war zu stark gewesen und hatte Heidis Herz geschwächt.

Heidi kam zwar eine Weile zurecht, doch bekam sie ihre normale Kraft und Stärke nicht wieder zurück. Schließlich rief mich Valerie um zwei Uhr morgens verzweifelt an. Heide hatte einen dritten, dieses Mal viel schwereren Herzanfall erlitten. Ich fuhr zu ihr, legte Heidi meine Hände auf und sandte Heilenergie durch ihren Körper. Sie erholte sich ein wenig. Da sie aber immer noch sehr schwach war, fuhr ich mit meiner Arbeit an ihr fort.

Valerie hatte Besuch von Freunden aus Kanada bekommen, die die Wucherung auf Heidis Rücken, zu dem Zeitpunkt etwa walnußgroß und recht auffallend mit den ringsum abstehenden Haaren, sofort bemerkten. Valerie sagte, allen, die sie besuchten, falle es auf. Valerie wußte, sie mußte wegen des Tumors etwas unternehmen, doch angesichts dessen, was beim letzten Mal passiert war, scheute sie davor zurück, Heidi einer neuen Operation zu unterziehen.

Ich fing an, Heilenergie durch den Tumor zu senden, visualisierte, wie er kleiner und schließlich von Heidis Körper absorbiert wurde. Mehrere Wochen arbeitete ich des Nachts in Abwesenheit an ihr. Nach sechs Wochen suchte Valerie nach dem Tumor, aber er war verschwunden. Valerie rief ihr Mädchen, Ruby, und fragte sie, auf welcher Seite Heidis Tumor gewesen sei. Ruby sah Heidi an und rief verblüfft aus: „Er ist weg!" Keinerlei Anzeichen eines Tumors waren mehr zu finden.

Eine Woche später sollten Heidis Zähne wieder einmal nachgesehen werden. Der Tierarzt wollte sich auch den Tumor anschauen und bemerkte, daß er nicht mehr da war. Er fragte Valerie, welcher Tierarzt denn den Tumor entfernt habe, während er wie besessen nach der Narbe und den Stichen suchte. Obwohl Valerie nicht wußte, ob er gläubig war, beschloß sie, ihm zu erzählen, daß es eine parapsychische Operation gewesen war. Wie vorauszusehen war, dachte der Tierarzt, sie sei verrückt.

„Sind Sie sicher, daß es nicht ein anderer Arzt war, der den Tumor entfernt hat?" fragte sie der Tierarzt.

Valerie ist ein sehr spiritueller Mensch und wir sind seit einundzwanzig Jahren befreundet. Dennoch sagt sie manchmal, sie könne es selbst immer noch nicht glauben, daß die Heilenergie meiner Engel Heidis Gesundheit ohne den Eingriff eines Tierarztes wiederhergestellt hat.

Wie oben schon erwähnt, empfehle ich die Zusammenarbeit mit dem Tierarzt, regelmäßige tierärztliche Fürsorge und den Einsatz der Heilenergie. In diesem Fall aber hatte Heidi sehr empfindlich auf eine Narkose reagiert, und ich wußte, daß eine Operation ihr mehr schaden als nutzen, sie eventuell sogar töten würde. Ich bin dankbar, daß ich die Heilenergie meiner Engel nutzen konnte, um den Hund meiner Freundin zu heilen.

Bravo

Eine Familie rief mich voller Sorge an: ihr geliebter Kater Bravo sei krank. Welche Krankheit er hatte, sagten sie mir nicht. Sie waren sehr skeptisch, was meine Fähigkeit, ihrem Kater zu helfen, anging, zogen mich aber, wie viele andere Kunden auch, aus lauter Verzweiflung zu Rate.

Als sie bei mir waren, legte ich meine Hände auf den Kater und wußte, er war voller Würmer, doch waren es seltsamerweise bei Katzen nicht übliche Würmer. Bravos Besitzer bestätigten mir, daß er Würmer habe, da sie gerade vom Tierarzt gekommen seien, der für den Kater nichts tun konnte, da der Fall schon zu weit fortgeschritten sei.

Ich fragte Bravo, ob er etwas Ungewöhnliches gegessen habe, und er sandte mit ein Bild eines toten Opossums. Nun wußte ich den Grund für den Wurmbefall. Mir war auch klar, daß der Kater sehr krank war. Die Würmer hatten eine Art Ball gebildet, die Ursache für eine lebensbedrohliche Darmblockade.

Mit Hilfe meiner Engel entfernten wir die Würmer und kurierten Bravo vollständig. Seine Besitzer waren völlig aus dem Häuschen, daß ihr Kater wieder geheilt war.

Oft werde ich gefragt, ob ich wirklich sähe, was entfernt wird, wenn ich sage, ich entferne etwas. Normalerweise ist das nicht der Fall, da der Tumor oder der geschädigte Bereich mit dem von meinen Engeln gegebenen heilenden Licht gereinigt wird. Die Heilenergie wird durch meine Hände geleitet, die sich dabei prickelnd und warm anfühlen. Gelegentlich ist der Energiestrom, mit dem ein Tier geheilt wird, so stark, daß meine Hände zu vibrieren anfangen.

Wenn ich also sage, ich entferne Würmer, dann sehe ich sie eigentlich nicht. Ich weiß nur, daß meine Engel die vom Tierarzt diagnostizierten Würmer entfernt haben und daß diese bei der Nachuntersuchung des Katers nicht mehr vorhanden sein werden. Die einzige Ausnahme, an die ich mich erinnern kann, war die Darmblockade bei Zuki, der Eidechse, von der ich im vierten Kapitel berichtet habe.

Crystal

Eine meiner Lieblingsgeschichten betrifft die Heilung einer Katze, die von meiner Kundin Beverly zu mir gebracht wurde, die Katzen in Not rettet. Zu jener Zeit hatte Beverly fünfzig oder mehr Katzen bei sich zu Hause in Pflege, und ich half ihr häufig, indem ich von meinen Kunden Futter, Handtücher und Decken besorgte.

Die Katze, die Beverly Crystal nannte, hatte überhaupt kein Haarkleid mehr, ihr ganzer Körper war mit offenen, nässenden Wunden übersät. Der Tierarzt diagnostizierte bei ihr einen Virus, den sie wohl von ihrer Mutter bekommen hatte. Er empfahl, das Tier von seinem Elend zu erlösen und es einzuschläfern.

Als ich mit der Katze Kontakt aufnahm, bemerkte ich, daß sie sehr starke Schmerzen hatte. Ich bat sie, so wie ich es immer tue, um ihre Erlaubnis, mit dem Heilen zu beginnen. Die Katze stimmte zu, wollte aber nicht, daß ich sie berühre, da sie starke Schmerzen habe. Ich beruhigte Crystal, ich würde sie mit meinen Händen nicht berühren. Ihre Wunden sahen so furchtbar aus, daß ich mich auch nicht getraut hätte, um ihr nicht noch mehr Schmerzen zu verursachen.

Ich fing an, die Katze durch ihre Aura hindurch zu heilen und sandte ihr heilendes Licht, indem ich meine Hände in einem Abstand von ungefähr fünf Zentimetern über sie hielt. Eine Woche lang heilte ich sie des Nachts in ihrer Abwesenheit, dann kam Beverly wieder mit der Katze in mein Studio. Zuerst dachte ich, der Zustand der Katze hätte sich kaum gebessert, doch dann spürte ich, wie Kraft durch meinen Körper strömte, und erkannte, daß sie stärker geworden war. Ich faßte Mut. Ich sagte zu Beverly, sie möge anfangen, eine antiseptische Salbe auf die Wunden aufzutragen und die Katze mit einfachem gekochtem Reis und Fisch füttern.

Als Beverly nach einer Woche wiederkam, fühlte sich Crystal offensichtlich schon viel besser. Die Wunden heilten und stellenweise begannen Haarbüschel zu wachsen. Ich sah Crystal noch einmal und heilte sie dann während der folgenden Wochen des Nachts. Nun ist Crystal wieder ganz gesund. Alle ihre Wunden sind geheilt, sie hat ihr wunderschönes beiges Fellkleid wiedererlangt und kann jetzt vermittelt werden.

Für Tierbesitzer ist ein entlaufenes Tier genauso beunruhigend wie ein krankes Tier. Wird es nicht wiedergefunden, ist dies in gewisser Weise noch beunruhigender, weil man nie sicher ist, was dem Tier zugestoßen sein kann. Im nächsten Kapitel erzähle ich einige Geschichten von entlaufenen Tieren und gebe Hinweise, was man am besten mit einem streunenden Tier macht.

8
Wo ist mein Hund geblieben? Entlaufene Tiere

Ist ein Tier entlaufen, so kann dies für eine Familie verheerend sein: die verzweifelte Suche bei den Nachbarn, die an Lichtmasten befestigten Plakate, das vergebliche Laufen und Rufen des Namens des Tieres kann auch die stärksten Nerven strapazieren.

Wenn eine Familie in dieser Situation zu mir kommt, beruhige ich sie erst einmal und lasse mir so viele Informationen wie möglich über das entlaufene Tier geben. Während sie erzählen, konzentrieren sie sich gewöhnlich und kommen soweit zur Ruhe, daß ich über ihre Energie mit ihrem entlaufenen Tier Verbindung aufnehmen kann.

In den meisten Fällen gelingt mir der Kontakt zu dem Tier sofort. Diejenigen, die sich richtig verlaufen haben, sind immer durcheinander und verängstigt und möchten nur zu gern wieder nach Hause. Die anderen, die ihr Zuhause absichtlich verlassen haben, denken nicht im geringsten daran, zurückzukehren. Dies gilt insbesondere für Katzen, die gegenüber einer schlechten Behandlung durch Menschen weniger nachsichtig sind als Hunde. Mindestens gelingt es mir, von dem entlaufenen Tier genügend Informationen für seine Besitzer zu bekommen, so daß sie eine zielgerichtete Suche starten können. In einigen Fällen haben wir Glück und finden das Tier, aber leider gilt das nicht für alle Tiere. Mehr kann ich nicht tun. Der Besitzer ist derjenige, der in das in Frage kommende Gebiet gehen, die Plakate anbringen und der die Orientierungspunkte finden muß, die ich ihm nach den Bildern, die mir die Tiere gesendet haben, angebe.

Da ich weiß, daß die Suche nach einem Tier oft erfolglos ist, ist meine Freude, wenn es mir gelingt, das Tier zu finden, unbeschreiblich groß. Gebete, Glück und die Fähigkeit, mit einem vermißten Tier über Bilder und Gefühle zu kommunizieren, sind bei der Suche meine stärksten Verbündeten. Einige Tiere kommunizieren klarer als andere, und das ist oft eine große Hilfe.

Wir alle haben Geschichten von unglaublichen Reisen gelesen, die von entlaufenen Tieren in dem Versuch unternommen wurden, ihre Familien wiederzufinden. Einige dieser Reisen gingen über mehrere hundert Kilometer; es hat sogar Tiere gegeben, die die Spur ihrer Familie quer durch Amerika verfolgten.

In einem sehr berühmten Fall zog eine Familie vor über zwanzig Jahren von New York nach Kalifornien und ließ ihre einjährige, schwarzweiße Katze bei einer Nachbarsfamilie zurück, um sie dann später, wenn sie sich eingerichtet hätten, nachzuholen. Die Katze hatte am Bauch eine ungewöhnliche Fellmarkierung, die aussah wie die Umrisse der Vereinigten Staaten. Wenige Tage nach dem Umzug lief die Katze leider fort. Die Nachbarn riefen ihre Freunde in Kalifornien an, um ihnen von dem Verschwinden des Tieres zu berichten.

Nach dreizehn Monaten erschien eine magere, schwarzweiße Katze, auf deren Bauchfell die Umrisse der Vereinigten Staaten von Amerika erkennbar waren, am Hintereingang des Hauses der Familie in Kalifornien und wollte miauend hineingelassen werden. Sie war bei Wind und Wetter und unter vielen Gefahren fast 5000 Kilometer quer durchs Land gezogen. Diese heroische Tat hatte die Katze über Nacht berühmt gemacht, denn ihr Bild erschien überall in den Zeitungen.

Wie aber hat diese bemerkenswerte Katze ihre Familie wiedergefunden? Wie wußte sie, wohin sie gehen mußte, hatte sie ihr neues Zuhause doch noch gar nicht gesehen, geschweige denn die leiseste Ahnung, wohin ihre Familie gezogen war? Die Antwort ist, daß sie der Energie gefolgt ist. Die Bindung zwischen der Katze und ihrer Familie war so stark, daß sie sprichwörtlich in der Lage war, in den vielen Monaten der Trennung von ihrer Familie deren Energie als Rettungsleine zu nehmen.

Es wird immer danach gefragt: Wie finden entlaufene Tiere ihren Weg zurück nach Hause? Warum sind einige bei ihrer Suche erfolgreich, andere nicht?

Die Antwort auf diese Fragen hat einen gewissen wissenschaftlichen Hintergrund. Ich werde versuchen, ihn klar und deutlich zu erklären, damit wir verstehen, wie dieser Instinkt, den Weg nach Hause zu finden, funktioniert.

Wir wissen bereits, daß wir alle von Energie umgeben sind. Energie in ihrer reinsten Form ist die Lebenskraft des Universums. Sie strömt um uns und durch uns. Wenn wir es genau nehmen, sind wir körperlich gewordene Energie. In dem bekannten Science-Fiction-Film Krieg der Sterne wird diese Energie mit Kraft bezeichnet; ich muß sagen, die Vorstellung von George Lucas von der Funktionsweise der Energiefelder kommt der Realität nahe.

Wir wissen auch, daß Tiere auf telepathische Weise kommunizieren, indem sie die Energie ihres Geistes zur Übermittlung von Bildern, Gedanken und Gefühlen nutzen. Auch wir tun dies, wenn auch unwissend. Es ist dieser konstante Strom an geistiger Energie, den wir durch die elektromagnetischen Felder der Erde hin- und herschicken, und den unsere Tiere nutzen können, um den Weg zu uns zurückzufinden. Auch wenn unser Tier entlaufen ist, so kann es immer noch die durch unsere Energie ausgesandten Gedanken und Gefühle aufnehmen. Auch wenn die körperliche Verbindung abgebrochen sein mag, so gilt dies nicht für die geistige Energie.

Tiere sind wie Menschen unterschiedlich intelligent und sensibel. Einige Menschen können kochen oder zeichnen oder Klavierspielen, wohingegen viele andere zu nichts dergleichen fähig sind. So ist es auch mit den Tieren. Einige können sich recht schnell in die Gedanken und Gefühle ihrer Besitzer hineinversetzen, andere wiederum können es weniger.

Die Bereitschaft des Tieres zu kommunizieren, hängt manchmal von der Motivation des jeweiligen Augenblicks ab. Hat uns unser Tier verlassen, weil es wegen eines Neuankömmlings wütend oder eifersüchtig ist, wird es weit weniger darauf bedacht sein als wir, sich uns wieder anzuschließen. Andere Tiere sind so verängstigt, daß sie beschließen, es sei sicherer, an ihrem neuen Ort zu bleiben, als die Gefahren eines Rückkehrversuchs auf sich zu nehmen. Wiederum andere sind selbstsicher genug, auf ihre Sinne zu vertrauen und in die Energiefelder zu gehen, in denen sie die geistige Energie aufnehmen können, die ihre Besitzer konstant übermitteln.

Erinnern wir uns daran: zu unserem Tier besteht bereits eine Energieverbindung, weil wir mit ihm zusammengelebt und ein Kommunikationsmuster aufgebaut haben. Diese Energieverbindung ist das gleiche wie eine Radiowelle: Wir können unsere Energie auf die unseres Tieres einstellen, wie wir einen Sender im Radio einstellen würden. Wann immer wir also an unser Tier denken, empfängt es den Gedanken am anderen Ende, fast so, als ob wir mit ihm telefonierten. Der einzige Unterschied ist, daß wir uns wahrscheinlich nicht auf die Energieschwelle so wie unser Tier einstellen können; wir „hören" deshalb nicht, wenn es mit uns kommuniziert.

Versucht ein Tier, wieder zu seiner Familie zu kommen, wird es sich instinktiv auf Schwingungen in den universellen Energiefeldern einstellen. Einige Tiere sind sich in verstärktem Maße ihrer Sinne bewußt, die wie ein eingebauter Kompaß funktionieren. Sie können spüren, wie die Anziehungskraft in eine bestimmte Richtung weist, wenn sie sich auf unsere Energie einstellen. Andere Tiere besitzen diese Fähigkeit nicht, und wenn ich mich auf sie einstelle, spüre ich ihre Verunsicherung und Furcht. Für ein furchtsames, verunsichertes Tier ist es viel schwieriger zurückzufinden, als für ein tapferes und selbstbewußtes Tier, weil das furchtsame Tier nicht die notwendigen Schritte unternehmen kann, um nach Hause zu finden. In der Realität findet nur ein geringer Prozentsatz der entlaufenen Tiere wieder den Weg nach Hause.

Oft ist ein Tier nicht entlaufen, besonders wenn es ein wertvolles Tier ist: es wurde gestohlen. Wir können sicher sein, daß die für den Diebstahl Verantwortlichen alles in ihrer Macht stehende tun werden, um nicht entdeckt zu werden. Meine Chancen, ein Tier wiederzufinden, sind am größten, wenn es sich um ein wirklich verlorengegangenes Tier handelt, das mir in Form von Bildern und Gefühlen über seinen Weg an einen anderen Ort gute Informationen liefert, die ich dann für die Besitzer zusammensetzen kann, so daß diese eine zielgerichtete Suche einleiten können. Einige Tiere erinnern sich deutlicher an den Weg, während andere eher durcheinander sind. Sind sie verwirrt, dann können sie mir nur diese Verwirrung übermitteln, so daß es für mich sehr schwierig wird, überhaupt Informationen über ihren Aufenthaltsort zu bekommen.

Wenn ich Glück habe, ist das Tier in der Lage, mir ein Bild eines sehr bezeichnenden Orientierungspunktes zu senden. Ich hatte einen Kunden, dessen Kater Jaspar mir das Bild einer seiner Meinung nach nahegelegenen Kirche mit einem dunkelgrünen Dach senden konnte. Obwohl die Kirche über sechzehn Kilometer entfernt lag, konnte der Besitzer seinen Kater wiederfinden, weil Ort und Eigenschaft dieses speziellen Gebäudes nicht zu verwechseln waren.

Jagt eine Katze einen Vogel oder ein Hund ein Eichhörnchen, sind die Tiere manchmal so sehr in ihre Jagd vertieft, daß sie nicht mehr wissen, wo sie sind. Erkennen sie, daß sie sich in einem unbekannten Gebiet befinden, geraten sie in Panik. Diese Fälle zu lösen, ist sehr schwierig, weil das Tier während seiner Jagd nicht auf den Weg, sondern nur auf seine Beute geachtet hat. Deshalb ist es nicht in der Lage, mir viele Orientierungspunkte oder Hinweise auf seinen Aufenthaltsort zu geben.

Gefährlich kann es auch werden, wenn Handwerker ins Haus kommen. Oft lassen sie ihre Lieferwagen offen, während sie arbeiten; Katzen können anscheinend nicht widerstehen, eine offene Tür zu untersuchen. Ich hatte eine Kundin, deren Katze in einem Wagen einer Teppichreinigungsfirma mitfuhr. Als die Arbeiter die Hecktür ihres Wagens vor ihrer Werkstatt in einer anderen, über zwanzig Kilometer von dem Haus der Frau entfernten Stadt öffneten, sprang eine Katze heraus. Die Arbeiter dachten sich nichts dabei, bis die Frau am nächsten Tag anrief und fragte, ob sie ihre Katze gesehen hätten. Obwohl sie in der Nähe der Werkstatt Plakate angebracht hatte, reagierte niemand, und sie vermutete schon, der Kater sei für immer verschwunden. Nach acht Wochen stand der Kater wieder vor ihrer Tür, ein bißchen dünn zwar, aber völlig gesund.

Das gleiche kann auch mit einem Tier geschehen, das von einem anderen Tier in Angst und Schrecken versetzt wurde. Eine Katze, die von einem großen Hund um mehrere Wohnblocks gejagt wurde, ist nicht nur durcheinander, sondern auch völlig verschreckt und empfindet Todesangst. In solchen Fällen weise ich die Tiere an, wenn ich zu ihrer Energie Verbindung aufnehme, genau dort zu bleiben, wo sie sind, sich zu beruhigen und ihre Energie zu sammeln. Dann bitte ich sie, zu warten, bis das Universum ruhig und es dunkel geworden ist. Ich sage ihnen, daß ich dann aufwachen und mich auf ihre Energie einstellen werde. Dann beruhige und ermutige ich sie, auf ihre Instinkte zu vertrauen. Ich bestärke sie in der Vorstellung, daß sie sehr clevere Hunde oder Katzen sind, die im Schutz der Nacht leicht ihren Weg nach Hause finden werden.

Ich nehme mit Hilfe meiner Ohren mit den Tieren Kontakt auf, damit sie wissen, daß sie ihre Ohren einsetzen müssen, um vor dem Queren einer Straße auf Geräusche zu achten. Bei dem Geräusch eines nahenden Autos – so sage ich ihnen – müssen sie ganz ruhig stehen und warten, bis es wieder ruhig ist, erst dann können sie über die Straße gehen. Diese Mitteilung sende ich mit meinen Gedanken und mit meinem Körper, damit das Tier weiß, was es tun muß, um sicher nach Hause zu kommen.

Manchmal nehmen sie ihren Mut zusammen und machen sich auf dem Heimweg. Einige dieser Tiere kann ich normalerweise nach Hause führen; vielleicht dauert es ein paar Tage oder auch Wochen. Viel hängt dabei von der Persönlichkeit des Tieres ab, ob es mutig und nicht zu ängstlich ist. Ist für ein Tier die Reise nach Hause zu beängstigend, bleibt es häufig an seinem neuen Ort und sucht sich selbst ein neues liebevolles Zuhause.

Viele Tiere gehen verloren, weil ihre Besitzer annehmen, sie seien eigentlich jederzeit sicher aufgehoben. Unseren Hund oder unsere Katze sollten wir niemals frei umherstreunen lassen; sie könnten nicht nur entlaufen, sie könnten auch von einem Wagen angefahren, gestohlen oder von einem anderem Tier angegriffen werden. Wir als Tierbesitzer sind für die Sicherheit unseres Tieres verantwortlich. Wenn unser Hund einmal gezeigt hat, daß er über einen hohen Zaun springen oder sich unter ihm hindurchgraben kann, um vom Grundstück zu gelangen, müssen wir alle notwendigen Veränderungen vornehmen, um den Bereich zu sichern, in dem er sich aufhält. Wir sollten versuchen, ihm Bilder von den Gefahren zu senden, die ihn in der Welt auf der anderen Seite des Zaunes erwarten. Wenn Hunde und Katzen nur wüßten, wie gefährlich die Welt draußen sein kann, würden die meisten ihr Terrain niemals verlassen. Die Tiere sind aber ebenso wie Kinder voller Abenteuerlust, die allzuoft nicht mit der ausreichenden Vorsicht gepaart ist.

Hunde müssen jeden Tag ausgeführt werden. Sie müssen raus und sich beschäftigen. Denken wir nicht, ein großer Hof sei ausreichend. Tiere sind auf ihre Welt neugierig, und sie müssen die Welt um sie herum sehen und verstehen. Wenn wir mit ihnen spazierengehen, hilft es ihnen, sich in ihrer Nachbarschaft zu orientieren, so daß sie ihnen vertraut wird und sie nicht ängstigt.

Wenn wir in Urlaub gehen, sollten wir besonders auf die Sicherheit unseres Tieres achten. Haben wir uns entschieden, das Tier zu Hause zu lassen, empfehle ich, einen erfahrenen Tiersitter zu engagieren, auf den wir uns verlassen können, nicht unsere Nachbarn. Vor einigen Jahren gab es diese Tiersitter kaum, doch sie werden jetzt immer beliebter. Denn man hat nun angefangen zu verstehen, daß es für ein Tier eine sehr unglückliche Erfahrung sein kann, in einer Tierpension untergebracht zu sein. In einem solchen Heim müssen sie nicht nur den Streß aller anderen eingesperrten, ängstlichen und einsamen, bellenden und heulenden Tiere aushalten, sie können sich in einer solchen Atmosphäre auch ansteckende Krankheiten holen oder Flöhe einfangen.

Die Tiere, die man in eine Pension gesteckt hat, wissen überhaupt nicht, warum sie dort sind. Sie wissen nicht, ob es eine Strafe ist oder ob sie für immer dort gelassen werden. Es ist so, als ob wir ins Gefängnis müßten. Anstelle eines gemütlichen Betts und eines großen Gartens müssen sie plötzlich auf feuchtem Beton schlafen und sind in einem Käfig eingesperrt, der kaum groß genug ist, daß sie sich umdrehen können. Ich habe viele Verhaltensprobleme von Tieren behandelt, die entstanden waren, nachdem die Tiere ungefähr eine Woche lang in einer Tierpension abgegeben worden waren. (Anmerkung der Redaktion: Die amerikanischen Verhältnisse sind so nicht übertragbar. Im deutschsprachigen Raum gibt es sehr gut geführte Tierpensionen.)

Nehmen wir uns also die Zeit und kümmern uns um einen zuverlässigen Tiersitter. Fragen wir nach Empfehlungen, so wie wir dies tun würden, ließen wir unsere Kinder bei einer uns nicht bekannten Person. Wir sollten dem Sitter sagen, wie der Tagesablauf unseres Tieres ist und betonen, wie wichtig es ist, diesen Ablauf beizubehalten. Erklären wir unseren Tieren, daß wir sie nur für kurze Zeit verlassen, aber ein sehr netter Mensch für diese Zeit kommen und sich um sie kümmern wird. Tiere beruhigt es sehr, wenn sich ihre Besitzer die Zeit nehmen und ihnen sagen, was geschehen wird. Dann ist ihre Nervosität und Verunsicherung nicht so groß.

Für Katzenbesitzer ist ein Umzug eine sehr gefährliche Zeit, da Katzen dazu neigen, eine energetische Verbindung mit dem Ort, an dem sie sich befinden (also mit ihrem alten Zuhause) einzugehen. Hauskatzen können diese Verbindung einsetzen, um ihren Weg zu ihrem ursprünglichen Zuhause zurückzufinden, auch wenn dieses Tausende von Kilometern entfernt sein sollte. Manche Wissenschaftler nennen das „Psi-Tracking", wissen aber nicht, wie dies funktioniert oder warum Katzen mit dieser besonderen Fähigkeit ausgestattet sind.

Vergessen wir nicht, unsere Katze nach dem Umzug mindestens eine Woche lang in einen Raum einzusperren. Diese Woche des Eingesperrtseins ermöglicht es der Katze, eine energetische Verbindung zu dem neuen Ort aufzubauen, so daß sie, wenn wir sie danach in die restlichen Räume des Hauses lassen, gern bleiben möchte und nicht versuchen wird, umherzustreunen oder zurück zu ihrem alten Zuhause zu laufen.

Viele Kunden fragen mich, warum alle streunenden Katzen dieser Welt vor ihrer Haustür erscheinen. Das ist kein Zufall, denn sie lieben Katzen, und die Katzen, die ein neues Zuhause suchen, folgen den positiven Energieschwingungen zu einem Haus, von dem sie wissen, daß in ihm ein Katzenliebhaber wohnt. So wie eine Funkwelle von einem auf den richtigen Kanal eingestellten Empfänger aufgenommen wird, so stellen sich Katzen auf die Energieschwingungen eines Katzenliebhabers ein und finden sein Haus. Sie wissen genau, daß sie dort willkommen sind, wenn auch etwas zögerlich. Indem sie unsere Energieschwingungen lesen, wissen sie auch, daß sie regelmäßig gefüttert und gut versorgt werden, wenn sie sich nur lange genug in unserer Nähe aufhalten.

Zum Auffinden und Zurückholen entlaufener oder gestohlener Tiere hat uns die Technik eine neue Möglichkeit beschert: Es handelt sich um einen Mikrochip, der anfangs entwickelt wurde, um die Identität teurer Pferde und exotischer Vögel einwandfrei nachweisen zu können. Es dauerte dann aber nicht lange, bis die Tierärzte diese nützliche Idee auch für ihre Kundschaft entdeckt hatten. In den Mikrochip ist eine Identifikationsnummer einprogrammiert; der Chip selbst wird dem Tier mit einer besonderen Nadel unter die Haut injiziert.

Wenn wir unsere Tiere aber frei umherlaufen lassen, ist es eine gute Idee, Geld für einen dieser Chips auszugeben. Vergessen wir aber nicht, daß kein Chip die Arbeit übernehmen kann, die wir als Tierbesitzer tun müssen, nämlich für unser Tier eine liebevolle, sichere und gesicherte Umgebung schaffen.

Tierschützer befürworten umfassende Registrierprogramme, bei denen aufgrund einer Verordnung die Besitzer ihre Tiere für eine einmalige Gebühr registrieren lassen müssen. Sie erhalten dann eine Plakette, die am Halsband des Tieres zu befestigen ist. Wird ein entlaufenes Tier gefunden, benötigen die Tierschützer nur die Informationen auf dieser Plakette, um das Tier wieder mit seinem Besitzer zu vereinen. In Bezirken, in denen diese Registrierprogramme laufen, ist die Zahl der ihren Besitzern zurückgegebenen Tiere viel höher.

Nun möchte ich einige Geschichten von entlaufenen Tieren und ihren Besitzern erzählen, wie wir sie wiedergefunden und wieder mit ihren Familien vereint haben.

Sugar

Carol Moore hatte eine Malteserhündin namens Sugar. Eines Tages ließ jemand das Gartentor versehentlich angelehnt, und Sugar lief hinaus. Carol war außer sich vor Angst, da sie in der Nähe einer Hauptdurchgangsstraße wohnte und befürchtete, Sugar könne von einem Wagen angefahren werden.

Carol hatte über eine Freundin von mir gehört; so rief sie mich sofort an und berichtete von Sugars Verschwinden. Während ich mir ein Bild von Sugar ansah, fing die Hündin an, mit mir zu kommunizieren und berichtete mir Einzelheiten aus Carols Leben, die nur Sugar, aber sicherlich nicht ich, wissen konnte. Carol war unglaublich erleichtert, weil sie nun wußte, daß es ihrer Hündin gut ging und sie mit mir kommunizierte.

Sugar berichtete mir von ihrer Reise, von dem Moment an, als sie aus Carols Hof verschwunden war. Ich konnte Carols Haus und Garten in allen Einzelheiten sehen. Ich sah das angelehnte Tor und sagte Carol auch, daß ich gegenüber dem Haus auf der rechten Seite eine Schnellstraße sähe. Dann fing Sugar an, mir von ihrer Reise zu erzählen: Zuerst war sie über die Straße gegangen und hatte dabei aufgepaßt, daß sie nicht in die Autos lief. Sie erzählte mir, eine Frau in einem cremefarbenen Wagen habe sie in ihrem Wagen mitgenommen. Als nächstes beschwerte sie sich, weil ihre „Mammi", wie sie Carol nannte, immer ein schönes, weiches Tuch auf den Sitz im Auto gelegt hatte, auf das sie sich dann setzte, und in dem Wagen dieser Frau ein solches Tuch nicht war. Meinem Körper übermittelte sie das Gefühl von Unsicherheit, insbesondere in meinen Armen und Beinen; so wußte ich, daß es ihr schwerfiel, auf dem Sitz zu bleiben, weil die Sitze im Wagen der Frau sehr glatt waren. Als ich Carol von dem Tuch erzählte, wurde sie ganz aufgeregt, weil sie in der Tat ein Tuch für Sugar auf dem Autositz hatte.

Sugar sagte, sie seien an einer Kirche vorbeigekommen, und übermittelte mir ein Bild der Kirche. Sie sandte mir auch ein Bild eines Supermarkts auf der linken Straßenseite. Dann übermittelte sie mir ein Gefühl, wie sie in dem Wagen kurz nach dem Supermarkt nach links abbog.

Irgendwo nach der Linkskurve merkte Sugar, wie der Wagen nach rechts bog, dann in eine Garage fuhr und anhielt. Diese Informationen übermittelte sie mir auf telepathischem Wege.

In Sugars Körper spürte ich weder Hunger noch Durst; dadurch wußte ich, daß die Leute, die Sugar mitgenommen hatten, sie fütterten und ihr Wasser gaben. Sugar sagte mir dann, sie sei in einem Haus und schickte mir ein Bild von einem cremefarbenen Raum mit einem Kamin. Es tröstete Carol sehr zu wissen, daß ihr geliebter Hund versorgt und sicher war.

Ein Mann in dem Haus sagte immer wieder zu der Dame, die Sugar mitgenommen hatte: „Komm, bringen wir die Hündin zurück. Wir haben ihren Namen am Halsband und die Anschrift ihrer Besitzerin. Bringen wir sie zurück." Die Frau und die Kinder, die Sugar mitgenommen hatten, wollten sie aber behalten, weil sie so schön war. Sugar befürchtete, sie würde Carol niemals wiedersehen, weil der Mann immer wieder sagte: „Gib den Hund zurück", und die Frau immer wieder antwortete: „Nein."

Ich sagte Carol, die einzige Möglichkeit, Sugar zurückzubekommen, sei zu beten, daß die Familie, bei der sie sich befand, ihre Herzen öffnen und sie zurückgeben würde. Carol schlug ich vor, Plakate mit Sugars Foto und dem Angebot einer Belohnung in dem Gebiet, in dem sich das Haus der Familie befand, anzubringen. So rekonstruierte Carol in ihrem Wagen Sugars Reise, fand die Kirche und den Supermarkt, genauso wie es die Hündin beschrieben hatte.

Carol ließ Plakate herstellen und brachte sie an, wie ich es vorgeschlagen hatte. Am späten Nachmittag desselben Tages bekam Carol einen Anruf von einem kleinen Mädchen, das sagte, es habe von jemandem einen Hund gekauft, und dieser Hund habe eine Kennmarke. Das Mädchen fragte Carol, ob sie einen weißen Hund namens Sugar besitze, aber bevor Carol antworten konnte, war die Verbindung unterbrochen.

Carol wurde hysterisch und dachte: „Wie können sie mir das antun?" Sie beruhigte sich aber wieder, konzentrierte sich und betete für die schnelle Rückkehr ihrer Hündin, so wie ich es vorgeschlagen hatte. Ich hatte ihr auch gesagt, sie solle alle Freunde bitten, ebenfalls für Sugars Rückkehr zu beten. Gebete besitzen eine große Macht, insbesondere wenn ein Tier entlaufen ist. Je mehr Freunde für die Rückkehr beten, desto besser.

Zwanzig Minuten nach dem Anruf klingelte es an Carols Tür; das kleine Mädchen stand da, und mit ihm Sugar. Carol war überglücklich, als sie Sugar in ihre Arme nahm. Sie sah nach draußen und erblickte den Vater des Mädchens in einem cremefarbenen Wagen, so wie es Sugar geschildert hatte. Als sie den Wagen so sah, wie ich ihn beschrieben hatte, war Carol ganz erstaunt und schwor, sie werde ab jetzt sorgfältiger darauf achten, daß das Tor gut verschlossen ist, bevor sie Sugar unbeaufsichtigt in den Garten läßt.

Madonna

Eines Tages erhielt ich einen ungewöhnlichen Anruf einer Dame namens Salise Shuttlesworth, die mich bat, ihr bei der Suche nach einer Schweinefamilie zu helfen. Salise, eine frühere Anwältin, hatte ihre Praxis aufgegeben, um sich der Pflege verwaister und ausgesetzter Tiere zu widmen, und ist Leiterin des Tierheims ‚Special Pals' in Houston, in dem die Tiere nicht nach einer bestimmten Zeit eingeschläfert werden (Anmerkung der Redaktion: In Deutschland nicht übliche Praxis). Die Schweinefamilie war aus diesem Tierheim gestohlen worden. Auf die Bekanntgabe des Diebstahls im Fernsehen und in den Tageszeitungen und zahllose Appelle seitens Salise, ihre geliebten Tiere wieder zurückzugeben, kam keine Reaktion. Meine Tochter Emma machte mit Salise einen Termin aus, die dann sogleich kam und einen Schwung Fotos ihrer Schweine dabeihatte.

Bei meinem Versuch, mit den Tieren eine telepathische Verbindung herzustellen, wurde ich besonders stark von der Energie des Mutterschweins Madonna angezogen. Mit den Ferkeln war die Verbindung nicht so klar, doch wunderte mich das nicht. So wie Menschenkinder das Sprechen lernen müssen, müssen junge Tiere lernen, telepathisch zu kommunizieren.

Ich spürte eine tiefe Traurigkeit, als ich mich auf Madonnas Energie einstellte. Ich fragte sie, warum sie unglücklich sei, und sie antwortete mir, eines ihrer Babys sei bei der Geburt gestorben, weil sie es unbeabsichtigt getreten habe. Das mache sie sehr traurig. Sie ängstige sich um ihre Babys und sorge sich um deren Wohlergehen wie auch um das von Dick, des Vaters der Ferkel, und um ihr eigenes.

Ich sagte Salise, sie solle zuallererst die Schlachthäuser wegen ihrer Schweine informieren, was sie aber schon getan hatte. Sie war sehr erstaunt, als ich ihr von dem Ferkel berichtete, das bei der Geburt gestorben war. So wußte sie, daß ich wirklich mit ihren Tieren in Verbindung stand.

Ich bat Madonna, mir von der Nacht zu erzählen, in der sie und ihre Familie gestohlen wurden. Sie sandte mir ein Bild von zwei Männern, die mit einem Lastwagen gekommen waren. Da sie mir die Farbe schwarz übermittelte, wußte ich, daß es mitten in der Nacht und nicht frühmorgens gewesen war, als man die Schweine gestohlen hatte. Ich bekam das Gefühl, daß Madonna einen der beiden Männer, die sie geholt hatten, kannte. Dann berichtete sie mir, einer der beiden habe früher einmal für Salise gearbeitet.

Als ich Salise dies berichtete und ihr Madonnas Beschreibung weitergab, wußte sie genau, wer der Mann war. Sie hatte diesen Mann vor einer Woche entlassen müssen und wußte, er hegte deswegen Groll gegen sie und werde versuchen, sich an Salise zu rächen, indem er ihren geliebten Tieren etwas antue. Es ist schon traurig, wenn Menschen sich aus Rachsucht an Tieren vergehen.

Madonnas Intelligenz hatte mich stark beeindruckt. Ihre Bilder waren klar und ihre telepathische Kommunikation sehr genau. Sie vergaß nichts. Sie erzählte mir, es seien auch noch zwei andere ausgewachsene Schweine mitgenommen worden, was Salise bestätigte. Madonna sagte, diese zwei Schweine hätten laut gequiekt, und die Männer hätten Mühe gehabt, sie einzufangen.

Weiter berichtete sie, der Lastwagen sei bis oben hin voll gewesen. Nachdem die Männer die quiekenden Schweine in den Wagen bugsiert hätten, sei die Tür geschlossen worden. Sie habe nichts sehen können, übermittelte mir aber, wie sie am Ende der Zufahrt nach rechts abgebogen waren und dann wieder nach links. Ich spürte in meinem Körper, wie der Wagen mit Schwung die Abbiegungen nahm. Dann waren sie wieder nach links gefahren. Den Geräuschen zufolge, die Madonna nun hörte, waren sie anschließend auf einer wesentlich belebteren Straße gefahren.

Ich fragte Madonna, ob sie eine lange oder eine kurze Strecke gefahren seien. Ihrer Ansicht nach war es eine lange Strecke auf einer belebten Straße mit vielen anderen Fahrzeugen. Ich hatte das Gefühl, daß sie auf einer Schnellstraße gefahren waren, weil zu dieser Nachtzeit nur dort so viel Verkehr herrscht. Über ihre Körperbewegungen teilte Madonna mir mit, sie seien dann wieder nach links abgebogen. Das übermittelte sie mir über ihre Empfindungen und ihre Sinne. Ich fragte sie, ob sie mir Bilder von dem Ort senden könne, an dem sie jetzt sei. Da sie aber im Dunkeln eingesperrt war, gab es auch keine Orientierungspunkte, die uns bei der Suche hätten helfen können.

In meinem Mund spürte ich ein unangenehmes Gefühl und wußte so, daß Madonna das ihr gegebene Futter nicht mochte. Sie sagte mir, man habe ihr etwas Brot und sonst nichts gegeben; damit wußte ich, daß sie Hunger hatte. Madonna hatte große Sorgen, was wohl mit ihr und ihren Babys geschehen werde.

Ich bat Salise damals, von den Einzelheiten, die mir Madonna mitgeteilt hatte, nichts an die Presse weiterzugeben, da ich befürchtete, dies könnte negative Auswirkungen auf ihr Tierasyl haben. Auf meine Arbeit haben Menschen gelegentlich recht seltsam reagiert. Salise hatte mit dem Verlust ihrer Schweine schon einen hohen Preis bezahlt, und ich wollte nicht, daß ihr oder ihrem Tierasyl noch mehr zustieße.

Obwohl ich ihr wenig Hoffnung auf die Rückkehr ihrer Schweine machen konnte, erklärte ich ihr, diese Diebe kämen nicht davon, egal was passierte. Nach dem Gesetz des Universums bekommt man das zurück, was man gegeben hat. Also würden die Männer, die Salise Kummer verursacht hatten, selbst eines Tages mit solchem Kummer zu tun haben.

Der Versuch, die Schweine zu finden, war eine fast unmögliche Aufgabe, obwohl ich sehr eng mit meinen Engeln zusammenarbeitete. Ich wußte nicht, wie lange der Lastwagen gefahren oder wo er auf die Schnellstraße eingebogen war. Madonna konnte ja nicht aus dem Lastwagen schauen oder irgendwelche Orientierungspunkte erkennen. Ich war sehr betrübt. Es gab nur noch eine Chance, die Schweine wiederzubekommen.

Die Presse hatte über das Kidnapping der Schweine genau berichtet und teilte alle paar Tage die neueste Entwicklung mit; dies war schon mal gut. Die Leute, die die Schweine gestohlen hatten, hatten nicht im geringsten damit gerechnet, daß über diese Geschichte in der Presse berichtet würde. So bekamen sie Schwierigkeiten dabei, ihre Gefangenen loszuwerden.

Auch in der darauffolgenden Woche nahm ich die Energie der Schweine immer wieder auf. Ich bat meine Engel, mir Informationen über den Ort zu übermitteln, an dem sich die Schweine befanden, was sie dann auch taten. Mit der Suche nach Salises Schweinen waren wir jedoch noch nicht weitergekommen. Wir beteten, und alle meine Freunde und Kunden beteten.

Nach zwei Wochen erhielt Salise den verzweifelten Anruf einer Dame, die ein Ferkel in einem Zoogeschäft gekauft hatte. Sie sagte, das Ferkel sei so klein, daß sie gar nicht wisse, wie sie es füttern solle. Sie befürchtete, das Ferkel könne sterben. Salise sagte ihr, sie solle das Schwein zu ihr ins Tierasyl bringen. Ob es eines ihrer Kleinen war, wußte sie nicht.

Salise und ich blieben in ständigem Telefonkontakt. Nachdem ich mit dem Ferkel Verbindung aufgenommen hatte, wußte ich, daß es eines von ihren war. Informationen über den Rest der Familie bekam ich aber nicht. Salise nannte das Ferkel Wilbur. Sie pflegte es gesund, und schon bald war es der Liebling des ganzen Asyls. Sogar die anderen Tiere schienen die Besonderheit von Wilbur anzuerkennen.

Wilbur

Wilbur geht jeden Tag ins Tierasyl und begleitet abends Mary Schweiger aus der Geschäftsleitung von Special Pals nach Hause. Er hat sich seinen Weg in alle Herzen gewackelt, und ich besuche ihn regelmäßig. Er ist ein sehr souveränes Schwein, und eigentlich hält er sich überhaupt nicht für ein Schwein. Salise lacht immer, wenn ich dies sage; ich glaube, er war in einem früheren Leben einmal ein Edelmann, weil er sich voller Würde und Entschlußkraft verhält.

Wilburs bester Freund ist ein wunderschöner deutscher Schäferhund mit Namen George, der sich selbst zu Wilburs Beschützer ernannt hat. Des Nachts in Marys Haus schläft George mit Wilbur auf einem Bett. Sobald sie morgens zusammen mit Mary im Tierasyl ankommen, stellt sich George vor Wilbur und schützt ihn vor den anderen Hunden des Asyls, insbesondere vor den neuen Hunden, die sich Wilburs Bedeutung noch nicht bewußt sind.

Dieser glückliche Zustand hielt eine Weile an. Das erste, was ich spürte, wenn ich Wilbur besuchte, war eine kalte, feuchte Nase, die gegen mein Bein drückte. Sobald ich mich hinsetzte, sprang er an meinen Rücken hoch und rieb seine starke Nase an mir, wobei er vor Freude quiekte.

Eines Tages rief mich Salise an und hinterließ die verzweifelte Nachricht auf meinem Anrufbeantworter, Wilbur sei schon wieder gestohlen worden. Sie war ganz außer sich. Während ich die weiteren Nachrichten auf dem Anrufbeantworter abhörte, versuchte ich zu überlegen, was zu tun sei. Bevor ich einen Aktionsplan auch nur formulieren konnte, informierte mich Salise in einer weiteren Nachricht, Wilbur sei gefunden worden. Sie war wahnsinnig glücklich.

Ich rief Salise sofort an, und sie berichtete mir von Wilburs neuestem Abenteuer – und was für ein Abenteuer das war!

Mary war an jenem Morgen früh aufgestanden, um mit ihren beiden Hunden wegen eines kleinen operativen Eingriffs zum Tierarzt zu gehen. Normalerweise fütterte sie alle Tiere zur selben Zeit, da die Hunde aber eine Narkose bekommen sollten, konnten sie nicht gefüttert werden. Um Eifersucht oder verletzte Gefühle zu vermeiden, gab sie dem heißhungrigen Wilbur nur eine Schüssel Weizen, den die Hunde nicht mochten. Sie hatte vor, dem Schwein nach dem Weizensnack eine volle Mahlzeit zu geben, während die Hunde operiert wurden.

Natürlich begleitete Wilbur die beiden Hunde und Mary zum Tierarzt. Auch wenn Wilbur vom Tierarzt nicht untersucht werden mußte, war er gern bei allen Ausflügen dabei. Mary lud die drei Tiere hinten in ihren kleinen Lieferwagen und fuhr los. Beim Tierarzt angekommen, ging sie mit den beiden Hunden hinein, Wilbur folgte dicht hinter ihr. Mary sagte Wilbur, er solle im Wartezimmer bleiben und sich nicht von der Stelle bewegen, solange sie mit den Hunden bei der Behandlung sei.

Zu diesem Zeitpunkt war Wilburs normale Frühstückszeit bereits vorbei, sein Magen knurrte. Deshalb öffnete dieses sehr edle und selbstbestimmte (um von hungrig einmal ganz zu schweigen) Schwein, das Wilbur nun mal war, die Tür der Tierarztpraxis, während die Helferin an der Anmeldung mit etwas anderem beschäftigt war, und spazierte los.

Nach zwanzig Minuten kam Mary aus dem Behandlungszimmer und fand im Wartezimmer keinen Wilbur mehr vor. Die Helferin hatte keine Ahnung, wohin er gegangen sein konnte. Mary als professionelle Tierschützerin wußte, daß sie als erstes die Tierfänger anrufen und ihnen die Tatsache mitteilen mußte, daß Wilbur unterwegs war.

Es traf sich, daß Animal Control gerade einen Notruf eines nahegelegenen Country Clubs wegen eines ungewöhnlichen Gastes bekommen hatte. Ein Herr, der gerade Golf spielte, war ob der Geschwindigkeit erstaunt, mit der Wilbur quer über den Platz ins Clubhaus stürmte. Mit seinem ausgeprägten Geruchssinn war er von dem Aroma angelockt worden, das von dem Buffet im großen Speisesaal ausging. Nachdem das hungrige Schwein sich das Beste einverleibt hatte, mit dem ein Schwein wohl jemals gefüttert worden war, beschloß es, es wolle auch noch Eier zum Frühstück haben, und wo konnte man so etwas besser kriegen, als in einem todschicken Country Club? Das Eintreffen des Schweins im Speisesaal verursachte eine gewisse Aufregung. Für Wilbur war es etwas ganz Normales, weil er in Marys Haus immer mit im Eßzimmer war, wenn die Familie aß, und oft fraß er mit ihnen. Er war daran gewöhnt, von allem das Beste zu bekommen.

Ohne zu warten, bis er zu seinem Tisch geleitet wurde, drängelte er sich vor die meisten anderen Gäste und bediente sich am Buffet bei den Eiern und dem Buttertoast. Es war schon ein Anblick, das Schwein, wie es auf seinen Hinterbeinen am Buffet stand und seinen Rüssel in die Leckereien steckte. Das Bedienungspersonal wußte nicht so recht, was es mit Wilbur tun sollte, doch war es über sein plötzliches Auftreten eher amüsiert als verschreckt.

Bald war jedoch der Auftritt vorbei. Mary kam und sah etwas streng drein, sie wollte Wilbur zurück nach Special Pals bringen. Aber das normalerweise extrovertierte Schwein schaute ihr nicht einmal geradewegs in die Augen. Er wußte, er hätte nicht so abhauen sollen, insbesondere weil er schon einmal gestohlen worden war. Er wollte sie nicht beunruhigen, aber er sei hungrig gewesen, und es geschehe auch nicht alle Tage, daß ein edles Schwein die Chance bekommt, mit den feinsten Mitgliedern der Houstoner Gesellschaft zu dinieren.

Mary hob Wilbur hoch, der sein Frühstück aber nicht beendet

hatte und dem die Vorstellung, jetzt gleich gehen zu müssen, nicht besonders schmeckte. So quiekte er aus lauter Protest. Das Personal bedeutete Mary, daß sie Wilbur loslassen könne. Der Schaden war schon geschehen, was würden vier weitere Eier schon ausmachen? Außerdem schien die Gäste die Vorstellung zu amüsieren, mit einem Schwein in ihrer Mitte zu speisen.

Also setzte Mary Wilbur wieder auf den Boden, und er fraß seine Eier zu Ende. In dem Moment begriff Mary, daß Wilburs Mahlzeiten noch nicht einmal mit einer Verspätung von wenigen Minuten serviert werden dürfen, wollte man nicht Gefahr laufen, daß er einen Weg findet, sich selbst etwas zu besorgen.

Leider starb Mary kurz nach diesem Abenteuer bei einem tragischen Unfall. Obwohl ich sie und die wunderbare Arbeit, die sie für Special Pals getan hat, schrecklich vermisse, weiß ich, daß sie nach ihrem Tod nun noch mehr zum Wohle der Tiere arbeiten wird. Besonders Wilbur und George vermissen ihre Gesellschaft, aber Salise hat ihnen ein liebevolles Zuhause bei Special Pals gegeben.

Foxy

An einem frühen Wintermorgen im Jahr 1995 bemerkte ich ein kleines schwarzes Tier, das draußen lag und sich kratzte. Zuerst dachte ich, es sei meine Katze Wellington, dann wurde mir klar, daß er zu viel Verstand hätte, um sich in der Kälte und dem Regen aufzuhalten, wo er doch ein schönes, warmes Zuhause hatte. So ging ich also nach unten und sah einen kleinen schwarzen Hund, der nicht größer als Wellington war, vielleicht sogar noch etwas kleiner als mein wohlgenährter Kater.

Die Hündin schien verängstigt zu sein und zu frieren und hatte offensichtlich Hunger. Als ich mich näherte, wurde sie sehr nervös und war bereit, davonzulaufen; deshalb drehte ich mich herum und ging auf mein Haus zu, während ich ihr die ganze Zeit die Mitteilung sandte, es sei alles in Ordnung. Auf telepathische Weise sagte ich ihr, sie brauche sich nicht zu beunruhigen oder zu sorgen, sondern solle mir in mein Haus folgen, wo sie eine Schüssel mit Futter und ein Leckerchen bekäme. Als ich an der Hintertür meines Hauses angekommen war, drehte ich mich vorsichtig herum und schaute zurück: Ich sah, wie der kleine Hund mir folgte, wenn auch sehr langsam, da er so sehr zitterte, daß er kaum laufen konnte.

Da ich vielen ausgesetzten oder entlaufenen Hunden geholfen habe, ein neues Zuhause zu finden, nahm ich natürlich auch diesen mit zu mir. Ich gab der Hündin draußen in der Nähe der Hintertür zu fressen und zu trinken, aber wann immer ich mich näherte, zog sie sich zurück. Offensichtlich wollte sie nicht in ein fremdes Haus gehen. Ich ging weg, um ihr ausreichend Zeit zu geben, sich an die neue Umgebung zu gewöhnen. Schließlich ging ich in zurück ins Wohnzimmer und legte mich mit dem Bauch flach auf den Boden, so daß es so aussah, als ob ich auf einer Ebene mit dem Hund sei, ihr in der Größe etwas ähnlicher und deswegen auch weniger bedrohlich. Dies ist ein gut funktionierender Trick, mit dem man die meisten verängstigten Tiere beruhigen kann.

Sie wollte ins Haus kommen, hatte jedoch Angst. Sie kam bis zur Tür, drehte dann aber wieder um. Ich beschloß, nach oben zu gehen und eine Decke zu holen, um der Hündin damit ein Nest zu bereiten, einen warmen und trockenen Platz, auf den sie sich legen konnte. Die hintere Tür ließ ich soweit offen, daß die kleine Hündin ins Haus gelangen konnte. Ihr Fell war immer noch tropfnaß.

Nach ungefähr einer Stunde kam ich wieder herunter und da lag sie in ihrem Bett zusammengerollt. Als sie mich aber kommen hörte, sah sie mich an und wollte wieder nach draußen. Ich sprach sanft mit ihr und beruhigte sie, sie sei hier sicher. Wieder legte ich mich auf den Bauch, streckte ihr meine Hand hin und fing an, ihr zu übermitteln, daß alles in Ordnung sei, daß sie hereinkommen könne und es bei uns warm und sicher sei. Ich versicherte ihr, sie würde keinen Schaden erleiden, doch das schien sie bereits zu wissen.

Die kleine Hündin hüpfte mit dem ganzen Enthusiasmus eines

Welpen, der sie noch war, ins Haus. Sie fing an, überall umherzulaufen und sich zu schütteln, dann kam sie zu mir und ließ sich streicheln. Ich holte ein Handtuch, um sie abzutrocknen. Wegen Bella und Washington hielt ich die Tür nach oben geschlossen. Ich wollte nicht, daß meine anderen Tiere die kleine Hündin erschrecken oder von ihr erschreckt würden. Ich nahm sie hoch und trocknete sie vollkommen ab.

Da sich die Hündin nun schon ein wenig mehr zu Hause fühlte, ließ ich sie nach oben, damit sie Bella, Fitz, Emma und Wellington kennenlernen konnte. Ich nannte sie Foxy, weil sie genauso wie ein schwarzer Fuchs aussah. Auch wenn ich wegen möglicher Eifersucht anfangs etwas beunruhigt war, mochte doch meine geliebte Ridgeback-Hündin Bella die kleine Hündin auf Anhieb und freute sich, daß sie bei uns war. Fitz und Emma rollten nur mit ihren Augen, waren aber ebenso wie ich von Foxy fasziniert. Fitz nennt sie nun liebevoll „das kleine Monster".

Mein Kater Wellington war natürlich ungerührt und fand, eine Katze und ein Hund, das sei genau das richtige Gleichgewicht gewesen. Aber inzwischen hat unser charmantes, kleines schwarzes Hündchen auch ihn eingewickelt.

Foxy wollte mit jedem spielen, doch waren die älteren Tiere davon nicht begeistert. Bella war vor allem neugierig. Wellington war höchst empört und fragte mich: „Was hat es mit diesem kleinen Ding auf sich?"

Ich versuchte, über eine Zeitungsanzeige Foxys Besitzer zu finden, doch niemand meldete sich. Ich schaute überall nach angebrachten Plakaten, hatte aber kein Glück. Deshalb beschloß ich, für Foxy ein neues Zuhause zu finden. Leider war der Welpe nicht stubenrein. Deshalb mußte ich Foxy entsprechend erziehen, bevor ich ein neues Zuhause für sie finden konnte.

Weil ich mit der kleinen Hündin nicht kommunizieren konnte, wußte ich, daß sie ein traumatisches Erlebnis hinter sich haben mußte. Mißhandelte Tiere sprechen manchmal zwei bis drei Wochen nach der Ankunft in einem neuen Zuhause nicht. Ich wollte mehr über Foxy herausfinden und beschloß deshalb, über Bella mit ihr zu arbeiten, da die kleine Hündin angefangen hatte, sich wohl zu fühlen und sich mit Bella anzufreunden.

Ich hörte, daß einer Dame ein Hund entlaufen war. Sie war allerdings auf Reisen und sollte erst in ein paar Tagen zurückkommen. Da ein weiterer heimatloser Hund an jenem Abend zu mir kommen sollte, blieb mir für Foxy nicht mehr viel Zeit. Lois, die regelmäßig Pflegetiere von mir aufnahm, sagte, sie nehme Foxy gern einige Tage bei sich auf, damit ich in meinem Haus wieder Platz hätte für den nächsten kleinen Streuner ohne Kennmarke, der aufgegriffen wurde, als er draußen die Straße rauf und runter lief.

Es kam der Tag, an dem Foxy gehen mußte. Obwohl sie es in dieser Woche fertiggebracht hatte, mein Haus zu zerstören, alles anzuknabbern und überall Pfützen zu hinterlassen, war es ihr bereits gelungen, die Herzen aller, die in meinem Hause lebten, zu erobern.

Ich sah Bellas Traurigkeit, als sie erfuhr, daß Foxy uns verlassen würde. Sie hatte eine kleine Freundin gewonnen, die sie wirklich mochte, und nun verließ diese Freundin sie wieder. Ich erklärte ihr, dies sei notwendig, um einem anderen entlaufenen kleinen Hund helfen zu können. Ich nahm Foxy mit in den Wagen und fuhr mit ihr zu Lois' Büro. Lois war noch nicht da, wurde aber in Kürze erwartet. So sagte die Sekretärin, ich könne Foxy solange bei ihr lassen, bis Lois käme. Da ich noch einen anderen Termin hatte, blieb mir nichts anderes übrig, als sie bei der Sekretärin zu lassen. Da das Mädchen Hunde sehr gern mochte, Foxy sofort auf den Schoß nahm und sie knuddelte, während sie das Telefon bediente, war ich erleichtert. Ich war ganz beruhigt, Foxy in guten Händen zu sehen.

Der Tag ging schnell vorbei, ich hatte die ganze Zeit mit Tieren und Klienten zu tun. Als ich merkte, daß es schon fast drei Uhr nachmittags war, beschloß ich, Lois anzurufen, um zu hören, wie es der kleinen Waise erginge. Zu meinem Schrecken sagte Lois, als Kunden das Büro betreten hätten, sei Foxy entwischt. Als ich dort ankam, war das ganze Büro auf der Suche nach Foxy. Sie war zwar gesehen worden, rannte aber immer wieder weg, wenn jemand ihr nahekam. Es wurde kalt und dunkel – ich war verzweifelt. Ich fühlte mich so schlecht. Es tat mir so leid, daß Foxy, gerade erst gefunden, schon wieder entlaufen war.

Lois' Sekretärin Charlotte fuhr auf der Suche nach Foxy die Gegend ab und betete, daß sie Foxy finden möge. Schließlich entdeckte sie die kleine Hündin ungefähr drei Kilometer vom Büro entfernt, als sie über eine vielbefahrene Straße lief. Charlotte sagte, Foxy sei geradewegs quer über die Straße geflitzt. Ich dachte, sie müsse sich an jenem Tag ein paar von Wellingtons neun Leben geborgt haben. Charlotte versuchte, Foxy herbeizurufen, sie kam aber nicht heran, weil sie zu viel Angst hatte. Ich fuhr zu Lois und wir folgten beide Charlotte zu der Stelle, an der Foxy zuletzt gesehen wurde und fingen an, ihren Namen zu rufen. Ich war besorgt, weil Foxy erst seit einer Woche ihren neuen Namen hatte und auf einen Ruf noch nicht zuverlässig hörte. Ich rief immer wieder und war dabei sehr verzweifelt. Ich konnte den Gedanken nicht ertragen, daß Foxy einmal entlaufen war und dann innerhalb einer Woche schon wieder. Sie war so ein kleines, verängstigtes und verwirrtes Seelchen.

Manchmal fällt es mir schwer, meinen Instinkten zu folgen, wenn ich emotional befangen bin. Was Foxy anging, so hing ich schon sehr an ihr, und ich wußte, ich mußte mich entspannen, wenn ich ihr helfen wollte. Wir hatten schon fast fünf Stunden nach ihr gesucht, und ich wollte noch eine weitere halbe Stunde zugeben. Es war schon fast dunkel, und es wurde immer kälter. Ich ging tiefer und tiefer in den neben der Straße liegenden Wald und rief ihren Namen aus vollem Halse, aber ohne Erfolg. Ich geriet schon fast in Panik. Ich betete, Foxy möge bitte meine Stimme hören. Als ich zu Lois und Charlotte zurückging, die ebenfalls nach Foxy riefen, blickte ich zufällig nach hinten und sah einen kleinen schwarzen Fellball, der mit einer Geschwindigkeit von ungefähr einhundertsechzig Stundenkilometern auf mich zugerast kam. Sie sprang regelrecht in meine Arme, und ich war überglücklich. Plötzlich saß ich auf dem Boden und weinte vor Freude.

Foxy leckte mich von oben bis unten ab und kommunizierte zum ersten Mal mit mir. Ich hörte sie sagen: „Ich wußte, du würdest nach mir suchen!" Das hat mir dann richtig das Herz gebrochen. Ich erklärte ihr, warum ich sie hatte verlassen müssen, und sie verstand es. Ich sagte ihr, ich würde sie mit nach Hause nehmen und noch ein bißchen behalten, bis ich ein neues Zuhause für sie gefunden hätte. Ich sagte mir, es sei vielleicht am besten so, weil Foxy doch noch nicht ganz stubenrein war. Als ich Fitz anrief und fragte, ob ich sie wieder mit nach Hause bringen könnte, war er so außer sich vor Freude, daß er ausrief: „Du mußt sie sofort zurückbringen!" Ich denke, er hatte sich bereits in sie verliebt.

Als ich Foxy an jenem Abend mit nach Hause nahm, bekam sie von Bella und sogar vom alten Wellington einen großartigen Empfang, doch war dies nichts gegen das Willkommen, das ihr Fitz bereitete. Wir versicherten uns, es sei nur vorübergehend, wir würden ihr nur, bis wir ein neues, festes Zuhause gefunden hätten, noch viel mehr Liebe geben. Ich denke, ich wußte zu dem Zeitpunkt schon, daß wir sie niemals wieder weggeben könnten.

Als ich am nächsten Tag mit ihr zum Impfen zum Tierarzt ging, sagte er, sie sei erst sechs bis sieben Monate alt und ein schönes Exemplar einer Rasse, die ich nicht kannte. Sie sei ein Schipperke oder belgischer ‚Captain's Boat Dog'. Der Tierarzt sagte, er wisse jemanden, der Foxy liebend gern zum Züchten nähme und versicherte, die Familie würde der Hündin ein sehr gutes Zuhause geben. Fitz und ich sahen uns an und sagten beinahe gleichzeitig: „Nein, eigentlich ist sie noch nicht so weit!" (Ich bin sicher, wir werden das in zehn Jahren immer noch behaupten.)

An jenem Abend sagte Bella mir, Foxy habe ein sehr trauriges Leben gehabt. Foxy selbst konnte immer noch nicht gut kommunizieren, weil sie so durcheinander und außer sich sei, Bella aber konnte aus dem, was sie sagte, mehr entnehmen als ich dazu in der Lage war. Bella übermittelte mir dann, was Foxy ihr erzählt hatte. Bella sagte mir, Foxys Frauchen habe sie auf die Straße gejagt und sie habe sich auf der Suche nach einem neuen Zuhause die Pfoten wundgelaufen. Sie sei von ihren ersten gefühllosen Besitzern in einem Käfig im Garten gehalten worden. Die Besitzer hätten niemals mit ihr geredet, was sie sehr traurig gemacht habe. Foxy vermisse ihre richtige Mutter sehr, sie sei so jung gewesen, als man sie von ihr entfernt habe.

Solange Bella noch lebte, war für uns alle gerade genug Platz in unserem Himmelbett, da Bella ja ziemlich groß war und somit viel Raum beanspruchte. Ich gewöhnte mich daran, mit Bella auf der einen und Foxy auf der anderen Seite zu schlafen. Foxy hatte sich ganz entschlossen all unserer Herzen bemächtigt.

Foxy brachte Freude in unser aller Leben, insbesondere in das von Bella, die sich in den letzten Monaten ihres Lebens über eine Hundefreundin freute.

Kiwi

Meine Freundin Helen Stroud rief mich an, weil Kiwi, eine ihrer Katzen, verschwunden war. Die Katze hieß Kiwi, weil Helens jüngstes Kind das Wort „Kitty" nicht aussprechen konnte. Was es statt dessen herausbrachte, war „Kiwi".

Helen hatte ich kennengelernt, als sie mich anrief, weil ich Kiwi heilen sollte. Das Leben der Katze hatte recht dramatisch begonnen. Kurz nachdem Helen und ihre Familie das ausgesetzte Kätzchen gefunden hatten, gab es in unserer Gegend eine verheerende Überschwemmung. Helens Familie überlebte mit all ihren Tieren das Trauma dieses steigenden Wassers, doch erkrankte Kiwi, nachdem das Hochwasser zurückgegangen war. Kiwis Krankheit war vor allem auf diesen Streß und das daraus resultierende Trauma zurückzuführen. Nachdem ich ihr Heilenergie übermittelt hatte, erholte sie sich rasch wieder und ist seitdem nicht mehr krank gewesen.

Helen war nun wie die meisten Menschen, deren Tiere verschwunden sind, verzweifelt. Sie hatte die Nachbarschaft vergeblich abgesucht, und ihre Kinder waren völlig am Boden zerstört.

Ich nahm mit Kiwis Energie Verbindung auf und bekam das Gefühl, die Katze sei nicht allzu weit entfernt, vielleicht sogar auf Helens Grundstück. Sie war überhaupt nicht entlaufen. Sie versteckte sich absichtlich. Ich bat Kiwi um eine Beschreibung ihres Aufenthaltsortes, und sie schickte mir ein Bild von flach aufgeschichteten, grauen Steinen mir einem Erdwall dahinter. Sie sagte, die Treppe zum Haus sei nicht weit entfernt, obwohl sie mir nicht berichten konnte, ob es vor oder hinter dem Haus sei, da Tiere solche Unterscheidungen nicht vornehmen. Sie sandte mir auch ein Bild einer sehr großen und dichten Hecke, und ich hatte das Gefühl, sie verstecke sich dort unter der Hecke in Helens Garten. Diese Information teilte ich Helen mit, die mir sagte, eine Steinumrandung verlaufe um den Garten in der Nähe des Vordereingangs. Sie ging dorthin und suchte dort nach Kiwi, sie rief sie immer wieder, konnte ihr Tier aber nicht sehen. Dennoch wußte ich, daß sich die Katze dort versteckt hielt, und sagte Helen, sie solle Futter und Wasser für das Tier dort hinstellen.

Helen schlug ich vor, sie solle Kiwi ein bis zwei Tage Zeit lassen, dann werde sie sich wahrscheinlich beruhigen und von selbst kommen. Noch als ich dies sagte, konnte ich fühlen, wie Kiwi heftig zu kommunizieren verlangte; so fragte ich sie also, warum sie vorübergehend im Garten wohne und sich vor ihrer liebevollen Familie verstecke. Als ich die Katze danach fragte, was denn nicht in Ordnung sei, schüttete sie ihr Herz aus und berichtete von Eifersucht und Intrigen.

Kiwi sagte mir, es gebe im Haus noch eine andere Katze, Annabel, die der Liebling von Helens Mann Dan sei. Aufgrund dieser herausgehobenen Position spiele sich Annabel gegenüber den anderen Katzen im Hause auf und verhalte sich Kiwi gegenüber recht gemein. Als ich mit Annabel Kontakt aufnahm, erzählte sie mir, sie halte Kiwis Nervosität und Ängstlichkeit für töricht und mache sich über die nervöse Katze lustig, wann immer sich dazu die Gelegenheit bot. Und wann immer sich die Möglichkeit ergab, rieb sie Kiwi unter die Nase, daß der Herr des Hauses sie vorzog.

An diesem Morgen hatte Annabel Kiwi gerade mal wieder angefaucht und sie angespuckt und hatte versucht, ihr eins über die Nase zu geben. Als Dan, der diesen Vorgang gehört hatte, Kiwi schalt und nicht Annabel, waren Kiwis Gefühle sehr verletzt. Zu allem Überfluß war in Helens Haus große Aufregung, weil sie und Dan die Vorbereitungen für eine Party in ihrem Hause trafen. Kiwi hörte, wie Dan sagte, alle Tiere sollten vor Ankunft der Gäste das Haus verlassen. Die wunderschöne graue Katze hatte genug. Sie beschloß, das Haus zu verlassen und für immer nach draußen zu gehen. Sie war fest entschlossen, ihren Plan in die Realität umzusetzen, war auf der anderen Seite aber auch sehr verängstigt.

Während Kiwi und ich miteinander kommunizierten, mischten sich Helens andere Katzen ein. Annabel war, wie Kiwi berichtet hatte, herrisch und sehr stolz auf ihre Position als der Liebling ihres Herrn. Aber Annabel war überraschenderweise nicht die einzige Katze in Helens Haus, die über Kiwi aufgebracht war. „Sie ist zu nervös", sagten sie alle im Chor. „Sie kommt nicht herunter, wenn die Gäste hier sind, und versteckt sich immer im Schrank, was sehr dumm von ihr ist, weil Helen und ihre Kinder zu uns sehr freundlich sind."

Ich fand heraus, daß alle Katzen die Überschwemmung miterlebt hatten. Danach hatten sie einige Monate Kiwis Nervosität bereitwillig ertragen, jetzt aber hatten sie keine Geduld mehr.

Dies sollte sich als ein ganz komplexer Fall erweisen. So wie wir mit manchen Menschen besser als mit anderen auskommen, so bilden auch Tiere komplizierte soziale Gemeinschaften auf der Grundlage gegenseitiger Zusammenarbeit. Fügt ein Hund oder eine Katze, ein Vogel, ein Hamster oder ein Pferd sich nicht ein, wird das Tier von den anderen gemieden. Das war anscheinend mit Kiwi geschehen. Kein Wunder also, daß sie verschwinden wollte.

Zwei Tage nach Kiwis Verschwinden ging Helen einkaufen. Als sie bei ihrer Rückkehr die Auffahrt hinauffuhr, meinte sie, sie habe Kiwi über den Rasen in den Vordergarten huschen sehen. Bis sie aber den Wagen geparkt hatte und zurückgelaufen war, war von der Katze keine Spur mehr zu erblicken.

Ich nahm mit Kiwi wieder Kontakt auf, die mir erzählte, die anderen Katzen im Haus hätten ihr gesagt, sie solle mit ihren Albernheiten aufhören und wieder ins Haus kommen. „Aber ich habe viel zuviel Angst", sagte mir Kiwi. „Da fahren zu viele Reifen vorbei und es ist so laut, ich will aus meinem sicheren Versteck nicht weg."

Nachdem Helen nun wußte, daß sich Kiwi im Vorgarten aufhielt, ließ sie nun tagsüber die vordere Eingangstür zum Haus in der Hoffnung auf, die furchtsame Katze werde dies sehen und hineinhuschen. Sie hatte eine große Dose Erbsen gegen die Tür gestellt, um sie offen zu halten. Kiwi sandte mir ein Bild der Tür mit der Dose Erbsen daneben, doch hatte sie immer noch nicht die Absicht, ihren Zufluchtsort zu verlassen.

Helen bat mich, Kiwi zu erzählen, sie werde die Tür eines Geräteschuppens offenlassen, der mit der Rückseite des Hauses verbunden ist. Ich sagte Kiwi, wenn sie bis zum Einbruch der Dunkelheit wartete, könne sie um das Haus schleichen und durch den Schuppen direkt die Hintertreppe hinauflaufen. Kiwi aber hatte bereits angefangen, sich in ihrem neuen Zuhause heimisch zu fühlen. Von dort aus konnte sie die Vögel und kleine Tiere beobachten und mußte nicht den Spott ihrer Katzenkollegen ertragen. Kiwi liebte Helen und ihre Kinder sehr, konnte aber wegen der Situation mit den anderen Katzen nicht ins Haus zurückkehren. Helen stellte Kiwi monatelang draußen Futter hin, ohne sie jemals zu sehen, und gab ihr eine warme Unterkunft. Anfangs war es für die anderen Katzen schon seltsam, daß Kiwi im Garten blieb, schließlich aber gewöhnten sie sich an diese Situation.

In den vielen Jahren, in denen ich dabei geholfen hatte, verlorene Tiere wiederzufinden, habe ich, das muß ich sagen, niemals eine Geschichte mit einem solch ungewöhnlichen Ausgang erlebt. Kiwi zog im Dezember 1994 nach draußen und blieb mehrere Monate dort. Als ich dann eines Tages versuchte, mich auf ihre Energie einzustellen, war dies nicht mehr möglich; so wußte ich, daß Kiwi gestorben war. Als ich Helen dies erzählte, war sie sehr traurig, wußte aber, daß sich die Katze nun an einem viel besseren Ort befand.

Die meisten Geschichten von entlaufenen Tieren haben keinen glücklichen Ausgang. Daher sollten wir von vornherein alles in unserer Macht Stehende tun, um zu verhindern, daß unsere Tiere überhaupt erst entlaufen. Wir müssen gut darauf achten, daß ihr Aufenthaltsort sicher ist, ganz besonders dann, wenn sie viele Stunden unbeaufsichtigt im Freien sind. Auch müssen wir dafür sorgen, daß unser Tier eine entsprechende Kennmarke mit seinem Namen und unserer Telefonnummer trägt. Verliert der Hund oder Katze leicht sein/ihr Halsband, können wir die Kennmarke auch an einem Körpergeschirr befestigen. Sonst weiß jemand, der unser Tier findet, nicht, wohin es gehört. Dann kann es geschehen, daß der Finder das Tier bei sich aufnimmt oder es in ein Tierheim gibt, wo es dann weiter vermittelt wird. Wie auch immer, unser Tier werden wir nicht wiedersehen.

Ist das Tier entlaufen, sollten wir eine Tierschutzorganisation oder das nächste Tierheim sofort informieren. Die meisten Tierheime empfehlen, alle drei Tage dort vorbeizuschauen, ich aber meine, wir sollten dies dann jeden Tag tun. Ansonsten verlieren wir unser Tier leicht, weil die Tierheime bei uns (in den USA) chronisch überbelegt sind und das Problem dadurch lösen, daß sie die meisten der ihnen übergebenen Tiere, selbst die gesunden, töten.

In der Gegend, in der unser Tier verschwunden ist, sollten wir Poster mit seinem Bild anbringen. Denken wir daran, daß entlaufene Tiere auf der Suche nach ihrem Zuhause ständig unterwegs sind. Hunde können dabei fünfzehn bis zwanzig Kilometer am Tag zurücklegen, und Katzen können „per Anhalter" auf Lastwagen mitfahren. Also sollten wir unsere Suche nicht auf die allernächste Umgebung um unser Zuhause beschränken, sondern im Laufe der Tage unseren Radius entsprechend der möglichen Wegstrecke, die das Tier zurückgelegt haben könnte, ausdehnen. Ich habe schon Tiere wieder gefunden, die bis zu achtzig Kilometern von ihrem Ausgangsort entfernt waren.

Das alte Sprichwort „Ein Gramm Vorbeugen ist genauso viel wert wie ein Pfund Heilen" gilt vielleicht nirgends so sehr wie für Tierbesitzer. Als gewissenhafter und verantwortungsbewußter Tierbesitzer reduzieren wir so die Möglichkeit, daß wir uns jemals einer Situation gegenüber sehen müssen, bei der uns durch ein entlaufenes Tier das Herz bricht.

Zu den am meisten faszinierenden Dingen bei Tieren gehören vielleicht ihre so unterschiedlichen Persönlichkeiten. Je mehr ich mit Tieren kommuniziere, desto weniger überrascht es mich zu erkennen, daß uns unsere Tiere genauso faszinierend finden, wie wir sie. Wir denken vielleicht, daß niemand in unserer Nähe ist, doch werden wir von unseren Tieren beobachtet. Im nächsten Kapitel erzähle ich einige lustige Geschichten über Menschen, die mir von Tieren berichtet wurden.

9
Was der Butler gesehen hat
Unser Tier beobachtet uns

Daß Tiere genaue Beobachter des menschlichen Verhaltens sind, ist für einige Menschen sehr beunruhigend. Tiere aber sind von Natur aus nicht boshaft, und mögen die Geschichten über ihre Besitzer auch noch so peinlich sein, sie erzählen sie in aller Unschuld.

Denken wir daran, mit welcher Freude wir unserem Tier zuschauen und wie gern wir unseren Freunden Geschichten seiner Heldentaten zum Besten geben. Ist es dann nicht auch verständlich, daß Tiere ebenso daran Spaß haben, Geschichten über ihre Besitzer auszutauschen?

Erinnern Sie sich an das erste Kapitel dieses Buches, in dem ich berichtete, ich sei als Kind in Hartwell, England, dank meiner neugierigen Freunde, der Tiere, in alle Geheimnisse meines Dorfes eingeweiht gewesen. Wann immer meine Eltern herausfinden wollten, welchen Ursprungs meine Informationen waren, verwirrte sie das nur. Die Wahrheit, daß nämlich meine Tiere mir all diesen Klatsch erzählt hatten, war etwas, was sie einfach nicht begreifen konnten.

Häufig tauschen Tiere aus der Nachbarschaft Geschichten über das aus, was in ihren Familien so vor sich geht und wie sie von ihren Besitzern behandelt werden. So sah meine Kundin Nancy, wie ihre Hündin ein Stück Hähnchen, das sie ihr gerade gegeben hatte, ins Maul nahm und dem Nachbarshund brachte, der von seinen Besitzern vernachlässigt und häufig nicht gefüttert wurde. Ich weiß, daß dieser arme hungrige Hund Nancys Hündin eine telepathische Botschaft des Inhalts übermittelt hatte, daß er kein Futter bekommen habe und hungrig sei, und ob sie ihm bitte ein Stück des so gut riechenden Hähnchens abgeben könne? Nancys Hündin war ein großzügiges und herzensgutes Tier und von Nancy so gut umsorgt, daß sie gern teilte. Vergessen wir aber nicht, daß Tiere ebenso wie wir Menschen ganz unterschiedliche Persönlichkeiten sind. Ein anderer Hund wäre vielleicht nicht bereit gewesen, zu teilen.

Sowohl unsere Haustiere als auch wildlebende Tiere kommunizieren miteinander und tauschen wahrscheinlich Informationen und Warnungen aus. Als meine Mitautorin Pat wildlebenden Tieren gegenüber Sympathie zeigte, gab es in ihrem großen, mit vielen Bäumen bestandenen Garten hinter ihrem Haus eine wahre Invasion von Pelztieren. Das lag daran, das wissen Pat und ich, daß die Tiere im ganzen Wald die telepathische Nachricht ausgesendet hatten, sie sei ein freundlicher und liebenswürdiger Mensch. Viele der Tiere lebten wahrscheinlich schon länger in ihrem Garten, doch hatten sie nicht den Mut gehabt, sich zu zeigen, solange sie nicht wußten, daß sie sicher waren.

Gewiß haben Sie schon Häuser gesehen, bei denen wahre Katzenversammlungen stattzufinden scheinen. Wenn wir ein solches Haus sehen, können wir sicher sein, daß die Katzen sich untereinander erzählt haben, in diesem Haus lebe ein katzenliebender Mensch. Auch ist mir zu Ohren gekommen, daß sich kranke Waschbären regelmäßig im Tierheim unseres Kreises Montgomery einfinden, weil sie wissen, daß sie hier Hilfe bekommen, und weil die freiwilligen Helfer des Tierheims ständig Bilder und Gefühle aussenden, wie sie den Tieren helfen. Die im Umkreis dieses Tierheims lebenden Tiere empfangen solche Bilder auf telepathische Weise. Sie spüren die positive Energie, die aus dem Tierheim kommt, und setzen auf der Suche nach Hilfe ihre Sinne wie eine Art Kompaß ein.

Auch wenn wildlebende Tiere uns sicherlich mit demselben Interesse wie unsere Haustiere beobachten, stammen die lustigsten Geschichten über uns Menschen von unseren Haustieren. Da den betroffenen Menschen diese Geschichten möglicherweise peinlich sind, habe ich deren Namen und auch die typischen Eigenschaften der Tiere weggelassen. Wenn Sie sich hier also wiedererkennen, dann ist dies der reine Zufall.

Dabney und Eliza

Ein Ehepaar kam eines Tages wegen ihrer beiden Golden Retriever Dabney und Eliza zu mir, die jede Nacht aus dem Schlafzimmer schlichen und das Haus demolierten. An jenem Morgen hatte das Ehepaar nach dem Aufstehen zum Beispiel feststellen müssen, daß eine Ecke des Frühstückstisches angeknabbert war, Kissen vom Sofa geworfen und eine Blumenvase heruntergestoßen und zerbrochen war. Sie baten mich, herauszufinden, warum ihre Hunde nicht die ganze Nacht mit ihnen im Schlafzimmer blieben, wie ihnen befohlen worden war, und warum sie alles zerstörten.

Die Begründung für die Zerstörung war ganz einfach. Wenn Tiere sich langweilen und unbeaufsichtigt sind, fangen sie an umherzutoben und können dabei schon mal Kleidung, Mobiliar und alles mögliche, was so im Haus herumsteht, ernsthaft beschädigen. Das ist für sie nichts Unerzogenes, sondern ganz einfach ein Spiel.

Ich fand diese beiden Hunde, nachdem ich mit ihnen Kontakt aufgenommen hatte, eigentlich recht freundlich und umgänglich. Ich fragte sie, warum sie nicht im Schlafzimmer blieben. Noch bevor sie mir antworten konnten, hatte ich eine unangenehme Empfindung in meiner Nase. Obwohl die Hunde wußten, daß ihre Besitzer ob ihres Ungehorsams aufgebracht waren, übermittelten sie mit Hilfe von Bildern und Gefühlen die klare Botschaft, daß sie ganz einfach nicht im Schlafzimmer bleiben konnten. Ich überlegte, ob ihr Verlangen, dem Raum zu entkommen, etwas mit der plötzlichen Empfindung in meiner Nase zu tun hatte.

Dessenungeachtet war ich den Hunden gegenüber recht streng und sagte ihnen: „Ihr wißt, daß ihr im Schlafzimmer bleiben müßt."

„Aber das wir können wir nicht!" lautete wiederum die klagende Antwort.

Mir war klar, daß hinter dem mehr steckte, als sie mir erzählten.

Nachdem ich eine Weile gebohrt hatte, fand ich heraus, daß ihrem Herrchen des Nachts immer Gase entwichen und die Hundenasen darauf sehr empfindlich reagierten. In der ersten halben Stunde, nachdem sich die Menschen hingelegt hatten, war alles in Ordnung. Die Hunde benahmen sich ordentlich, und alle vier schliefen ein. Wenn dann aber das nächtliche Pupsen begann, mußten sie dem Zimmer einfach ganz schnell entfliehen, was Dabney raffiniert bewerkstelligte, indem er den Griff der Schlafzimmertür geschickt niederdrückte.

Natürlich wollte ich meine Klienten nicht in Verlegenheit bringen, und so sagte ich ihnen einfach, ihre Hunde wollten ein eigenes Schlafzimmer haben und fragte, ob sie noch ein anderes Zimmer hätten, in dem die Hunde schlafen könnten. Da die Kinder des Ehepaares schon erwachsen waren und das Haus groß genug, ließ sich diese Bitte einfach erfüllen. Ich schlug vor, ausreichend Spielzeug und Kauknochen in das Zimmer zu tun, damit die verspielten Hunde beschäftigt seien und nichts anstellten. Auch gab ich ihnen den Rat, bei dieser Zimmertür den Griff gegen einen Drehknopf auszuwechseln, damit Dabney nicht an ihm manipulieren und die Tür öffnen konnte.

Die Besitzer berichteten mir, die mitternächtlichen Tobereien hätten aufgehört und alles sei wieder friedlich, nachdem die beiden Retriever ihr eigenes Zimmer voller interessanter Spielzeuge bekommen hatten und nachts nicht mehr den von ihrem Herrn produzierten Gerüchen ausgesetzt waren.

Ich muß mich aber immer noch wundern, wie die Frau bei all dem schlafen konnte. Vielleicht war sie mit einem schlechten Geruchssinn gesegnet oder schlief mit einer Nasenklammer.

Teddy und Matilda

Eines Tages bat mich eine Dame um Rat, die mir erzählte, sie und ihr Mann seien über ihre beiden siebenjährigen Rassekatzen entsetzt, die plötzlich angefangen hätten, überall im Haus, auf dem

Sofa, auf dem Teppich und sogar auf dem Bett ihr Geschäft zu verrichten. Weil die Katzen sich sonst immer perfekt benommen hätten, sei dieses Problem besonders rätselhaft. Der Mann war über seinen ruinierten Teppich und die Möbel so wütend, daß er seiner Frau gesagt hatte, sie müsse das Problem umgehend beheben oder die Katzen abschaffen. Da gebe es keine Kompromisse. (Dies gibt uns einen Einblick in den Charakter des Mannes, der beschlossen hatte, seine Frau allein habe ihr gemeinsames Problem zu lösen, und hilft uns auch, das Verhalten der Frau im Verlauf der Geschichte zu verstehen.)

Er schien zu der Sorte Mann zu gehören, die ihre Frau und die Katzen so lange liebt, wie sie genau das tun, was er von ihnen will. Jede Abweichung von seinem Programm war aber dann Grund genug, die Katzen abzuschaffen. Vielleicht hatte auch die Frau das Gefühl, ihre Position sei genauso wackelig. Wie wir bald sehen werden, lag das Problem in der Tat mehr bei der Frau als bei dem Mann.

Das Ehepaar lebte in einem im Kolonialstil der Südstaaten errichteten großen Haus in einer der elegantesten Gegenden von Houston. Ihr Haus war voller Antiquitäten und Kunstwerke von unschätzbarem Wert, hochkarätige Dinge, die die Katzen nach und nach vernichteten. Die Dame flehte mich um Hilfe an. Sie liebte ihre Katzen und wollte sie nicht wegen ein paar Möbelstücken weggeben.

Als ich mit den beiden Katzen Kontakt aufnahm, versicherten sie mir sogleich, daß sie ihre „Mummy und Daddy" (so bezeichnen die Tiere häufig ihre Besitzer) liebten, aber den neuen Mann, den Mummy seit einer Weile nachmittags mit nach Hause brachte, überhaupt nicht mochten.

Ich begriff sofort, daß sich die Dame einen Geliebten genommen hatte. Und so fand ich schnell des Rätsels Lösung, den offensichtlichen Grund für die Verärgerung der Katzen.

Ich beschloß, mir von den Katzen noch weitere Informationen geben zu lassen und bat sie, mit ihrer Geschichte fortzufahren. Sie beschwerten sich weiter, daß ihre Mummy die Stirn besessen hatte, sie aus „ihrem" Schlafzimmer (das sie immer mit ihren Besitzern teilten) hinauszuwerfen, dann die Tür zu schließen und sie somit auszusperren. Sie fühlten sich vernachlässigt und durch diese Mißachtung ihrer Rechte auch in gewisser Weise außen vor gelassen und reagierten deshalb so, wie verschmähte Tiere überall in der Welt seit eh und je reagieren. Sie fingen an, das ganze Haus durcheinanderzubringen. Um ihre Besitzer wissen zu lassen, wie sehr ihnen der Gang der Dinge in letzter Zeit mißfiel, wählten sie ganz bewußt die offensten und offensichtlichsten Stellen, um dort ihre „Unfälle" zu hinterlassen – die natürlich keine Unfälle waren.

Die Dame mußte mein Schmunzeln bemerkt haben und erkannte, daß etwas nicht in Ordnung war. Ich sagte ihr, was mir die Katzen gerade berichtet hatten, und dann war sie es, die überrascht war.

„Ich kann einfach nicht glauben, daß sie wußten, daß ich mir einen Liebhaber genommen habe", sagte sie.

„Sie wissen alles", erwiderte ich.

„Aber was soll ich denn meinem Mann sagen?" fragte sie mich.

Einen Rat in dieser Sache könne ich ihr nicht geben, sagte ich. Ich könne ihr nur raten, wie sie mit ihren Katzen umgehen solle. Um die Katzen aber nicht weiter aufzuregen, schlug ich ihr allerdings vor, ihren Liebhaber an einem anderen Ort zu treffen. Das allein, so fühlte ich, würde wieder Ruhe in das häusliche Leben der Katzen bringen. Wie in das häusliche Leben der Frau wieder Ruhe einkehren könnte, stand auf einem ganz anderen Blatt.

Die Frau verließ mein Studio in großer Erregung, und ich wußte, ich würde sie niemals wiedersehen. Sicherlich aber hatte sie es niemals für möglich gehalten, daß ihre Katzen auf den mit nach Hause gebrachten Liebhaber in so dramatischer Weise reagieren und sie mir darüber hinaus ihr größtes Geheimnis verraten würden.

Buster

Eine Kundin kam zu mir, weil sie sich wegen des Haarausfalls ihres achtjährigen Border Collies große Sorgen machte. Busters Futterzusammenstellung hatte sich nicht geändert, er hatte weder Flöhe noch litt er an einer Hautentzündung. Der Tierarzt hatte den Hund sorgfältig untersucht und konnte nichts finden.

Als ich mich auf Buster einstellte, fand ich einen sehr fröhlichen Hund vor, der mir erzählte, er wisse, daß seine Mummy mich aufsuchen würde, und er habe darauf gewartet, daß ich mit ihm spreche. Buster sagte mir sogar, warum seine Mummy mich zu Rate ziehen wollte. Sie sei über sein Fell besorgt. Dann sagte er, seine Haare fielen genauso aus wie die seines Daddys. Das war für mich der erste Hinweis auf das anstehende Problem.

Ich fragte die Dame, ob ihrem Mann die Haare ausgingen. Sie antwortete sofort, er beschäftige sich geradezu zwanghaft mit seinem zurückweichenden Haaransatz.

„Jeden Morgen steht er fünfzehn Minuten lang vor dem Spiegel und starrt seine Haare an", erzählte sie mir. „Dann fragt er mich, ob ich meine, daß über Nacht noch mehr Haare ausgefallen seien. Es quält ihn richtig."

Ich fragte sie, ob Buster jemals mit seinem Daddy ins Ankleidezimmer ginge und diese Gespräche mitanhören würde. Sie sagte mir, der Hund begleite ihren Mann immer bei seinen morgendlichen Aktivitäten. Buster sandte mir ein Bild seines Daddys, wie er sein Morgentraining machte und dann in die Dusche ging. Er sagte, dies sei der schönste Teil des Morgens, weil er so gern einen Spritzer Wasser ins Gesicht abbekomme. Weiter erzählte er, sein Daddy sei mit seiner Kleidung sehr eigen und wechsele morgens gelegentlich zweimal das Hemd, wenn er meine, er sehe nicht gut aus.

Meine Klientin bestätigte mir, ihr Mann sei sehr anspruchsvoll, und sie staunte nicht schlecht, als ich ihr sagte, Buster wisse, daß sie wegen des Verlustes eines ihrer blauen Lieblingsohrringe sehr traurig sei. Der gesprächige Hund erwähnte auch, daß er die neue Bettdecke lieber als die alte mochte und wollte genau wissen, ob sie die neue behalten werde. Daß ihr Hund so genau beobachtete, konnte sie nicht glauben. Wir fanden jedoch heraus, daß er wirklich einen Blick fürs Detail hatte.

Von Buster empfing ich ein Gefühl großer Besorgnis. Er sagte mir, sein Daddy sei wegen des ausfallenden Haares sehr besorgt, und jetzt sei seine Mummy verärgert, weil auch er Haare verliere.

Zwischen beiden Problemen bestand eindeutig ein Zusammenhang. Buster hatte die Angst seines Besitzers vor Haarausfall mitbekommen, und da er sehr an ihm hing und sich stark mit ihm identifizierte, fürchtete Buster schließlich auch um seine eigenen Haare. Seine Besorgnis war so tiefgreifend, daß daraus schon eine selbsterfüllende Prophezeiung geworden war, und Buster begonnen hatte, aus Sympathie selbst eine Art Glatze zu bekommen. Er verlor so viele Haare, daß auch seine Haut an einigen Stellen schon kahl war.

Buster fragte mich, ob seine Haare genauso wie die seines Daddys ausfallen würden, woraufhin ich ihm sogleich antwortete, bei Hunden fielen die Haare nicht so wie bei Menschen aus, er brauche sich also nicht zu sorgen. Seiner Mummy sagte ich, Buster übernehme von seinem Daddy ganz enormen Streß und Sorgen. Seine Glaube daran, er werde bald ebenso kahl sein wie sein Daddy, war so stark, daß seine Haare in der Tat ausfielen, obwohl es keinen körperlichen Grund hierfür gab.

Meiner Kundin sagte ich, sie müsse Buster ständig daran erinnern, daß seine Haare nicht ausfallen würden und er sich deswegen keine Sorgen machen müsse. Ich erklärte Buster, es sei eine natürliche Sache, daß sich sein Herrchen wegen seiner unvermeidlichen Glatze Sorgen mache, dies bedeute aber nicht, daß auch seine Haare ausfallen würden.

Ich bat die Dame, mich über Busters Zustand auf dem laufenden zu halten und mir mitzuteilen, wenn es bei seinem Fell eine Veränderung geben sollte. Auch sagte ich ihr, sie solle ihm gegenüber immer wieder betonen, daß sein Fell in Ordnung sei und daß nur Daddys Haare ausfielen.

Einen Monat später kam meine Kundin wieder und berichtete, Busters Haare seien wieder gewachsen, alle kahlen Stellen wieder bedeckt. Wenn ich doch nur mit genauso viel Glück das Haar von Menschen wieder wachsen lassen könnte, ich könnte mich in sechs Monaten auf mein Altenteil zurückziehen!

Nur weil wir wissen, daß wir von unseren Tieren beobachtet werden, brauchen wir keine Zustände zu bekommen. Statt dessen sollten wir uns daran erinnern, daß wir unser bestes Verhalten an den Tag legen und als Tierbesitzer unser Bestes geben. Wenn wir zu unseren Tieren gütig und liebevoll sind, sie mit Liebenswürdigkeit und Achtung vor ihren Gefühlen behandeln, gibt es nichts, worüber wir uns Sorgen machen müßten, weil unsere Tiere dann nur nette Dinge über uns sagen werden. Läßt uns das Tier gelegentlich mit einem Augenzwinkern wissen, daß es uns in einer komischen Situation erwischt hat, lassen wir es dabei bewenden. Schließlich ist niemand vollkommen.

Wir sollten aber die Gedanken und Gefühle unserer Tiere nicht erraten müssen. Mit ein wenig Übung kann fast jeder, der dieser Idee offen gegenübersteht, mit Tieren auf telepathische Weise kommunizieren. Im nächsten Kapitel werde ich deshalb Schritt für Schritt beschreiben, wie wir selbst mit den Tieren kommunizieren können und auch einige Übungen anregen, mit denen wir unsere Fähigkeit testen können, ob wir unsere Tiere auf telepathischer Ebene erreichen.

10
Könnte ich mit Tieren sprechen
Kommunikation mit unserem Tier

Häufig werde ich von meinen Kunden gefragt, wie genau ich mit ihren Tieren kommuniziere. Eigentlich wollen sie aber wissen, ob sie selbst mit ihren Tieren eine telepathische Verbindung aufnehmen können. Die Antwort lautet ja. In diesem Kapitel werde ich die Besonderheiten der telepathischen Kommunikation erklären, die Art und Weise nämlich, auf die ich mit den Tieren „spreche". Und damit viele Leser in die Lage versetzt werden, mit ihren eigenen Tieren zu kommunizieren, werde ich die einzelnen Schritte dorthin genau beschreiben.

Die Kunst der Entspannung ist die wichtigste Fähigkeit, die wir beherrschen müssen, bevor wir überhaupt daran denken können, mit unserem Tier auf telepathische Weise Kontakt aufzunehmen. Zu meditieren oder zu entspannen, ist für viele Menschen schwierig. Einen Zustand der Entspannung zu erreichen, wird uns gelingen, wenn wir diese grundlegende Anleitung befolgen. Ziehen wir also das Telefon heraus, schalten den Fernseher und das Radio aus und schließen eventuell auch noch die Tür, wenn es sein muß. Gibt es eine sanfte Musik, die wir besonders gern hören, dann stellen wir sie an. Ich persönlich habe es am liebsten ganz ruhig und leise, ohne Musik. Finden wir also heraus, wie wir es am liebsten haben.

Nun setzen wir uns in einen bequemen Stuhl oder legen uns aufs Bett, schließen die Augen. Wir konzentrieren uns auf unsere Atmung und atmen tief ein und aus. Wir spüren unseren Körper. Wir fangen an, unsere Zehen und Füße zu entspannen. Wir spüren, wie dieses Gefühl der Entspannung durch unsere Beine und Knie und bis zu unserer Hüfte hinaufzieht, während wir weiter tief ein-

und ausatmen. Wir spüren, wie sich unsere untere Körperhälfte entspannt. Wir spüren, wie sich dieses Gefühl der Entspannung bis in unsere Brust und in unsere Schultern fortsetzt, dann durch unsere Arme und Ellenbogen bis in unsere Handgelenke fließt. Wir spüren, wie sich unsere Hände und Finger entspannen. Wir spüren, wie diese Entspannung in unseren Nacken und das Gesicht wandert, wie sich unsere Augen entspannen. Bald schon sind unsere Augen schwer, und jetzt ist auch unser Kopf völlig entspannt. Wir spüren, wie dieses wunderbare Gefühl durch unseren ganzen Körper strömt. Jetzt, so völlig entspannt, sind wir bereit.

Solange unser Tier aber abgelenkt ist, werden wir keinen Erfolg haben, egal wie entspannt wir selbst sind. Solange es für die Tiere aber noch andere Dinge gibt, die sie ablenken, werden sie nicht zuhören. Bei den Menschen ist dies nicht viel anders. Lernen wir zum Beispiel für eine Prüfung, so konzentrieren wir uns ganz auf unsere Arbeit und sind für andere Anreize nicht besonders empfänglich. Sicherlich wollen wir dann keine Unterhaltung beginnen. Wir würden auch gar nicht zuhören.

Bei den Tieren ist dies ähnlich, auch wenn sie auf telepathische Weise und nicht mit Worten kommunizieren. Wenn man mir sagt, der Hund höre nicht zu, dann denke ich zu allererst: „Was er wohl in dem Moment gerade tat, als sein Mensch mit ihm zu sprechen versuchte?" Ist er damit beschäftigt, sich zu kratzen oder durch das Fenster einem Eichhörnchen nachzuschauen, wird er sich nicht sehr für das interessieren, was wir ihm zu sagen haben, denn er hat bereits etwas Angenehmeres zu tun.

Soll uns bei der Kommunikation mit unserem Tier auf telepathische Weise oder mit Worten Erfolg beschieden sein, können wir erst anfangen, wenn das Tier ruhig und nicht von etwas anderem abgelenkt, wenn es gefüttert und ausgeführt worden ist. Wählen wir eine Zeit aus, in der es ruhig ist, und stellen wir sicher, daß wir seine volle Aufmerksamkeit haben. Wenn das Tier vor sich hindöst, ist das kein Problem. Wir können es auf der telepathischen Ebene auch dann erreichen, wenn es schläft. Gehen wir also mit unserem Tier an den ruhigen, friedlichen Ort, den wir ausgewählt haben, entspannen uns, machen unseren Kopf frei und beginnen.

Telepathisch zu kommunizieren, ist gar nicht so schwierig, wie wir es uns vielleicht vorstellen. Ich habe zwei einfache Übungen entwickelt – eine für Hunde, eine für Katzen –, die uns helfen zu erkennen, daß wir unser Tier telepathisch erreicht haben. Festzustellen, ob unser Tier eine telepathische Nachricht gesandt hat, ist eine etwas komplexere Angelegenheit, da wir dabei unserer Vorstellungskraft und Intuition vertrauen müssen. Doch dazu später. Zuerst einmal kommen hier die Übungen für Hunde und Katzen, die deswegen unterschiedlich sind, weil unsere beliebtesten Haustiere auf unterschiedliche Reize reagieren.

Die Kommunikation mit unserem Hund

Entweder berühren wir unser Tier oder reden es mit seinem Namen an, damit es weiß, daß wir mit ihm kommunizieren wollen. Stellen wir uns vor, wir machen mit unserem Hund einen Spaziergang. (Wenn das Wetter einen Spaziergang nicht zuläßt, sollten wir dieses Experiment nicht durchführen, denn wir müssen das unseren Tieren auf telepathischer Ebene gegebene Versprechen auch einlösen, sonst werden sie uns nicht mehr vertrauen.) Stellen wir uns also vor, wieviel Freude ein Spaziergang bereiten würde und machen wir uns ein Bild von dem Weg, den wir gehen würden; stellen wir uns die aufregenden Dinge und Gerüche vor, die unserem Hund entlang des Weges begegnen können. Stellen wir uns vor, wie wir neben unserem Hund laufen oder gehen und spüren das belebende Gefühl von Freiheit und die Freude, die Natur aus erster Hand zu erfahren.

Je mehr wir unsere Gefühle und Vorstellungen sich entwickeln lassen, desto stärker wird unsere Kommunikation und desto besser auch die Chance, daß wir Erfolg haben. Mit unseren Gefühlen und unserer Vorstellung malen wir Bilder, die unser Tier genausogut sehen kann, als ob wir sie auf eine Leinwand gemalt hätten. Erinnern wir uns daran, wie wir tagtäglich unsere Vorstellungskraft dazu einsetzen, Ideen und Träume zu schaffen, uns Ziele zu setzen und Pläne zu schmieden. Das ist genau das, was wir mit unserem Tier tun sollen.

Nehmen wir nun die so geschaffenen Bilder und Gefühle und werfen sie mit Hilfe unserer geistigen Energie so wie einen Ball aus unserer Hand. Beobachten wir dann genau, wie unser Hund reagiert. Fängt er an zu bellen und rennt aufgeregt dorthin, wo seine Leine hängt, hat er die Nachricht, daß wir einen Spaziergang mit ihm machen wollen, auf telepathische Weise erhalten, und es ist nun an uns, dieses Versprechen auch einzulösen. So einfach ist das.

Die Kommunikation mit unserer Katze

Da für die meisten Katzen ein Spaziergang an der Leine überhaupt nicht reizvoll ist, habe ich für sie eine andere Übung erarbeitet. So schlage ich vor, daß wir unsere Katze mit einem Leckerbissen locken. Stellen wir uns also vor, daß wir eine Dose mit dem Lieblingsfutter öffnen, also mit Thunfisch oder Hühnchen, oder was immer es auch sein mag. Stellen wir uns dann den betörenden Duft, den köstlichen Geschmack vor. Übermitteln wir das freudige Gefühl, das unsere Katze haben wird, wenn wir ihr diese Lieblingsspeise geben. Dies wird bald der Fall sein, wenn sie uns durch ihre Handlungen zeigt, daß sie unsere Mitteilung erhalten hat. Fängt die Katze an zu miauen und sich an uns zu reiben, oder verhält sie sich so, wie sie sich normalerweise verhält, bevor sie ihr Futter bekommt, so wissen wir, daß uns die Kommunikation gelungen ist.

Diese Experimente ohne äußere Einflüsse allein mit Kraft der lautlosen Suggestion bei unserem Tier durchzuführen, ist sehr wichtig. Die Leine hervorzuholen oder mit der Thunfischdose zu klappern ist unangemessen, da eine solche Kommunikation akustisch und eben nicht telepathisch vonstatten geht.

Auch ist es bei unserem Versuch, mit dem Tier telepathisch Kontakt aufzunehmen, von großer Wichtigkeit, daß unser Körper und unsere Gedanken dasselbe tun. Senden wir also mit unseren Gedanken nicht ein Bild und mit unserem Körper ein anderes. Dies bringt das Tier durcheinander und zerstört unsere Bemühungen, mit ihm zu kommunizieren. Sagen wir zum Beispiel unserem Hund mit Worten (mit unserem physischen Körper), er solle zu der neuen Katze nett sein und haben aber das Bild vor Augen, wie der Hund die Katze jagt, dann wird er sehr wahrscheinlich auf das stärkere telepathische Bild reagieren. Denken wir also daran, das, was wir sagen, auch telepathisch als Bild zu übermitteln.

Seien wir nicht zu sehr enttäuscht, wenn wir beim ersten Versuch nicht den gewünschten Erfolg erzielen. Verschiedene Faktoren können das Ergebnis beeinflussen. Fehlen uns Entspannung, Ruhe und Konzentration, dann wird unsere Kommunikation vielleicht nicht deutlich genug übermittelt. Denken wir auch daran, daß die Fähigkeit und der Wunsch, telepathisch zu kommunizieren, bei den Tieren sehr unterschiedlich sein kann. Sind sie gedanklich gerade mit etwas anderem befaßt, während wir diese Experimente durchführen, werden sie uns nicht ihre Aufmerksamkeit schenken, so ungewöhnlich unsere Kommunikationsversuche auch sein mögen.

Ich bin der Überzeugung, daß alle Menschen mit der Fähigkeit geboren sind, telepathisch zu kommunizieren. Ich bin auch davon überzeugt, daß wir alle telepathisch miteinander kommunizieren würden, so wie die Tiere es tun, wenn uns nicht die Sprache gegeben worden wäre. In unserem Gehirn ist bereits all das vorhanden, was wir für die telepathische Kommunikation benötigen. Wir sind aber zu beschäftigt, und es ist so laut um uns herum; wir sind so sehr mit unseren Gedanken und den Sorgen unseres täglichen Lebens befaßt, daß wir uns nicht die notwendige Zeit nehmen, um Ruhe zu finden und uns auf unsere Empfindungen und unsere Vorstellungskraft zu konzentrieren. Dies aber brauchen wir unbedingt, wollen wir uns in den telepathischen Kanal einklinken.

Als Kinder sind wir uns unserer Empfindungen sehr bewußt. Wir vertrauen vorbehaltlos auf unsere Gefühle und unsere Phantasie. Idealerweise sollten wir auch als Erwachsene weiterhin auf unsere Vorstellungskraft vertrauen, allzu oft aber haben wir aus dieser Vorstellung stammenden Informationen gegenüber Vorbehalte und meinen, sie hätten mit der Wirklichkeit nichts zu tun. Um aber mit unseren Tieren kommunizieren zu können, müssen wir an die Kraft unserer Vorstellung glauben und für das offen sein, was wir spüren, fühlen und hören. Es sind eigentlich diese Gefühle, Ideen, Gedanken und Bilder, über die unsere Tiere mit uns sprechen, und die ungefragt dann zu uns kommen, wenn wir entspannt und ruhig sind. Schieben wir sie beiseite, so versperren wir uns eine höhere Ebene der Kommunikation mit unseren Tieren, die sie uns noch näher bringen könnte.

Erinnern wir uns daran, was ich oben in diesem Kapitel gesagt habe, daß es nämlich etwas schwieriger ist, zu erkennen, wann uns ein Tier auf telepathischem Wege eine Antwort gegeben hat. Hierfür gibt es keinen absolut zuverlässigen Test. Als eines der wichtigsten Dinge, die meine Kunden bei dem Versuch, mit ihren Tieren eine telepathische Verbindung aufzunehmen, beachten sollen, ist, keinen Gedanken, keine Vorstellung oder kein Gefühl unbeachtet zu lassen, die sie bei ihren Mitteilungsversuchen mit ihren Tieren erfahren, wie unwirklich sie auch sein mögen. Vielmehr, so sage ich ihnen, sollen sie lernen, die Bilder und Vorstellungen, die telepathisch auf sie zuströmen werden, als wertvolle Informationen willkommen zu heißen, weil sie ihnen einen tiefen Einblick in das Verhalten und die Persönlichkeit ihrer Tiere ermöglichen können.

Aber was ist es eigentlich genau, wonach wir suchen? Haben wir unserem Tier eine telepathische Nachricht gesandt und entdecken dann plötzlich, wie sich eine ungewöhnliche Vorstellung oder ein Bild in unseren Gedanken zu formen beginnt, oder „hören" wir, wie eine Antwort praktisch in Worten „gesprochen" wird, so ist unser Versuch erfolgreich verlaufen. Vertrauen wir auf unsere Vorstellungskraft und lassen diese ungewöhnlichen Bilder und Gefühle nicht außer acht. Wenn uns die telepathische Kommunikation dann vertrauter geworden ist, werden wir ein ganz neues Maß der Freude und des Bewußtseins erfahren und das Reich der

Tiere auf eine solche Weise verstehen lernen, die unser Leben und das unserer Tiere bereichern wird.

Meine Mitautorin Pat hatte keinerlei Erfahrung mit der telepathischen Kommunikation. Mit wachsendem Bewußtsein beschloß sie jedoch, es auch einmal zu versuchen. So sandte sie ihrer Katze, die in einer anderen Ecke des Raumes schlief, das Bild einer Thunfischdose. Pat konzentrierte sich darauf, den köstlichen Geschmack des Thunfischs und das Gefühl zu übermitteln, das die Katze beim Essen dieser Leckerei haben würde. Die Katze wachte sofort auf, sprang quer durch den Raum und in Pats Schoß, laut miauend die versprochene Leckerei einfordernd. Über diesen schnellen Erfolg war Pat baß erstaunt.

Lassen wir uns nicht entmutigen, wenn uns bei den ersten Versuchen kein Erfolg beschieden ist. Unser Tier wird überrascht sein, wenn es das erste Mal unsere telepathische Stimme „hört", und bei einigen Tieren dauert es eine ganze Weile, bis sie sich daran gewöhnt haben, daß wir über diesen Kanal mit ihnen kommunizieren. Wenn wir uns aber weiterhin bemühen, werden wir letztendlich Erfolg haben.

Da sich Tiere nur kurze Zeit konzentrieren können und schnell ermüden, sollten wir unsere Sitzungen kurz halten. Wenn wir dies nicht beachten, werden wir ihre Aufmerksamkeit verlieren. Achten wir auf die Körpersprache, da sie uns klare Anzeichen über die Aufnahmefähigkeit gibt.

Auch sollten wir nicht zu lange dasselbe fragen, da dies die Tiere genauso wie uns Menschen langweilt. Erhalten wir keine Antwort, so fragen wir etwas anderes. Versuchen wir, unser Tier zu fragen, ob es etwas gibt, was wir für es tun können. Fragen wir nicht mehr als eine Sache auf einmal. Und geben wir dem Tier die Chance, über unsere Frage nachzudenken. Akzeptieren wir alles, was wir zurückerhalten und fügen diesen Gefühlen und Bildern nicht unsere eigenen Gedanken hinzu. Erkennen wir immer an, daß unser Tier mit uns gesprochen hat. Streicheln wir es, danken und sagen ihm, daß wir es sehr lieben.

Sieben einfache Schritte zur Kommunikation mit unseren Tieren

1. Wir beginnen mit einer ruhigen und gelassenen Stimmung und suchen für uns und unser Tier eine ruhige und gelassene Atmosphäre.
2. Um die Aufmerksamkeit des Tieres zu bekommen, nennen wir es bei seinem Namen.
3. Während wir seinen Namen nennen, stellen wir uns unser Tier bildlich vor.
4. Wir senden ihm zusammen mit seinem Namen ein Bild seines Körpers.
5. Wir fragen das Tier, ob wir irgend etwas für es tun können. Wir stellen uns vor, daß es uns eine Antwort übermittelt und akzeptieren, was immer es uns sagt.
6. Wir werden die Antwort unserer Tiere stets so akzeptieren, wie sie gegeben wird, was auch immer wir von ihnen übermittelt bekommen.
7. Wir fahren fort, indem wir andere Fragen stellen und vergessen nicht, auf unsere Vorstellungskraft bei dem zu vertrauen, was wir von unseren Tieren zurückbekommen.

Wir werden sehen, daß wir im Laufe der Zeit, wenn unsere Fähigkeit zu kommunizieren immer besser wird, nicht mehr erst meditieren müssen. Wir werden erkennen, daß wir die telepathische Kommunikation in unser tägliches Leben einbinden können. Befinden wir uns zum Beispiel in der Küche und haben die Mahlzeit oder ein Leckerchen für unser Tier bereit, dann senden wir eine telepathische Nachricht und sehen, wie es reagiert. Wir übermitteln ihm das Bild von seiner Mahlzeit, wie wir sie hinstellen und wie es diese zu sich nimmt. Machen wir diese kleinen Übungen ab und zu im Laufe des Tages, und wir werden angenehm überrascht sein, wie allmählich unser Bewußtsein und unsere telepathischen Fähigkeiten zunehmen.

Sobald wir die Grundlagen der telepathischen Kommunikation beherrschen, gehen wir einen Schritt weiter. Da wir nun die Sprache unseres Tieres lesen können und unsere Intuition geschärft ist, nutzen wir unsere Energie und unser Einfühlungsvermögen voll aus. Wir sprechen nicht nur die Sprache der Tiere, wir erfahren nun eine völlig neue Welt der Kommunikation und erkennen, daß wir mit vielem mehr kommunizieren können, als nur mit unserer Sprache. Wir bedienen uns unserer telepathischen Fähigkeiten, um mit unserem Tier auf mentaler, körperlicher und geistiger Ebene in Verbindung zu treten.

Sobald unser physischer Körper reagiert, werden wir auch zu fühlen und erfahren beginnen, was das Tier fühlt. Stellen wir uns vor, wir liefen auf allen Vieren, so wie unser Tier. Unsere Arme bilden dabei die beiden Vorderläufe, unsere Beine sind die beiden Hinterläufe des Tieres. Verspüren wir zum Beispiel einen Schmerz in unserem rechten Bein, so würde dies Schmerzen im rechten Hinterlauf unseres Tieres entsprechen. Schmerzt unsere linke Hand, so könnte dies auf eine Verletzung der linken Vorderpfote deuten.

Beginnen wir, für uns sonst ungewöhnliche Schmerzen oder unangenehme Gefühle zu empfinden, sollten wir nicht über sie hinweggehen. Vielleicht übermittelt uns das Tier ein Unwohlsein in seinem Körper auf unseren Körper. Diese Fähigkeit, körperliches Empfinden telepathisch mitzuteilen, wird uns helfen zu erkennen, was mit unserem Tier nicht stimmt, bevor das ein Tierarzt tun kann. Also sprechen wir jetzt nicht nur mit Hilfe unserer geistigen Energie, sondern auch mit unseren Gefühlen, unserem Körper und unserer Intuition.

Beachten wir diese elementaren Schritte der Kommunikation mit unserem Tier, so wird es den meisten von uns möglich sein, zu dem Tier eine klare telepathische Verbindung herzustellen. Und sind wir erst einmal ausreichend erfahren, werden wir feststellen, daß wir uns nicht so sehr auf das Entspannen konzentrieren müssen. Mit zunehmender Praxis kommt dies ganz automatisch.

Möchten wir die telepathische Kommunikation meisterlich beherrschen, müssen wir lernen, auf unsere Gefühle und unsere Vorstellungskraft zu vertrauen, so wie dies Kinder tun. Wir müssen offen sein, damit die Gefühle und Bilder, die uns unsere Tiere übermitteln, nicht von vornherein verworfen, sondern überprüft, interpretiert und zur besseren Verständigung eingesetzt werden. Vergessen wir nicht, auf unsere Vorstellungskraft zu vertrauen! Mit Übung und Konzentration werden viele von uns in der Lage sein, sich in den telepathischen Kanal „einzuklinken", den unsere Tiere tagtäglich für ihre Kommunikation verwenden.

Ob wir nun in der telepathischen Kommunikation zu unserem Tier erfahren sind oder nicht, viel können wir dadurch erreichen, daß wir einfach dafür sorgen, unsere verbale Kommunikation mit Liebe, Freundlichkeit und positiver Energie zu übermitteln. So versichern wir unserem Tier unsere Liebe und Fürsorge und verhindern einige häufig auftretende Verhaltensprobleme, noch bevor diese überhaupt entstehen können.

Von telepathischer Kommunikation können aber nicht nur unsere Haustiere Nutzen ziehen. Im folgenden Kapitel berichte ich über einige interessante Fälle telepathischer Kommunikation mit frei lebenden Tieren.

11
Heulen und Flüstern
Mit wilden Tieren sprechen

Bis jetzt haben wir uns lediglich mit Haustieren befaßt. Aber auch mit frei lebenden Tieren ist eine telepathische Kommunikation möglich. Obwohl es sich in der überwiegenden Zahl der Fälle, in denen ich um Hilfe gebeten werde, um Haustiere handelt, so kommt es doch auch vor, daß mich ein Kunde bittet, Verbindung zu einem frei oder wild lebenden Tier aufzunehmen und bei der Lösung eines Problems zu helfen.

Pats Waschbären

Durch meine Mitautorin Pat kam ich zu dem faszinierendsten und vielleicht längsten Fall telepathischer Kommunikation mit frei lebenden Tieren. Pat und ich trafen uns eines Abends im Herbst 1995, um an diesem Buch zu arbeiten, und ich bemerkte, daß sie sehr müde war. Als ich sie nach dem Grund fragte, antwortete sie mir, sie habe die Nacht zuvor wegen schrecklicher, vom Dachboden herrührender Geräusche, die sich anhörten wie Krachen, dumpfe Schläge, Hin- und Herjagen und Kratzen, fast überhaupt nicht geschlafen. Pat wußte nicht, wodurch diese Geräusche verursacht wurden, befürchtete aber, eine Armee Ratten oder noch schlimmere Tiere sei in ihr Heim eingedrungen. Ihre Kinder hatten sogar noch mehr Angst als sie.

Ich fragte Pat, ob ich mich zur Kontaktaufnahme mit den nächtlichen Eindringlingen ihrer Energie bedienen dürfe und spürte sofort, daß es sich bei dem Eindringling um einen Waschbär handelte, um eine junge Waschbärin. Mir war bekannt, daß die Tiere angesichts des nahenden Winters nach einem warmen Platz Ausschau hielten; ich wußte aber auch, daß Dachböden mit ihrer Asbestdämmung und den Elektroleitungen für frei lebende Tiere eine Gefahr darstellen konnten.

Die Waschbärin erzählte mir, sie habe in Pats rückseitigem Garten in einer Höhle gelebt, die aufgrund starker Regenfälle zusammengebrochen sei. Nun suche sie ein neues Zuhause. Ich fragte sie, wie sie denn in Pats Haus gelangt sei, und sie berichtete mir, neben dem Kamin sei an einer Stelle das Holz morsch, und es sei ihr gelungen, sich bis in den Dachboden durchzunagen. Die Waschbärin berichtete, sie spüre, wie die warme Luft durch das Loch hindurchgelangte und habe so beschlossen, Pats Dachboden sei eine besonders gute Überwinterungsmöglichkeit.

Ich sagte Pat, sie solle mit der Waschbärin sprechen und sie anweisen, den Dachboden zu verlassen. Ich wußte aber auch, daß sie dem Tier eine andere Überwinterungsmöglichkeit anbieten müsse, sonst würde es auf dem Dachboden bleiben. Das nämlich machte die Waschbärin mir sehr deutlich, als wir miteinander kommunizierten. Wenn wir nämlich frei lebende Tiere von einem Ort an einen anderen bringen wollen, so dürfen wir es nicht versäumen, ihnen eine geeignete Unterkunft zu besorgen; sonst wird ein Umzug nicht gelingen.

An jenem Abend nahm Pat – sie war immer noch etwas skeptisch – eine Taschenlampe, leuchte damit durch das Loch in den Dachboden und sagte der Waschbärin, sie müsse mit ihr sprechen. Pat war ganz überrascht, als das Tier sofort herauskam und aufmerksam zuhörte, während Pat ihr sagte, sie müsse in ein neues Zuhause umziehen, das sie ihr zur Verfügung stellen werde. Das Tier ließ sich sogar fotografieren, und Pat zeigte mir später dieses Foto. Pat bat die Waschbärin auch um Ruhe während der Nachtzeit, damit sie und ihre Kinder durchschlafen konnten. Wenn sie eine Arbeit auszuführen habe, sagte Pat ihr, könne sie dies in den frühen Abendstunden tun, bevor die Familie zu Bett ginge.

Die Waschbärin kehrte wieder in ihr Zuhause zurück. Sofort

setzten heftige Bewegungen ein, und in den nächsten drei Stunden war die Waschbärin auf dem Dachboden sehr beschäftigt. Plötzlich wurde es ganz ruhig, und es blieb die ganze Nacht so ruhig. Die Waschbärin hielt sich daran, früh abends aktiv und die ganze Nacht leise zu sein. Pat war mit dieser Einteilung sehr zufrieden, und so verlebten sie alle den Winter. Ihre Waschbärin machte keinerlei Schwierigkeiten und störte überhaupt nicht. Pat ließ das Loch auf der Dachbodenunterseite als Zu- und Ausgang für die Waschbärin offen.

In Anbetracht dessen, was Pat und der Waschbärin im darauffolgenden Frühjahr zustieß, wäre es, so wissen wir heute, besser gewesen, man hätte damals ein Waschbärenhaus gebaut. Zu jener Zeit wußte sie über Waschbären noch nicht genug, um ein richtiges Zuhause für sie entwerfen zu können. Außerdem sprachen einige finanzielle Gründe dagegen, damals eine geeignete Unterkunft zu bauen. Im Frühjahr 1996 tauchten zwei Waschbärenmännchen auf und machten Pats Untermieterin den Hof. Der Frieden und die Ruhe waren dahin. Ich versuchte, mit den beiden Männchen Kontakt aufzunehmen und ihnen zu sagen, sie müßten ruhig sein, doch hatten sie keine Lust zuzuhören. Sie waren leidenschaftlich erregt, und dieser Gefühlsrausch hinderte sie daran, genau wie die Menschen, den besten Weg zu gehen. Die gegenseitige Eifersucht und der starke Wille, in dem Wettstreit um das Weibchen zu obsiegen, hielten sie davon ab, auf meine begründeten Bitten zu reagieren, und nicht mehr so laut und kämpferisch zu sein. Vor lauter Erschöpfung schlief Pat schon fast im Stehen ein, und die Kinder wollten wegen der Geräusche, die die Waschbären die ganze Nacht lang erzeugten, nicht mehr im Haus bleiben.

Schließlich brach eines Abends, als Pat und ihre Kinder gemeinsam vor dem Fernseher saßen, über ihnen ein wütender Kampf aus. Die rivalisierenden Freier rasten schreiend und raufend von einer Seite des Dachbodens zur anderen. Erst dachte Pat, der Kampf würde gleich wieder aufhören, doch der Lärm und die Gewaltsamkeit des Konflikts nahmen noch weiter zu. Plötzlich war aus der

Garage ein lauter Schlag zu vernehmen. Pat rannte dorthin und konnte gerade noch sehen, wie zwei riesige Waschbären wieder die Wand hinaufschossen und in einem Loch verschwanden, das entstanden war, als sie durch das Garagendach stürzten und ungefähr drei Quadratmeter Blech und Dämmung mit sich nahmen.

Pat riß der Geduldsfaden. Sie rief einen Fachmann für die Entfernung von wild lebenden Tieren an, nur um herauszufinden, daß aufgrund einer Quarantänebestimmung im Staat Texas tollwutanfällige Arten wie Waschbären nicht transportiert werden dürfen. Letztlich war es so, daß die Waschbären ohne eine Verletzung geltender Gesetze noch nicht einmal von Pats Grundstück gebracht werden durften.

Pat und ich überlegten, was zu tun sei. Ein Waschbärexperte, den sie befragte, riet ihr, jeden Morgen überall auf dem Dachboden frischen Hundekot zu verteilen. Nach seinen Informationen hassen die Waschbären Hunde, und der Geruch des Kots würde sie davon abhalten, weiterhin auf dem Dachboden zu bleiben. Mir sagte Pat, sie können ihnen dies kaum übelnehmen und befürchtete, auch für sie könne der Geruch etwas zu viel sein. Auch gefiel ihr der Gedanke nicht, sich jeden Morgen in der Frühe aus dem Haus schleichen zu müssen, um frischen Hundekot aufzusammeln. Sie zweifelte, ob dies ihrem Ruf in der Nachbarschaft guttun würde. Aus diesem Grunde war Pat nicht in der Lage, diesen Rat zu befolgen und fragte nach, was der Experte sonst noch zu empfehlen habe.

Pat sollte jeden Abend den Dachboden mit Ammoniak aussprühen, auch dies wieder eine auf unangenehmen Gerüchen basierende Maßnahme. Zwar verjagte das Ammoniak die Waschbären, sie kehrten jedoch immer wieder zurück, sobald sich der Geruch verflüchtigt hatte. Danach empfahl der Experte, auf dem Dachboden laute und schrille Rockmusik abzuspielen, was die Waschbären nicht im geringsten störte, Pat und ihre Kinder aber weniger denn je zur Ruhe kommen ließ.

Später kaufte Pat ein mit Vinyl beschichtetes Stahlgittergewebe. Nachdem die Waschbären das nächste Mal den Dachboden verlassen hatten, nagelte sie das stabile Metallgitter vor das Loch, machte es komplett zu. Sie stellte eine Kastenfalle mit dem Lieblingskatzenfutter der Waschbären auf den Dachboden, sollten ein oder mehrere Waschbären dort geblieben sein. An diesem Abend hörte sie, wie die Falle zufiel und fand einen großen Waschbären darin gefangen. Wegen der Quarantänevorschriften, die in ihrer Gegend wegen der Tollwut galten, blieb Pat nach Aussagen der Wildtierexperten als legale Maßnahme nur, den Waschbären auf ihrem eigenen Grundstück freizulassen. So ließ Pat ihn am nächsten Morgen in ihrem Garten frei, wo er sich blitzschnell auf den nächstgelegenen Baum flüchtete.

In den folgenden Monaten war es ruhig und friedlich, bis Pat dann wieder von der Decke über ihrem Schlafzimmer Kratzgeräusche vernahm. Als sie am nächsten Morgen nachschaute, sah sie, wie das Stahlgittergewebe wie ein Stück Pappe aufgebogen war. Die Waschbären waren zurückgekehrt.

Über Pats Energie nahm ich Verbindung auf und stellte fest, daß es genau die Waschbärin war, mit der ich ursprünglich kommuniziert hatte. Sie sagte mir, sie sei trächtig und ihre Kleinen könnten jeden Tag kommen. Sie brauche einen Ort, an dem sie die Jungen großziehen könne. Pat, die gelegentlich zu gutherzig ist, ließ die Waschbärmutter unter der Voraussetzung bleiben, daß sie sich ruhig verhalte. Wegen der Tollwut blieben Pat auch kaum andere Möglichkeiten übrig.

Wieder war es mehrere Monate ruhig, bis die Jungen ihr Nest verließen und sich quer über den Dachboden jagten und miteinander rangen. Auf meine Bitten, sich doch zu benehmen, reagierten die Kleinen nicht besonders, waren sie doch noch sehr jung.

Pat und ich waren noch am überlegen, was zu tun sei, wenn es im Sommer richtig heiß würde. Ein von Pat bestellter Bauunternehmer fand heraus, daß sich die Waschbären selbst Erleichterung von der texanischen Hitze verschafft hatten, indem sie in den Dachboden Klimaschlitze nagten und dort oben in einer kühlen angenehmen Umgebung lebten, während im Stockwerk darunter Pat und ihre Kinder schwitzten. Pat und ich konnten dem Bauunternehmer kaum glauben, der behauptete, Waschbären „klimatisierten" für die Sommermonate ihre Dachböden recht häufig. Er sagte, er habe im Laufe seiner Tätigkeit schon sehr viele Beispiele für die Intelligenz und den Erfindungsreichtum von Waschbären gesehen.

Als Pat schließlich die Versicherungsgesellschaft anrief, erlitt sie einen weiteren Schock. Die Waschbären hatten während ihres neunmonatigen Aufenthalts auf ihrem Dachboden einen Schaden von über 5.000 Dollar angerichtet. Die Versicherungsangestellte aber beteuerte, dieser Fall sei nicht ungewöhnlich. In unserer Gegend seien die von Waschbären verursachten Schäden der von den Hausbesitzern angeführte Schadensgrund Nummer eins.

Pat lieh sich wieder die Kastenfalle zum Einfangen ohne Verletzungsgefahr für die Tiere. Allerdings war in ihnen leider nur jeweils Platz für ein Tier. Pat wußte, daß auf dem Dachboden eine ganze Familie lebte, war aber der Hoffnung, daß sie wieder zusammenfände, wenn sie die Tiere in derselben Gegend freiließe. Dann könnte Pat mit ihrer Familie etwas beruhigt sein und wieder ein Haus ohne weitere von den Waschbären verursachte Beschädigung und die ganze Nacht über anhaltenden Lärm bewohnen.

In den folgenden drei Wochen fing Pat die Waschbärmutter und zwei ihrer Kleinen ein, die inzwischen schon ein jugendliches Alter erreicht hatten. Nachdem Pat sich vergewissert hatte, daß die Mutter nicht mehr säugte, ließ sie sie in einem Park in der Nähe eines Sees frei, wo sie, so hoffte Pat, ausreichend Nahrung und Wasser vorfinden würde. Pat berichtete mir, die Mutter habe ein wehmütiges, klagendes Lied angestimmt, als sie sie freigelassen habe, es sei ein Geräusch gewesen, das sie zuvor noch nie von einem Waschbären gehört habe. Mir war klar, daß die Waschbärin so herzzerreißend um ihre Jungen trauerte, von denen man sie getrennt hatte. Doch litt sie nicht mehr als Pat, die wegen der ganzen Situation voller Schuldgefühle war.

Pat hatte, wie ich weiter oben bereits erwähnte, vorgehabt, die Jungen an derselben Stelle wie die Mutter freizulassen und hoffte, die Familie könnte in der freien Natur wieder zusammenfinden. Es dauerte aber noch einige Tage, bis das erste Junge in die Falle ging. Zwischenzeitlich hatte es so stark geregnet, daß der Geruch der Waschbärmutter vollständig weggeschwemmt worden war und die Kleinen nicht mehr in der Lage waren, zu ihrer Mutter zurückzufinden.

Nachdem das erste Junge in der Falle saß, holte sich Pat Rat beim Wildtierzentrum in Texas, wo man ihr sagte, es bedeute fast den sicheren Tod, wenn man so ein junges Tier in die freie Wildbahn entlasse, auch wenn dies in derselben Gegend geschehe, in der die Mutter freigelassen wurde. Waschbären blieben mindestens ein Jahr bei ihrer Mutter, die ihnen in dieser Zeit das Jagen beibringe und in der sie sich vor ihren natürlichen Feinden, den Eulen, Bussarden, Hunden und Menschen schützen könnten. Zwar seien die Kleinen schon alt genug, um sich selbst im beschränkten Umfang mit Nahrung zu versorgen, doch habe ihnen ihre Mutter noch nicht all das beigebracht, was sie zum Überleben und zum Erreichen eines bei Waschbären normalen Alters benötigten.

Neben der Tollwut herrschte unter den Waschbären dieser Gegend auch eine Staupeepidemie, und obwohl sie keine gesetzliche Handhabe hatten, rieten die Experten Pat eindringlich, ihnen die Kleinen zu übergeben, da sie am besten wüßten, wie mit ihnen umzugehen sei. So brachte Pat das süße Kleine zu ihnen; es blieb ihr keine andere Wahl, auch wenn sie wußte, daß sie gegen das Gesetze verstieß. Sie mußte die Waschbären so schnell wie möglich von ihrem Dachboden entfernen, damit dieser repariert werden und ihr Haus wieder sicher sein konnte.

Die Mitarbeiter des Zentrums haben sich den wild lebenden Tieren verschrieben und stellen die Belange dieser Tiere über die des Menschen, so wie es auch sein sollte. Sie erzählten Pat, die Lebensräume der Waschbären würden durch die sich ausbreitenden Städte immer schneller zerstört, und den Tieren bleibe keine andere Möglichkeit, als in die Häuser einzudringen, um in den kalten Wintermonaten überleben zu können und es warm zu haben. Pat tat es sehr leid, daß es den natürlichen Lebensraum der Waschbären nun nicht mehr gab, es war ihr aber klar, daß sie ihren Dachboden nicht länger mit den Tieren teilen konnte.

Mehrere Dinge sind an dieser Geschichte bemerkenswert. Eines ist die Empfänglichkeit der Waschbärmutter für die telepathische Kommunikation. Wann immer wir sie um Ruhe baten, folgte sie sofort unserer Bitte. Die erwachsenen Männchen ignorierten in ihrer Leidenschaft bei ihren Rivalenkämpfen unsere Bitte um Rücksichtnahme völlig. Und auch bei den Kleinen war es schwierig durchzudringen, da sie noch zu jung und verspielt waren.

Pat ist ebenso wie ich der Ansicht, daß wir alle uns um die Tiere kümmern und für sie sorgen müssen, daß sie genauso viel Recht besitzen, hier zu sein, wie wir Menschen. Sie erfuhr von der Zerstörung der Lebensräume der Waschbären, aber es war ihr nicht bekannt, daß sie in unserer doch stark bewaldeten Gegend in so viele Häuser eindringen. Pat dachte, in den hoch gewachsenen Bäumen überall um uns herum gebe es ausreichend Unterschlupfmöglichkeiten für Waschbären.

Pat begann nachzuforschen und fand als Grund dafür heraus, daß die Waschbären ihr Haus und nicht einen der vielen Bäume in ihrem Garten wählten, daß die Tiere nicht im Freien leben können. Sie brauchen eine geschützte Behausung, in der sie schlafen, überwintern und ihre Jungen großziehen können. Diese Information ließ Pat nachdenken: Wenn durch Waschbären hervorgerufene Schäden in unserer Gegend der von den Hausbesitzern bei der Versicherung angegebene Schadensgrund Nummer eins ist, dann müßten Schäden an Häusern in anderen Gegenden auch auf die Waschbären zurückzuführen sein.

So hatte Pat die Idee, eine künstliche Waschbärenhöhle zu entwerfen, die Hausbesitzer an einem Baum in ihrem Garten montieren konnten, um die Waschbären dorthin zu locken. Natürlich wäre eine solche Höhle nicht beheizt oder klimatisiert, aber sie könnte viele Hausbesitzer vor Problemen bewahren und gleichzeitig den Waschbären eine geeignete Behausung bieten. Sobald Pat einen Prototyp ihrer Waschbärenhöhle testfähig hat, werden wir, da bin ich sicher, viele weitere Waschbärgeschichten zu hören bekommen.

Sicherlich gibt es Menschen, die meinen, Pat sei ein wenig übergeschnappt; sie selbst würden als erste Reaktion auf eine Waschbäreninvasion gewiß Gift oder eine Schrotflinte zu Hilfe nehmen. Solchen Menschen sage ich immer, daß Gott jedem Tier seinen Platz zugewiesen hat. Um das ökologische Gleichgewicht unserer Erde zu erhalten, spielen alle Tiere dabei eine wichtige Rolle; und wenn wir ohne Beachtung des Gleichgewichts in der Natur anfangen, Gott zu spielen, werden wir große Schwierigkeiten bekommen.

Die Geschichte ist voller ökologischer Katastrophen, die immer dadurch entstanden sind, daß der Mensch das Gleichgewicht der Natur rücksichtslos durcheinandergebracht hat, nur um seine eigenen kurzsichtigen Bedürfnisse zu befriedigen. Bevor wir uns also dazu entschließen, einen Waschbären zu eliminieren, sollten wir daran denken, daß er Giftschlangen, Hornissen, Raupen, Schnecken, Holz- und Feuerameisen, Holzbienen, viele Arten zerstörerischer Käfer und die Larven vieler Insekten, die unsere Getreide und unsere Ziersträucher vernichten, tötet und auffrißt. Ja, es stimmt, Waschbären, Vögel und andere wild lebende Tiere vernichten schon mal unser Gartengemüse, aber ich kenne Niemanden, der all das ißt, was er in seinem Garten angebaut hat. Warum sollen wir also unsere reiche Ernte nicht mit diesen Tieren teilen? Der Mensch hat nicht das alleinige Recht, die Reichtümer dieser Erde nur für seine eigenen Bedürfnisse auszubeuten. Die Früchte der Erde sind dazu da, daß sich auch die Tiere an ihnen erfreuen.

Der Mensch zerstört in atemberaubender Geschwindigkeit die Lebensräume der wild lebenden Tiere. Wo sollen diese Tiere denn leben, wenn wir ihre Bäume und Höhlen mit Bulldozern niederwalzen? Wovon sollen sie sich ernähren? Es ist ganz unglaublich, wie viele wild lebende Tiere sich angepaßt und gelernt haben, in unserer Nähe zu leben. Wenn wir bei unseren Planungen keinen Raum für die Tiere lassen, dann verdammen wir uns selbst zu großen Problemen in der Zukunft und unterzeichnen vielleicht sogar das Todesurteil für unseren Planeten. Will die Rasse Mensch überleben, so ist es unabdingbar, ein ausgewogenes ökologisches Gleichgewicht zu erhalten und zu lernen, mit allen Lebewesen dieser Erde in einem friedvollen Miteinander zu leben.

Der Termin für die Reparaturarbeiten an Pats Haus war schon festgesetzt, aber die Geschichte war noch nicht zu Ende. Pat sorgte sich sehr wegen der beiden jugendlichen Waschbären, die sich immer noch im Dachboden ihres Hauses aufhielten. Bei dem zweiten Tier, das sie zum Wildtierzentrum gebracht hatte, war der Staupe-Test positiv. Ich nahm mit den Kleinen Verbindung auf und sandte ihnen ein Bild, wie sie gemeinsam nebeneinander in die Falle marschierten. Wenn sie dies täten, so sagte ich ihnen, könnten sie gemeinsam in einem wunderschönen Haus wohnen, das Pat ihnen in ihrem Garten gerade bauen ließ.

Am nächsten Morgen rief Pat mich ganz aufgeregt an. Die beiden Kleinen sind in der Falle! Der Zimmermann beeilte sich, das Waschbärenhaus fertigzustellen, dann strich Pat es an und brachte die beiden Kleinen in ihr neues Zuhause.

Jetzt kommen sie jeden Abend um halb zehn auf ihre Veranda, essen und trinken dort, und gehen anschließend auf Erkundungsreise in der Nachbarschaft. Da Pats Haus nun ein neues, stabiles Dach hat, gehört es nicht mehr zum Lebensraum der Tiere. Auf Anraten von Mona Miller, die sich seit vielen Jahren um verletzte und verwaiste Waschbären kümmert, hat Pat eine Mischung aus Hunde- und Menschenhaaren überall im Dachboden verteilt. Sollten die Waschbären, was eigentlich ganz unwahrscheinlich ist, eines Tages wieder in das Haus eindringen, so wird sie der Geruch mit seinem Warnsignal verjagen und sie davon abhalten, es sich dort nochmals gemütlich zu machen.

Rutger Hauer

Die Erfahrungen, die Pat mit den Waschbären machte, und ihr Entschluß, eine Waschbärenhöhle zu entwerfen, beschäftigten sie so sehr, daß sie ihre Geschichte immer wieder erzählt. Stephanie, eine ihrer Freundinnen, hatte Probleme mit einem angriffslustigen Kolibri, der versuchte, alle sieben Kolibri-Futterstellen in ihrem Garten unter seiner Kontrolle zu halten. Sie gab ihm nach dem berühmten Schauspieler, der meist in der Rolle eines brutalen Kriminellen zu sehen ist, den Spitznamen Rutger Hauer. Wann immer ein anderer Kolibri sich einer der Futterstellen näherte, attackierte ihn Rutger und jagte ihn fort.

Nachdem Stephanie Pats Geschichte gehört hatte, beschloß sie, sich mit Rutger einmal zu unterhalten. Dies meine ich, zum Beispiel, wenn ich sage, daß jeder mit Tieren kommunizieren kann. Stephanie war in der Kommunikation mit Tieren nicht ausgebildet, da sie aber glaubte, es zu können, konnte sie es auch.

Erinnern wir uns daran, wie ich im zehnten Kapitel betont hatte, man müsse ein Tier loben, um sein Vertrauen und seine Aufmerksamkeit zu gewinnen. Stephanie begann also ihr Gespräch mit Rutger, indem sie ihm sagte, sie habe bemerkt, er sei ein „dominanter kleiner Vogel, ein Macho", und als solcher bestehe seine Aufgabe darin, die schwächeren Vögel zu beschützen und nicht anzugreifen. Sie sandte dem lebhaften kleinen Vogel ein Bild der Kolibri-Futterstellen und sagte ihm, er solle eine Stelle bewachen und die anderen sechs den anderen Kolibris überlassen. Sie sandte ihm nicht nur dieses Bild, sie drückte es auch in Worten aus und übermittelte ihm zudem Gefühle des Stolzes, die der kleine Vogel als „das Größte" empfunden haben mußte.

Für den Vogel muß dies vernünftig geklungen haben, denn er entsprach Stephanies Bitte, sehr zu ihrem Erstaunen. Plötzlich hatte sie erkannt, daß sie mit den Vögeln kommunizieren konnte. Sie war sehr überrascht und erfreut darüber, wie einfach dies eigentlich war.

In Stephanies Garten war einige Wochen lang Frieden, bis eine neue Herausforderung in Gestalt eines Vogels, den Stephanie Sly Stallone nannte, auf sie zukam. Stephanie, die inzwischen sehr viel Vertrauen in diese Art der Kommunikation gewonnen hatte, führte das gleiche Gespräch auch mit Sly, sandte ihm neben den Bildern und Gefühlen auch die entsprechenden Worte und machte dieselben Erfahrungen wie zuvor mit Rutger. Sly suchte sich zum Bewachen auch eine Futterstelle aus und ließ Rutger und die anderen Vögel in Ruhe.

Schließlich erschien ein ungewöhnlich dominanter weiblicher Vogel. Stephanie gab ihr den Namen Liz Taylor, führte auch mit ihr ein Gespräch, woraufhin sich Liz zum Bewachen eine dritte Futterstelle aussuchte. Im Moment ist alles sehr friedlich. Stephanie aber beschloß, Futterstellen für Kolibris en gros zu kaufen, sollten sich bei ihr noch mehr dominante Vögel einfinden.

Zula

Paula, eine meiner Kundinnen und große Tierliebhaberin, lebte auf einer Ranch auf der Insel Galveston, wo sie domestizierte, frei und wild lebende Tiere fütterte und sich um sie kümmerte. Als sie mich anrief, war sie gerade dabei, mit einem Opossum zu arbeiten, dessen Mutter man getötet hatte. Paula wollte Sowelu nun, nachdem das Trainingsprogramm abgeschlossen war, in die Wildnis entlassen. Die auf der Ranch lebenden Waschbären waren aber so grimmig, daß Paula meinte, sie könne Sowelu nicht freilassen, und so lebte das Opossum schließlich wie eine Katze in ihrem Haushalt.

Obwohl mich Paula wegen ihrer Katze Zula anrief, die sie vermißte, nahm ich zuerst zu der recht redseligen Sowelu Kontakt auf. Diese erzählte mir, eine der Katzen habe ihr eins über die Nase gegeben. Paula bestätigte dies. Dann erzählte mir Sowelu, sie sei durcheinander, weil sie nicht verstehe, wohin sie nach Paulas Ansicht auf die Toilette gehen solle. Als ich Paula fragte, antwortete sie, das Opossum solle – so wie die Katzen – die Katzentoilette benutzen. Ab diesem Zeitpunkt, so berichtete mir Paula, sei das Opossum stets auf die Katzentoilette gegangen. Dann beschwerte sich Sowelu darüber, Paula habe den Fußboden unter ihrem Bett mit etwas schrecklich Riechendem gereinigt. Als ich sie danach fragte, lachte sie und sagte, sie habe ein Putzmittel mit Tannenduft benutzt. Dies ist ein weiteres Beispiel dafür, wie ein für Menschen angenehmer Geruch für die sensiblen Nasen unserer Tiere sehr unangenehm sein kann, mögen sie doch nur natürliche und keine künstlichen Düfte.

Unter den wild lebenden Katzen auf der Ranch war die Main Coone-Rasse stark vertreten. Paula hatte zwei Kätzinnen, Sylphan und Keffie, und einen großartigen Vertreter der Mackerel Coones, einen Kater, den sie Zula nannte, adoptiert. Zulas Bauchunterseite war aprikotfarben und setzte sich klar von seiner deutlichen waschbärartigen Zeichnung ab. Zula war Paula, obwohl immer noch etwas wild, ein wunderbarer Gefährte, spielte immer den Clown, machte komische Gesichter und legte sich überall im Haus in ganz ungewöhnlicher Positur hin. Besonders lustig fand es Paula, wenn Zula auf dem Rücken schlief, alle Viere von sich gestreckt. Paula brach das Herz, als er plötzlich verschwunden war.

Mit Sylphan nahm ich zuerst Verbindung auf. Sie teilte mir mit, sie sei eine sehr intelligente Katze mit einem außerordentlich schönen Schwanz und gestand, sie sei es gewesen, die Sowelu eins draufgegeben habe. Dann sagte sie mir, Keffie habe schreckliche Rückenschmerzen und könne kaum laufen. Auch dies bestätigte mir Paula und sagte, Keffie sei einige Zeit wegen verschiedener Dinge sehr krank gewesen.

Ich nahm mit Keffie Kontakt auf und berichtete Paula, die Katze leide an einem im Rücken eingeklemmten Nerven, was man per Fernheilung beheben könne. So sandte ich Keffie Heilenergie und wußte, daß ihr meine Engel die Schmerzen genommen hatten.

Meine Sorge galt jetzt aber Zula. Paula hatte die Ranch erfolglos abgesucht. Ich brachte mich in eine ruhige Stimmung und war plötzlich mit einem Kater verbunden, der mir erzählte, er sei einmal ins Wasser gefallen und habe sich beim Schwimmen sehr anstrengen müssen, um nicht zu ertrinken. Als ich Paula dies berichtete, wurde sie sehr aufgeregt und rief: „Wir haben ihn!" Zula stolzierte nämlich gern Geländer auf und ab und war einmal von einem Geländer in einen Kanal gefallen, der in der Nähe des Hauses verlief. So wußten wir also, daß er noch lebte.

Ich fragte Zula, warum er die Ranch verlassen habe, was denn geschehen sei. Er sagte, er habe sich gegen die Waschbären gewehrt, indem er auf der Veranda hinter dem Haus gestanden und sie auf den Kopf gehauen habe. Dann seien zwei der Waschbären auf die Veranda gestürzt und er durch die Glasschiebetür ins Haus, die Waschbären ihm dicht auf den Fersen. Er sagte mir, die Waschbären seien richtig wütend geworden und er habe vor ihrem Zorn richtig Angst bekommen. Waschbären haben sehr scharfe Krallen und Zähne, die sie in einem Kampf sicherlich einsetzen würden. Und so hatte Zula mit Recht um seine Sicherheit gefürchtet, insbesondere weil er die Waschbären geärgert hatte.

Paula sagte, Zula wisse, daß er die Waschbären in Ruhe zu lassen habe, und war überrascht zu hören, daß er sie geärgert hatte. Da Paula ihren Katzen und den Waschbären genügend Futter gab, war der Kampf wohl nicht darum gegangen. Zula berichtete mir aber, er habe den Waschbären gesagt, sie sollten verschwinden, dies sei sein Haus und sein Territorium, und er wolle es nicht mit ihnen teilen.

Zula sagte mir, die Waschbären hätten ihn durch Paulas Küche, durch die Katzentür und auf die Veranda auf der Vorderseite des Hauses gejagt. Da sie ihn immer noch verfolgten und er Angst gehabt habe, sei er solange gerannt, bis er schon nicht mehr auf der Ranch gewesen sei. Als ich Zula fragte, wohin er denn gerannt sei, sandte er mir ein Bild, wie er nach der Ranch nach links abbog. Für Paula machte dies Sinn, denn es war der einzig mögliche Weg, wie man die Ranch verlassen konnte. Wegen des Wassers war der Weg nach Norden versperrt, und die Straße verlief nach Süden. Und dahin war Zula auch gelaufen.

Ich bat Zula um einige ungewöhnliche Orientierungspunkte, die ihm auf seinem Weg vielleicht aufgefallen waren, und er sandte mir ein Bild mit mehreren Häusern. Am auffallendsten war ein großes Haus mit einem erleuchteten Turm, der wie ein Kirchturm aussah. Paula wußte genau, um welches Haus es sich handelte. Zula sagte, er sei dort vorbeigekommen und dann durch ein Feld gelaufen. Obwohl ich noch nie auf Galveston Island gewesen war und während dieser Verbindung mit dem Tier meilenweit entfernt in meinem Büro war, sagte mir Paula, die Beschreibung der Örtlichkeiten sei sehr genau. Das Feld, das Zula erwähnt habe, führe, so sagte sie, zu ein paar Ansiedlungen; die eine heiße Kahala Beach, die andere Indian Beach. Paula hatte bereits Zettel vorbereitet. Mit der Information, die ich von Zula bekommen hatte, fuhr sie zu all diesen Orten und brachte die Zettel an und verteilte sie. Jedem, den sie traf, erzählte sie von ihrer geliebten Katze.

Zula liebte Paula zwar, doch war er auf die Aufmerksamkeit eifersüchtig, die sie den Waschbären schenkte und hatte auch Angst, sie würden ihm bei seiner Rückkehr auf die Ranch etwas antun. Dort, wo er war, gefiel es ihm, und dort wollte er bleiben. Als ich ihn um noch ein paar weitere Orientierungspunkte bat, sandte er mir das Bild einer Satellitenschüssel. Für Paula war dies ein sehr wertvoller Hinweis, denn diese Schüsseln, so sagte sie mir, seien in Kahala Beach verboten, aber nicht in Indian Beach. So konnten wir das Suchgebiet immer weiter eingrenzen.

Am nächsten Tag riefen zwei Arbeiter aus Indian Beach an und sagten Paula, sie hätten Zula gesehen. Sie rief mich noch einmal an, und als ich dann mit Zula Kontakt aufnahm, berichtete mir dieser, er habe die beiden Männer mit ihrem dunkelblauen Lastwagen gesehen, was nach Paulas Information richtig war. Sie fing an, an jener Stelle am Strand Futter für Zula hinzustellen und fand bald heraus, daß sich dort eine große Kolonie wild lebender Katzen aufhielt. Paula begann, bis spät in die Nacht dort zu bleiben, sie saß in Indian Beach in einem Liegestuhl in der Hoffnung, einen Blick ihres Tieres zu erhaschen. Obwohl dort viele Katzen umherliefen, war von Zula aber nichts zu sehen.

In der darauffolgenden Woche rief Paula mich wieder an, sie war sehr besorgt, weil sie Zula nicht gefunden hatte. Sie bat mich, ihr noch einmal die Orientierungspunkte zu nennen. Ich beschrieb ihr die Landschaft, durch die der Kater gekommen war, nachdem er fluchtartig die Ranch verlassen hatte, einschließlich eines alten Hauses und eines weiteren Nebengebäudes.

Dann sandte Zula mir das Bild einer braunen Tabby-Katze, die er sehr gern mochte, so gern, daß er sie als seine Gefährtin genommen hatte. Bei ihr waren zwei Junge, ein weißgraues und ein kaliko. Er sandte mir ein Bild des Durchlaßrohres, in dem er sie auf der Suche nach Wasser gefunden hatte. Die Mutterkatze und ihre Jungen waren wild lebende Katzen.

Als ich Paula dies berichtete, dachte sie, ich sei auf dem Holzweg, denn Zula sei kastriert. Trotz dieses Eingriffs sei es immer noch möglich, sagte ich Paula, daß Zula die Gesellschaft einer Kätzin begehre. Was die Mutterkatze und ihre Jungen anging, so meinte Paula, ich habe nicht recht.

An jenem Abend fuhr Paula wieder an den Strand, um dort Futter hinzustellen. Sie lag mehrere Stunden im Liegestuhl, las im Licht einer Taschenlampe und wartete auf Zulas Erscheinen. Plötzlich spürte sie in ihrer Schulter eine starke Energie. Sie drehte sich herum und erblickte im Feld in einer Entfernung von ungefähr einhundert Metern eine braune Tabby mit ihren beiden Jungen, einer grauweißen und einer kaliko, so wie es Zula gesagt hatte. Die Tabby gestattete Paula, sie die ganze Zeit anzuschauen, doch von Zula gab es immer noch keine Anzeichen.

Dann erschien die Mutterkatze ganz plötzlich nicht mehr. Ich berichtete Paula, Zula habe der Tabby gesagt, sie solle nicht mehr in ihrer Nähe erscheinen. Paula war nun völlig fertig und fragte sich, ob wir jemals wirklich mit Zula in Verbindung gewesen seien. Ich konnte den Schmerz und die Verzweiflung in ihrem Gesicht richtig sehen. Ich bat Zula, mir etwas zu erzählen, was nur Paula wissen konnte. Er gestand mir, er habe immer in die Wasserschüssel uriniert, um die Hunde und Waschbären fernzuhalten. Paula war hoch erfreut, als ich ihr dies berichtete, weil Zula es in der Tat regelmäßig getan hatte. Sie wußte aber dennoch nicht, warum er sich ihr immer noch nicht zeigte. Er sagte mir, er befürchte, Paula werde ihn wieder mit auf die Ranch nehmen, wo die wilden Waschbären waren; er sei sehr glücklich hier und wolle nicht von hier fort. Das war auch der Grund, warum er der Mutterkatze sagte, sie solle nicht mehr in Paulas Nähe gehen.

Paulas Freundin Annette sah Zula des Nachts mehr als nur einmal, Paula aber nie. Er berichtete mir, was Paula trug, wenn sie zum Strand kam, und so wußten wir, daß er sie beobachtete. Für mich war das eine ganz seltsame Situation, so etwas hatte ich noch nie erlebt. Hier war ein Kater, der seine Besitzerin offensichtlich liebte, und sie war in ihn vernarrt und betrauerte seine Abwesenheit so sehr, daß sie jede Nacht an einem verlassenen Strand sitzt und ihn zu sehen hofft. Und doch zeigte er sich ihr niemals. Er erzählte mir, was sie trug, wo sie saß, mit wem sie sprach und was sie sagte. Und dennoch gelang es nicht, ihn zu überzeugen, aus seinem Versteck hervorzukommen.

Widerstrebend akzeptierte Paula die Tatsache, daß der wunderschöne Kater, den sie einst aus der Wildnis holte und rettete, aus freien Stücken die Rückkehr in jenes gefährliche Leben gewählt hatte. Sie stellte immer noch Futter hin, doch wurde ihre Hoffnung, ihr Tier zurückzubekommen, immer schwächer.

Dann änderte sich etwas. Paula zog nach Houston und konnte so nicht jeden Abend Futter und Wasser vorbeibringen. Zu dieser Zeit herrschte eine große Dürreperiode. Als ich die Verbindung zu Zula aufnahm, beschwerte er sich über Paulas Nichtkommen und sagte, er habe Hunger und sei durstig. Ich berichtete ihm, Paula sei fortgezogen und forderte ihn auf, seine Unnahbarkeit aufzugeben und herauszukommen. Ich sagte ihm, er könne seine Gefährtin und deren Nachkommen mitnehmen, sie alle bekämen soviel Futter und Wasser, wie sie wollten und wann immer sie wollten. Zula antwortete, er wolle darüber nachdenken, betonte aber, er müsse frei sein und frei bleiben. Er sei früher eine wild lebende Katze gewesen, und seine Freiheit sei für ihn das wichtigste. Er liebe Paula zwar sehr, doch wolle er nicht im Haus eingeschlossen sein.

Wir haben mit Zula immer noch Kontakt. Zum Glück endete die Dürre zu Beginn der Regenzeit, so daß Zula und seine Familie keinen Durst mehr litten. Doch leben sie immer noch ein sehr gefährliches und ungewisses Leben. Paula beabsichtigt, bald wieder nach Galveston zu ziehen; ich denke, Zula wird dann zu ihr in ihr neues Haus zurückkehren, wenn er sicher sein kann, daß er nichts mehr mit den Waschbären zu tun haben und sein Wunsch nach Freiheit respektiert wird.

Diese Geschichten zeigen, wie mit Hilfe der telepathischen Kommunikation eine Verbindung zu frei oder wild lebenden Tieren hergestellt werden kann. Hierfür benötigen wir keine besondere Ausbildung, sondern einen offenen Geist. Wir alle können mit Hilfe der im zehnten Kapitel beschriebenen Techniken eine bessere Verständigung mit den Tieren, den in der freien Natur und den bei uns zu Hause lebenden, erreichen.

Sobald wir gelernt haben, diese besondere Bindung aufzubauen, wird das schwierigste sein, zu lernen, loszulassen. Aber es kommt einmal die Zeit, zu der jedes Tier stirbt. Wie wir damit fertigwerden, wenn ein geliebtes Tier in die nächste Dimension hinübergeht, darüber schreibe ich im nächsten Kapitel.

12
Abschied
Mit dem Tod eines Tieres leben

Die vielleicht schwierigste Zeit, die ich jemals durchlebt habe, betraf die Krankheit und den Tod meiner geliebten Rhodesian Ridgeback-Hündin Bella. Sie kam als Welpe zu mir und war im Laufe der Jahre meine beständigste Begleiterin.

Für alle, die wie wir mit unseren Haustieren leben, kommt die Zeit, zu der wir Abschied nehmen müssen. Niemand denkt gern an den Tod seines Tieres, aber da mit Ausnahme von Papageien und Schildkröten wenige Tiere unser Alter erreichen, ist der Tag der Trauer nicht zu vermeiden.

Da unsere Hunde und Katzen im Durchschnitt zehn bis fünfzehn Jahre lang leben, müssen wir im Laufe unseres Lebens immer wieder Abschied nehmen. Aus meiner eigenen Erfahrung weiß ich, daß der Schmerz nicht geringer wird, auch wenn man ihn zuvor schon einmal durchlebt hat. Unser Schmerz ist bei jedem Verlust eines Tieres wieder immens groß.

Wenn die Zeit gekommen ist, müssen wir unseren Gefährten gehen lassen. Das größte Geschenk, das wir unserem Tier mitgeben können, damit es in Würde und Frieden von dieser Erde scheiden kann, sind unsere Liebe und unser Segen. Ist unsere Trauer bei dem Gedanken an den Tod unseres Tieres und die Furcht, wie es ohne es sein wird, so stark, daß wir es nicht gehen lassen können, so verbleiben unsere Tiere in schrecklicher Pein, nur um bei uns auszuharren und uns zu Gefallen zu sein. Dies zu tun, ist ungemein verantwortungs- und gefühllos.

Im Zusammenhang mit der Verantwortung möchte ich darauf hinweisen, die entsprechenden Vorkehrungen für den Fall zu treffen, daß wir vor unserem Gefährten sterben. Ich kann mich an viele Tiere erinnern, die von gefühllosen Verwandten auf die Straße geworfen oder in ein Tierheim gebracht wurden, um dort nach dem Ableben ihres Besitzers getötet zu werden. Reden wir mit einem vertrauenswürdigen Freund, zu dem unser Tier eine liebevolle Verbindung hat, und fragen ihn, ob er im Fall unseres Todes das Tier nehmen würde. Hinterlassen wir für die Pflege des Tieres etwas, soweit es uns finanziell möglich ist. Tun wir dies auch, solange wir noch jung und gesund sind, denn keiner von uns weiß den genauen Zeitpunkt und die Art und Weise, wie wir sterben werden. Verlassen wir heute das Haus und werden dann von einem Wagen überfahren, könnte es unserem Tier passieren, daß es hungrig durch die Straßen zieht oder morgen in einer Tierauffangstation landet.

Der Tod ist ein natürlicher Bestandteil des Lebens, das verlieren wir gelegentlich aus den Augen. Vergessen wir nicht, daß Tiere unsere Todesfurcht nicht kennen. Was sie aber kennen, ist der Schmerz, den sie bei ihrem Besitzer durch den Tod verursachen. Und deswegen bemühen sie sich krampfhaft, eine Krankheit oder Verletzung zu verbergen, uns Sorgen zu ersparen. Das ist auch der Grund, warum sich ein Hund oder eine Katze zum nahenden Ende seines oder ihres Lebens hin oft in den Wald zurückzieht. Sie ziehen es vor, sich in den tröstenden Schoß des Waldes zurückzuziehen und ihrem Menschen die Qual zu ersparen, die er beim Anblick ihres Sterbens erleiden würde.

Vielleicht ist es hilfreich, wenn ich darüber berichte, wohin die Tiere gehen, wenn sie sterben. Ich glaube, daß Tiere geistige Wesen sind, im Gegensatz zu dem, was manchen Menschen erzählt wird. Wenn die Tiere sterben, fallen sie keinesfalls in ein Loch, ins Nichts. Vielmehr begeben sie sich an einen Ort von überirdischer Schönheit, wo Freude, Frieden und Glück vorherrschen; wo die Erinnerung an Schmerzen, Kummer und Sorgen in Glückseligkeit übergeht. Dies zu wissen, half mir, mit Bellas Tod fertigzuwerden.

Als ich bemerkte, daß Bella krank wurde, nahm ich mit ihrer

Energie Kontakt auf und spürte einen Schmerz in einem meiner Beine. Ich spürte, daß sie einen Tumor hatte, was auch der Tierarzt bestätigte. Obwohl ich glauben wollte, es handele sich wieder um eines der Wunder, wußte ich tief in mir, daß für Bella nun die Zeit gekommen war, zu gehen.

Ich gab Bella in den nachfolgenden Wochen Heilenergie, milderte ihre Schmerzen im Bein und betete, daß das, von dem ich wußte, daß es geschehe, sich doch nicht bewahrheiten würde. Ich konnte sie noch nicht gehen lassen.

Schließlich konnte ich Bellas Leiden nicht mehr ertragen. Ich fragte sie, ob sie gehen wolle. Sie sagte, sie sei bereit, obwohl sie ihre Familie nicht verlassen wollte.

Fitz, Emma und ich waren verzweifelt. Ich rief meine Söhne Sean und Patrick in England an und teilte ihnen mit, die Zeit sei nahe, daß Bella uns verlassen würde. Ich wollte Bella die aufregende Fahrt zur Tierklinik ersparen, die sie nicht mochte, und so bat ich den Tierarzt, zu uns nach Hause zu kommen, so daß wir alle bei ihr sein konnten. Auf diese Weise könnte Bella zu Hause inmitten der von ihr geliebten Familie sein, wenn sie ihren physischen Körper verließe.

Obwohl ich eine ungeheure Traurigkeit verspürte, wußte ich, Bella begäbe sich in eine wunderschöne, andere Dimension, in der sie glücklich und schmerzfrei leben könne.

Dann sagte ich Bella, was geschehen werde. Ich sagte ihr, wir würden uns wiedersehen. Ich bat sie, mir nach ihrem Ableben bei meiner Arbeit mit den Tieren zu helfen. Sie erwiderte, sie werde mir helfen (was sie immer noch tut; ich sehe sie oft und spüre ihre Gegenwart bei meiner Arbeit).

Der Abend nahte viel zu rasch. Wir saßen alle zusammen mit Bella auf dem Boden: mein Mann Fitz und ich, meine Tochter Emma, sowie Wellington und Foxy. Ihren wunderschönen Kopf hielt ich in meinem Schoß, und wir gestatteten ihr, uns zu verlassen, mit unserer Liebe und unserem Segen zu gehen. Der Tierarzt gab Bella die Spritze zum Einschlafen, während ich ihren Kopf in meinen Armen hielt. Ich wußte genau, wann sie ihren physischen Körper verlassen hatte.

Bellas Schmerzen waren dahin; sie hatte ihren Frieden gefunden. Unser Schmerz aber hatte gerade erst begonnen. Sie war gegangen, und wir mußten lernen, ohne sie zu leben. Ich aber wußte, ihre Energie würde für immer bei mir bleiben; wir würden über den Verlust niemals hinwegkommen, müßten uns aber daran gewöhnen, ohne sie zu leben.

Das tue ich heute immer noch – ich lerne, ohne Bellas physische Gegenwart zu leben. Ich vermisse ihre Begleitung, die Freude, die wir in glücklichen Zeiten miteinander teilten, ihre unerschütterliche Liebe in traurigen Zeiten. Ich vermisse ihr weiches, samtenes Fell, das Lecken ihrer Zunge auf meiner Wange und meiner Hand, die Schönheit und die Liebe, die wir alle in ihren Augen sehen konnten, ihr fröhliches Bellen, ihre Pfote, die sie immer dann hob, wenn sie unsere Aufmerksamkeit haben wollte, ihre Gegenwart des Nachts am Ende meines Bettes, und den Schutz, den sie mir jederzeit gewährte. Ich vermisse Bella.

Das folgende Gedicht sandte mir mein Sohn Patrick nach Bellas Ableben aus England. Es hat mir sehr viel Trost gegeben.

Nachruf auf Bella
von Patrick James

Wenn wir eine Freundin wie Bella verlieren, kann nur die Zeit die Art unserer Gefühle ändern. Und wenn ihr Verlust besonders schmerzt, finden wir Vergnügen dabei, zurückzuschauen und uns zu erinnern, und dies hilft uns, unsere Schmerzen zu lindern und unsere Tränen in Lachen und Freude zu verwandeln.

Bella war eine Freundin wie keine andere, und ihre Treue kannte keine Grenzen. Das zärtliche Licht in unser aller Herzen, in uns allen, ist Bella.

Die Liebe, die sie für unsere Familie empfand, war ihr Leben, und unsere Liebe zu Bella war unsere größte Freude.

Obwohl kein neues Tier in unserem Haus den Platz eines verstorbenen Tieres einnehmen kann, vermag es den Verlust doch zu lindern. Im Laufe meiner Arbeit kurz nach Bellas Tod trat meine letzte Hündin Honey in unser Leben. Ich spürte, daß Bella sie zu uns geschickt hatte, um sich um uns zu kümmern und wir uns um sie.

Häufig ist es außerordentlich hilfreich, ein anderes Tier aufzunehmen. Vielleicht haben wir deswegen Schuldgefühle, aber das ist ganz normal. Lassen wir unser Haus durch unsere Trauer nicht zu lange leer bleiben. Die Tierheime sind voller verwaister Tiere, die verzweifelt ein neues Zuhause suchen. Denken wir daran. Wir versuchen nicht, ein Tier, das wir verloren haben, durch ein anderes zu ersetzen. Wir sind auf der Suche nach einem anderen Tier, das wir genauso lieben können, wenn auch auf andere Weise.

Einige von uns werden nicht in der Lage sein, schnell ein neues Tier zu adoptieren, da sie ja noch um das verstorbene trauern. Aber aus meiner eigenen Erfahrung kann ich sagen, daß ein neues Tier in der Tat die beste Möglichkeit ist, unsere Trauer zu überwinden. Ich vermisse Bella immer noch und denke jeden Tag an sie, doch sind mir Foxy und Honey ein starker Trost.

Abschied zu nehmen, ist immer sehr schmerzhaft. Doch wenn unser Tier leidet, ist es Zeit, es gehen zu lassen. Wenn wir begreifen, daß unser sterbendes Tier an einen wundervollen Ort kommt und keine Schmerzen mehr erleiden muß, gelingt es uns vielleicht, uns für unser Tier zu freuen. Sicherlich werden wir seine physische Anwesenheit und die Energie seiner Persönlichkeit vermissen. Unser Haus wird leer und verlassen sein. Das Leben geht jedoch weiter.

Halten wir aus egoistischen Gründen oder wegen unserer Unfähigkeit, der Realität seines Todes ins Auge sehen zu können, nicht an unserem Tier fest. Denken wir daran, daß unser Tier den Tod nicht fürchtet. Tiere gehen, wenn sie dazu bereit sind, gern von unserer Erde zu einem besseren Ort. Sie sind nicht mehr so wie wir in einem physischen Körper. Sie sind so wie wir auf diese Welt gekommen, um zu lernen, aber sind, anders als wir, oft froh, sie wieder zu verlassen. Trotzdem wird ein Tier, wenn es weiß, daß sein Mensch es nicht gehenlassen will, am Leben hängen, obwohl sein physischer Körper rasende Schmerzen empfindet.

Unserem Tier, das sehr krank ist, zu sagen, daß es gehen kann, ist ein wahrer Akt uneigennütziger Liebe. Besitzen wir den Mut, dies zu tun, werden wir unserem Tier einen großen Dienst erweisen.

Wenn wir nur schwer unsere Kraft sammeln können, versetzen wir uns einfach in den Körper unseres Tieres. Spüren wir seine Schmerzen und versuchen wir zu verstehen, wie wir uns an seiner Stelle fühlen würden. Wir gehen jeden Tag zur Arbeit, abends ins Kino oder in ein Restaurant. Wir gehen in ein Sportstudio und mit Freuden den Aktivitäten unseres täglichen Lebens nach. Wir haben etwas zu tun und sind beschäftigt, und die Zeit vergeht schnell. Unser krankes Tier aber kann nicht mehr Ball spielen. Es ist nicht mehr zu seinen täglichen Spaziergängen in der Lage. Die Zeit vergeht sehr langsam, so wie bei uns, wenn wir unglücklich sind und Schmerzen haben. Erlauben wir unserem Tier, Schmerzen zu erleiden, sollten wir uns nach dem Grund fragen. Ist es wegen der wenigen Stunden oder wenigen Minuten, die wir mit ihm verbringen? Die restliche Zeit gehen wir unserer Beschäftigung nach, unser Körper ist gesund und unsere Gedanken beschäftigt. Vergessen wir nicht, daß unser Tier einsam und allein leidet, wenn wir nicht bei ihm sind. Seine Tage sind sehr lang, und es leidet ständig unter starken Schmerzen.

Machen wir es uns bewußt, wir lassen dies zu. Dies ist nicht die Art und Weise, wie wir unser Tier lieben sollen. Möglicherweise leidet es ständig und hat Schmerzen, und wir halten es zu unserem eigenen Vergnügen am Leben und im Elend. Tun wir ihm den großen Gefallen und lassen es gehen.

Eine Kundin brachte mir ihren fast zwanzig Jahre alten Kater, der verschiedene gesundheitliche Probleme hatte. Als ich mit der Energie dieses Katers Kontakt aufnahm, stellte sich heraus, daß er unbedingt sterben wollte, aber noch durchhielt, weil seine Besitzerin so unerbittlich war und ihn nicht gehenlassen wollte. Der Kater hatte fürchterliche Schmerzen, und ich sandte ihm Heilenergie, um die Schmerzen etwas zu lindern, und beschloß dann, mit der Besitzerin zu sprechen. Sie aber hatte den Beschluß gefaßt, der Kater müsse bleiben, koste es, was es wolle.

Ich arbeitete noch einige Wochen mit ihr, tat was ich konnte für den Kater, dessen Körper schon fast ganz zusammengebrochen war. Meine Kundin tat mir sehr leid, weil sie nicht über ihre eigenen Gefühle hinausgehen konnte. Noch mehr aber tat mir ihr Kater leid, dessen Körper nun schon völlig versagt hatte. Verzweifelt versuchte er, zum Wohle seiner Besitzerin am Leben zu bleiben, doch befand er sich bereits mehr außerhalb als innerhalb seines eigenen Körpers. Er war bereit, zu gehen. Der Besitzerin erklärte ich, es sei für ihr Tier nun die Zeit gekommen, in die nächste Dimension überzuwechseln, und sie tue ihm einen großen Gefallen, wenn sie ihn gehen ließe. Ich sagte ihr, es gebe nichts mehr, was ich für ihr Tier noch tun könne. Sie selbst habe die Entscheidung zu treffen.

Es gibt aber einige Tiere, deren Zeit noch nicht gekommen ist. Viele spazieren glücklich und gesund umher, weil ihre Besitzer an ihre Gesundung geglaubt und nicht aufgegeben haben, obwohl die Tierärzte ein Einschläfern empfohlen hatten.

Die Entscheidung, ob wir unser Tier gehenlassen wollen oder nicht, müssen wir auf der Grundlage der uns zu jenem Zeitpunkt zur Verfügung stehenden Informationen und der bestmöglichen Einschätzung des Tierarztes, der sich um das Tier kümmert, fällen. Eine solch schwierige Entscheidung treffen wir am besten, wenn wir unserem Herzen und unserer Intuition vertrauen und genau das tun, was sie uns sagen. Auf jeden Fall werden wir instinktiv ein Gefühl verspüren, und wenn wir diesem Gefühl folgen, können wir nichts falsch machen.

Haben wir das Gefühl, das Leiden unseres Tieres müsse beendet werden, dann sollten wir die entsprechende Entscheidung treffen und dabei bleiben. Lassen wir uns nicht von Schuldgefühlen verzehren, wenn ein Tier eingeschläfert werden muß.

Meinen wir, es gebe noch eine Chance, daß unser Tier wieder gesund wird, so gehen wir diesen Weg. Unsere Meinung können wir immer noch ändern, wenn sich der Zustand des Tieres dramatisch verschlimmert. Diese Entscheidung selbst zu treffen und von niemandem sonst, das ist das Wichtigste.

Natürlich hoffen wir alle, daß unser Tier auf natürliche Weise stirbt. Das ist manchmal aber nicht so einfach. Wir müssen für unsere Freunde die Verantwortung übernehmen, wenn sie sich vor Schmerzen krümmen, wir müssen die Entscheidung treffen, die unser Herz fast zum Zerbersten bringt, ihr Leben auf humane Weise zu beenden, um auch ihr Leiden zu beenden.

Die Beerdigung ist eine Sache der persönlichen Wahl. Einige von uns werden ihr Tier auf dem eigenen Grundstück begraben wollen. Andere bevorzugen die Einäscherung der sterblichen Überreste ihres Tieres, so daß sie die Asche für den Fall mitnehmen können, daß sie einmal umziehen sollten.

Eine Sache, die ich empfehle, ist, einen mitfühlenden Tierarzt zu suchen, der nach Hause kommt und das Tier in seiner gewohnten Umgebung einschläfert. Tut das der eigene Tierarzt nicht, suchen wir solange, bis wir einen finden, der unserem Wunsch entspricht. Mir half bei Bellas Tod zu wissen, daß sie zu Hause starb, umgeben von ihrer Familie, die sie liebte; ihrer Familie, die auch sie liebte.

Ich sehe Bella immer noch. Oft kann ich bei meinen Spaziergängen mit Foxy und Honey um den nahegelegenen Golfplatz Bellas Energie spüren und sehen, wie sie mit meinen Hunden umherläuft. Ihr Geist ist ständig bei mir. Ich spüre ihn sehr deutlich.

Leben bedeutet Energie. Ich weiß, daß Energie auf geistiger Ebene nicht zerstört werden kann: sie wandelt sich nur. Einstein soll gesagt haben, aus genau diesem Grunde glaube er an ein Leben nach dem Tod: weil Energie niemals stirbt. Deshalb weiß ich, daß Bella uns nicht wirklich verlassen hat; wir können ihren physischen Körper eben nur noch in unseren Gedanken sehen. Ich fühle sie aber, ich spüre sie und weiß, daß sie da ist, sie rennt immer noch hinter den Eichhörnchen und den Vögeln her, läuft mit Foxy und Honey zum See und dreht im Wasser ihre morgendlichen Runden.

Zeitweise spürt auch Foxy Bellas Gegenwart und weiß, daß sie bei uns ist. Ich spüre meine Liebe zu ihr und weiß, daß mir niemand das wegnehmen kann, was ich mit meiner besonderen Freundin geteilt habe: das Glück, die Erinnerungen, die Freude und die Liebe. Weil wir an Bellas Leben teilhaben konnten, war meines und das meiner Familie reicher.

Jetzt freuen wir uns darauf, unser Leben mit einem anderen Ridgeback zu teilen. Ann, eine meiner Kundinnen in Arizona, rief an und sagte, sie gäbe mir gern einen Welpen aus ihrem nächsten Wurf. Bella würde gern als Ridgeback-Welpe zurückkehren, in der Zwischenzeit aber hilft sie mir auf der anderen Seite. Bella ist mit der Arbeit, die sie jetzt tut, sehr glücklich. Sie hilft anderen Tieren, von unserer Erde in das Reich des Geistes hinüberzugelangen.

Meine Freundin Karen hatte ein kleines Kätzchen, das starb, und ich fragte Bella nach ihr. Bella zeigte mir ein wunderschönes Bild von ihr selbst, wie sie durch die heilenden Wasser schwamm, durch die die Tiere gelangen, und sie hatte das Kätzchen auf ihrem Rücken. Sobald das Kätzchen sich nicht mehr fürchtete, rollte Bella es sanft ins Wasser. Es schwamm selbst zu der goldenen Küste, wo Engel darauf warteten, das Kleine in das Reich des Geistes mitzunehmen.

Nach dem Tod verweilen die Tiere eine Weile, so wie die Menschen auch. Dann müssen sie sich entscheiden, ob sie dort bleiben wollen, wo sie sind, oder wiedergeboren werden und zur Erde zurückkehren, um noch mehr zu lernen. Gelegentlich suchen sie sich, wie Bella es für sich bereits angedeutet hatte, auch aus, in derselben Form zurückzukehren, das ist aber eher ungewöhnlich.

Ich glaube, daß Menschen, die Tieren eine besondere Sympathie entgegenbringen, in ihren früheren Leben eine Vielzahl von Tieren verkörpert haben, so daß sie die Schwierigkeiten kennen, durch die Tiere gehen müssen, wenn sie in unsere Welt kommen; und deshalb sind sie darum bemüht, ihnen diese Schwierigkeiten zu erleichtern, wo immer sie können.

Ich kann nicht sagen, wie wir den Schmerz verringern, wenn unser Tier unser irdisches Leben nicht mehr teilt oder wie jeder von uns mit der Trauer fertig wird. Niemand kann wissen, wie wir uns fühlen oder für uns Tränen vergießen. Unseren Gefühlen des Kummers und Leids freien Lauf zu lassen, sie zu empfinden, ist ein wichtiger Teil unserer Entwicklung. Vielleicht hilft es, mit Leuten zu sprechen, die Verständnis für unsere Liebe zu unserem Tier haben. Die beste Unterstützung erhalten wir von Menschen, die selbst bereits einen Verlust erlitten haben. Da viele Menschen aber leider nicht dieselben Gefühle für Tiere empfinden wie wir, sollten wir sicher sein, daß wir uns nur diesen öffnen. Ihnen gegenüber können wir dann unser Herz ausschütten.

Trauer kann man nicht im Eilschritt verarbeiten. Mit der Zeit werden wir wieder unserer normalen Routine nachgehen. Überstürzen wir aber nichts. Jeder geht mit der Trauer auf seine Weise um. Einige überwinden sie schneller als andere, kommen mit dem Leben schneller wieder zurecht. Ich kann nur sagen: Seien wir glücklich über das, was wir durch das gemeinsame Leben mit unseren Tieren erfahren und gelernt haben. Die Zeit hilft. Wie ich schon sagte, ganz werden wir den Verlust niemals überwinden können ... wir gewöhnen uns nur daran, ohne unser Tier weiterzuleben.

Ich muß auch sagen, daß wir vielleicht eine so wunderbare, enge und liebevolle Beziehung, Reichtum und Zufriedenheit erfahren haben, wie es in der Beziehung zu einem Menschen vielleicht niemals der Fall sein wird. Die glückliche Beziehung zu unseren Tieren, das sind die Kleinode unseres Lebens. Aller Reichtum dieser Welt kann diese Freude nicht aufwiegen. Die Liebe mit unserem Tier zu teilen, gehört zu den wunderbarsten Erfahrungen des Lebens. Unser Planet wird für uns alle ein wunderbarer Ort zu leben sein, wenn wir Menschen dies einmal begreifen.

Den Verlust eines Tieres haben schon viele von uns erlebt. Ich hoffe, daß diese wenigen Worte dazu beitragen können, traurige Erinnerungen in freudige zu verwandeln. Vergessen wir nicht, der Tod bedeutet nicht das Ende. Haben wir auch vor Augen, daß, wenn einmal für uns die Zeit gekommen ist, in eine höhere Dimension zu reisen, wir mit unseren geliebten Tieren wieder vereint sein werden.

Epilog
Wie wir unseren Tieren im Alltag helfen können

Es vergeht kaum ein Tag, an dem ich nicht ein Tier sehe, das ein wenig Unterstützung gebrauchen könnte. Es gibt so viele unerwünschte Tiere, und so viele sterben jedes Jahr in den Tierheimen, weil es zu viele von ihnen gibt und sie von den Menschen mißhandelt werden.

So sehr ich auch Tiere liebe, so wußte ich viele Jahre nichts von den Grausamkeiten, denen sie ausgesetzt sind. Und wenn ich Geschichten über die Grausamkeiten gegenüber Tieren hörte, dann habe ich mich abgewandt. Solch fürchterliche Dinge wollte ich mir nicht anhören; ich fand sie ganz schrecklich. Mein ältester Sohn Sean James hat meine Liebe zu den Tieren geerbt und arbeitete in seiner Jugend für die Königlich-britische Gesellschaft zum Schutz der Tiere in London, die RSPCA. Obwohl ich stolz auf ihn war, gab ich ihm deutlich zu verstehen, daß ich keine traurigen Geschichten hören wollte, weil ich sonst des Nachts nicht schlafen konnte. Diese schrecklichen Bilder der Grausamkeit gingen nicht aus meinem Kopf.

Das war die Zeit, in der ich mich aus der Welt der Kommunikation mit den Tieren zurückgezogen hatte, und in seliger Unwissenheit lebte. Ich erkannte nicht, wie wichtig es für tierliebende Menschen ist, für die Rechte der Tiere einzutreten und die grausame Behandlung von Tieren, aus welchem Grund auch immer sie geschehen mag, rigoros zu bekämpfen.

In England arbeitete ich in der Modebranche als Mannequin, und es bot sich mir häufig die Gelegenheit, die Kleidung, die ich vorführte, zu einem sehr günstigen Preis zu erwerben. Ich verliebte mich in eine wunderschöne Luchsfelljacke, die ich bei Harvey Nichols vorführte und kaufte sie, um sie im Skiurlaub in den Alpen zu tragen. An dieser Jacke hatte ich drei Jahre lang meine große Freude und war mir in keiner Weise bewußt, wie viele Tiere ihr Leben für dieses Kleidungsstück hatten opfern müssen.

Eines Nachmittags war ich beim Tee in unserem Salon. Ich stellte den Fernseher an und setzte mich hin, um mir Tee einzugießen. Als ich hochblickte, sah ich auf dem Bildschirm einen wunderschönen Luchs, der majestätisch durch den Schnee schritt. Was für ein prächtiges Tier, dachte ich. Dann schnappte zu meinem großen Entsetzen eine Falle zu und zerschmetterte eine Pfote des Tieres. Die Schmerzen müssen unerträglich gewesen sein. Mit diesen Höllenqualen war der Luchs vier Tage lang gefangen, bevor die Jäger endlich zu ihren Fallen zurückkehrten. Das Tier konnte weder essen, trinken noch sich bewegen. Bei seinen verzweifelten Fluchtversuchen hatte der Luchs angefangen, sein eigenes Bein abzubeißen. Als sich ein Jäger dem Luchs schließlich näherte und sein Gewehr auf den Kopf der Katze richtete, konnte ich die Erleichterung in den Augen des armen Geschöpfes sehen. Es hatte verstanden, daß diese schrecklichen Qualen bald ein Ende finden würden.

Als ich jetzt in aller Gänze begriff, wie viele Tiere für mich leiden mußten, damit ich eine Luchsfelljacke tragen konnte, traf es mich mit der Gewalt eines Donnerschlags. Ich war in Tränen aufgelöst, nahm meine Jacke mit in den Garten, übergoß sie mit Feuerzeugbenzin und steckte sie in Brand. Ab jenem Tag habe ich nie wieder den Pelz eines Tieres auf meinem Körper getragen.

Dieser Ereignis erweckte in mir das Bewußtsein für das Wohlergehen der Tiere. Seitdem habe ich zum Wohle der Tiere gearbeitet, eine Mission, die ihrer Höhepunkt in der Arbeit fand, die ich heute mache. Jetzt möchte ich, daß wir alle uns in diesem Kampf engagieren.

Zuallererst müssen wir die Verantwortung für die Tiere übernehmen, die in unserer Obhut sind. Behandeln wir sie mit Liebe, Freundlichkeit und Respekt, denn sie sind Lebewesen Gottes und hier auf Erden, damit wir sie umsorgen, nicht ausbeuten. Geben wir ihnen zu essen, spielen wir mit ihnen und schützen sie. Lassen wir sie kastrieren und sterilisieren, damit sich das Problem durch immer mehr Tiere nicht noch weiter verstärkt. Lassen wir ihnen die richtige ärztliche Hilfe zuteil werden. Seien wir großzügig mit unserer Zuneigung und Aufmerksamkeit, denn dies tut den Tieren wohl und sie gedeihen.

Lassen wir die Ohren und die Rute unseres Hundes nicht kupieren oder unserer Katze die Krallen ziehen. So etwas ist grausam und unnötig, und entspricht mehr der Laune und Faulheit des Menschen als dem Bedürfnis der Tiere. Für Katzen ist das Entfernen der Krallen besonders schlimm. Das ist so, als ob man unsere Fingernägel einen nach dem anderen herauszieht. Die Tiere sind ihrer Verteidigungsmöglichkeit beraubt, und oft bleibt ihnen nur noch das Beißen übrig.

Sehen wir, wie ein Tier vernachlässigt oder mißhandelt wird, haben wir den Mut, dagegen etwas zu tun. Natürlich müssen wir uns selbst nicht in Gefahr begeben. Manchmal reicht ein Anruf bei einer entsprechenden Organisation aus, um ein notleidendes Tier zu retten. Können wir einem Nachbarn, der finanziell oder gesundheitlich nicht in der Lage ist, für sein Tier zu sorgen, der seine Liebe und Gesellschaft aber braucht, helfen, so tun wir es.

Nehmen wir entlaufene und streunende Tiere auf und versuchen, sie mit all unseren Mitteln wieder mit ihren Besitzern zu vereinen. Werden wir Mitglied in einer Tierschutzorganisation und helfen ehrenamtlich. Solche Organisationen sind für zusätzliche Hilfe immer dankbar.

Unterstützen wir keine Gruppen, die aus Ausbeutung und Grausamkeiten gegenüber Tieren ihren Nutzen ziehen, wie zum Beispiel Rodeos und Zirkus. Kaufen wir keine Produkte, deren Wirksamkeit durch grausame und unnötige Tierversuche getestet wurde. Tragen wir keine Pelze. Heutzutage sind falsche Pelze von echten fast nicht mehr zu unterscheiden. Wenn wir also das Aussehen eines Pelzes mögen, entscheiden wir uns statt dessen für die großartigen Imitate und ersparen den Tieren das Leiden und Sterben in einer grausamen Falle.

Müssen wir Hormone einnehmen, dann bitte pflanzlichen Ursprungs. Die Tierhormone werden dem Urin trächtiger Stuten entnommen, die ihre elfmonatige Trächtigkeit in winzigen Boxen angekettet verbringen müssen und noch nicht einmal Platz haben, um sich hinzulegen. Stellen wir uns vor wie es ist, wenn wir uns während der ganzen Schwangerschaft nicht ein einziges Mal hinlegen oder ausruhen können. Sobald die Fohlen entwöhnt sind, werden sie an den Schlachter verkauft. Die Stuten werden anschließend wieder besamt und wieder und wieder angekettet, bis sie nicht mehr tragen können. Und dann folgen sie ihren Fohlen in die Schlachterei.

Wenn wir alle auch nur ein klein wenig Verantwortung auf unsere Schultern nehmen, könnten wir so viel tun, um das Leiden der Tiere zu mindern und aus unserer Erde einen für Mensch und Tier besseren Ort zu machen.

Bitte helfen Sie.

Dank

Hiermit sage ich allen „danke", die mir direkt oder indirekt dazu verholfen haben, daß dieses Buch entstanden ist.

Mein Dank geht an meine gute Freundin und Mitautorin Patricia Burkhart Smith, die ich 1993 kennenlernte, als sie Herausgeberin der Zeitung „The Woodlands Villager" war. Wir entschlossen uns, gemeinsam ein Buch über die ersten Jahre meines Lebens und die Erfahrungen zu schreiben, die ich bei meiner Arbeit mit den Tieren gemacht habe. Zwei Jahre lang trafen wir uns einmal in der Woche; dabei gab es, wie in den meisten Fällen enger Zusammenarbeit, gelegentlich recht dramatische Augenblicke; wir lachten und weinten uns durch die Wehen, ein solches Buch zu gebären. Ich bin Patricia sehr verbunden für ihre professionelle und literarische Sachkenntnis und auch für ihre organisatorischen Fähigkeiten, das Buch zu einem zufriedenstellenden und erfolgreichen Ende zu führen. Ich möchte auch ihren Kindern Meghan und Carter für die Geduld und das Verständnis in der Zeit danken, in der wir dieses Buch geschrieben haben.

Ich danke meiner Mutter, die mich nie im Stich gelassen hat, für ihre Liebe und ihr Verständnis. Meiner Tochter Emma danke ich für ihre Liebe, ihre Unterstützung, ihre Gesellschaft und Hilfe auf meinem Weg durchs Leben. Meinen Söhnen Sean und Patrick danke ich für eine einzigartige Beziehung auf der Grundlage von Gleichheit, Offenheit und Ehrlichkeit, die weit über eine normale Mutter-Sohn-Beziehung hinausgeht.

Meinem Mann Fitz danke ich für seine Hilfe bei der Pflege und Rettung entlaufener, ausgesetzter und unerwünschter Tiere und für seine Fürsorge und sein Mitgefühl in den Zeiten, in denen viele dieser Tiere das Haus mit uns teilten.

Meinen lieben Freunden Val und Tom Patrick danke ich für die Möglichkeiten und die Hilfe, als ich sie am dringendsten brauchte, und daß sie ihre Herzen und ihr Zuhause für mich öffneten.

Ich danke meinem Freund Stacey Vornbrook und seinen köstlichen Katzen Hubert und Leonard.

Ich danke Sylvia in New York.

Ich danke Topaz und Bruce, die mich mit Lowenstein Associates, meinem Buchagenten, in Verbindung brachten.

Ich danke Nancy Yost von Lowenstein Associates, die ich bei meinem Besuch in New York in einem der schlimmsten Schneestürme kennenlernte, die die Stadt jemals erlebt hatte, und die mich tapfer auf meiner ersten Vorstellung bei verschiedenen Verlagen begleitete. Wir gingen durch den Schneesturm, blieben in Schneeverwehungen stecken, Nancy ging voraus, kämpfte sich lächelnd und unerschrocken hindurch. Nancy ist eine wunderbare Dame und eine großartige Mitarbeiterin.

Ich danke Salise Shuttlesworth, deren Arbeit und Engagement für Special Pals, einem Tierheim, in dem keine Tiere getötet werden, für viele Tierliebhaber eine Quelle der Inspiration und der Anregung sind.

Ich danke meinen Pflegeeltern Lois, Paula, Carol und Ann, die unaufhörlich und gewissenhaft tätig waren, um ein geeignetes und endgültiges neues Zuhause für unerwünschte und ausgesetzte Tiere zu finden.

Ich danke meinen Engeln Dr. Thompson, John, Harry Edwards, Edgar Cayce und meinem geistigen Mentor, dem Heiligen Franziskus.

Ich danke den Leuten meines Verlages Hyperion: der Herausgeberin Laurie Abkemeier, ihrer Assistentin Elizabeth Kessler, ebenso Navorn Johnson, Brian DeFiore, Bob Miller, Lisa Kitei, Victor Weaver, Marcy Goot und den vielen anderen, die an diesem Buch gearbeitet haben.

Zum Schluß möchte ich meinen Kunden und ihren Tierkindern, die ich kennenlernen und denen ich helfen durfte, danken. Die enge Zusammenarbeit mit ihnen in den vergangenen zwei Jahren war eine lohnende, erhebende und Demut lehrende Erfahrung, die Zielrichtung und Zweck meines Lebens für immer verändert haben.

Mein Leben widme ich denjenigen Dingen, die zu einem besseren und schöneren Leben für alle Tiere beitragen.

Zum Weiterlesen

Beck, Peter: Das Beste für meinen Hund. Profitips für Hundefreunde. Kosmos-Verlag, Stuttgart, 1995.

Becvar, Dr. Wolfgang: Naturheilkunde für Hunde. Grundlagen, Methoden, Krankheitsbilder. Kosmos-Verlag, Stuttgart 1994.

Becvar, Dr. Wolfgang: Naturheilkunde für Katzen. Grundlagen, Methoden, Krankheitsbilder. Kosmos-Verlag, Stuttgart 1996.

Birr, Uschi: Mit Katzen leben. Kosmos-Verlag, Stuttgart 1996.

Bohnenkamp, Gwen: Was Katzen wirklich brauchen. Tips für ein unbeschwertes Zusammenleben. Kosmos-Verlag, Stuttgart 1997.

Brehm, Dr. Helga: Hundekrankheiten. Kosmos-Verlag, Stuttgart 1995.

Durst-Benning, Petra: Kräuterapotheke für Hunde. Kosmos-Verlag, Stuttgart 1998.

Durst-Benning, Petra und Carola Kusch: Der große Spiele-Spaß für Hunde. Kosmos-Verlag, Stuttgart 1997.

Feddersen-Petersen, Dr. Dorit: Hunde und ihre Menschen. Kosmos-Verlag, Stuttgart 1992.

Feddersen-Petersen, Dr. Dorit: Hundepsychologie. Kosmos-Verlag, Stuttgart 1989.

Feltmann, Gudrun: Hund und Mensch im Zwiegespräch. Kosmos-Verlag, Stuttgart 1993.

Gerweck, Gerhart und Hermann Späth: Der homöopathische Pferdedoktor. Grundlagen, Heilbehandlungen, Arzneibilder. Kosmos-Verlag, Stuttgart 1993.

Gerweck, Gerhart: Das Recht der Tiere. Ein persönliches Plädoyer für den Tierschutz. Mit einem Vorwort von Franz Alt. Kosmos-Verlag, Stuttgart 1997.

Gerweck, Gerhart: Die Psyche des Pferdes. Sein Wesen, seine Sinne, sein Verhalten. Kosmos-Verlag, Stuttgart 1997.
Grimm, Hannelore: Ein Kätzchen kommt ins Haus. Kosmos-Verlag, Stuttgart 1996.
Harries, Brigitte: Ein Welpe kommt ins Haus. Kosmos-Verlag, Stuttgart 1995.
Hempfling, Klaus Ferdinand: Die Botschaft der Pferde. Eine Erzählung nach autobiographischen Motiven. Kosmos-Verlag, Stuttgart 1995.
Johnson, Pam: Katzen auf der Couch. Aus dem Tagebuch einer Katzenpsychologin. Kosmos-Verlag, Stuttgart 1998.
Jones, Renate: Welpenschule leichtgemacht. Kosmos-Verlag, Stuttgart 1997.
Junge, Maleen: Wenn Pferde älter werden. Kosmos-Verlag, Stuttgart 1995.
Kejcz, Yvonne: So sag ich's meinem Hund. Kosmos-Verlag, Stuttgart 1992.
Kejcz, Yvonne: Unser Hund wird alt. Kosmos-Verlag, Stuttgart 1994.
Kilkommons, Brian und Sarah Wilson: Das Beste für meine Katze. Profitips für Katzenfreunde. Kosmos-Verlag, Stuttgart 1997.
Kraa, Gisela: Bachblüten für Katzen. Kosmos-Verlag, Stuttgart 1996.
Krämer, Eva-Maria: Das Kosmos-Hundebuch. Kosmos-Verlag, Stuttgart 1995.
Krämer, Eva-Maria: Der Kosmos-Hundeführer. Kosmos-Verlag, 3. Aufl., Stuttgart 1995.
Krämer, Eva-Maria: Kleine Hunde - große Freunde. Kosmos-Verlag, Stuttgart 1996.
Lauer, Isabella: Meine Katze. Kosmos-Verlag, Stuttgart 1998.
Leyhausen, Prof. Dr. Paul: Katzenseele. Wesen und Sozialverhalten. Kosmos-Verlag, Stuttgart 1996.
Mahlstedt, Dieter: Akupunkt-Massage nach Penzel am Pferd. Fit-

ness und Wohlbefinden durch chinesische Heilkunst. Kosmos-Verlag, Stuttgart 1997.

Neumann-Cosel-Nebe, Isabelle von: Pferde verstehen leichtgemacht. Kosmos-Verlag, Stuttgart 1997.

Räber, Dr. Hans: Enzyklopädie der Rassehunde. Band 1 und 2. Kosmos-Verlag, Stuttgart 1993 und 1995.

Radke, Anna-Maria: Wenn Katzen reden könnten. Katzenverhalten einfach erklärt. Kosmos-Verlag, Stuttgart 1993.

Rakow, Dr. Barbara: Der homöopathische Hundedoktor. Kosmos-Verlag, Stuttgart 1992.

Rakow, Dr. Barbara: Der homöopathische Katzendoktor. Kosmos-Verlag, Stuttgart 1992.

Ross, John und Barbara McKinney: Hunde verstehen und richtig erziehen. Kosmos-Verlag, Stuttgart 1994.

Ross, John und Barbara McKinney: Welpen-Kindergarten. Erfolgreiche Hundeerziehung von Anfang an. Kosmos-Verlag, Stuttgart 1997.

Schmalfuß, Ute: Mein Hund. Kosmos-Verlag, Stuttgart 1998.

Schnabel, Elisabeth: Unser Hund wird gut erzogen. Kosmos-Verlag, Stuttgart 1992.

Schoen, Allen M. und Pam Proctor: Mit Tieren fühlen. Tiere ganzheitlich heilen. Kosmos-Verlag, Stuttgart 1998.

Schrenk, Dr. Jörg: Pferde verstehen. Pferdeverhalten und richtiger Umgang mit Pferden. Kosmos-Verlag, Stuttgart 1990.

Solisti, Kate und Michael Tobias: Ich spürte die Seele der Tiere. Außergewöhnliche Begegnungen und Erfahrungen von Jane Goodall, Penelope Smith, Dorit Feddersen-Petersen, Reinhart Brandau, Linda Tellington-Jones und vielen anderen. Kosmos-Verlag, Stuttgart 1997.

Stein, Petra: Bachblüten für Hunde. Kosmos-Verlag, Stuttgart 1997.

Tellington-Jones, Linda und Sybil Taylor: Der neue Weg im Umgang mit Tieren. Die Tellington TTouch-Methode. Kosmos-Verlag, Stuttgart 1993.

Tellington-Jones, Linda und Sybil Taylor: Die Persönlichkeit Ihres Pferdes. Die Kunst, Charakter und Temperament ihres Pferdes zu bestimmen und positiv zu beeinflussen. Kosmos-Verlag, Stuttgart 1995.
Tellington-Jones, Linda: Liebe Linda. Pferdefreunde fragen Linda Tellington-Jones. Kosmos-Verlag, Stuttgart 1997.
Thies, Dagmar: Katzenhaltung. Alles für ein glückliches Katzenleben. Kosmos-Verlag, Stuttgart 1996.
Turner, Dennis C.: Katzen lieben und verstehen. Ein humorvoller Wegweiser für Katzenfreunde. Mit 50 tierisch ernsten Katzencartoons von Fulvio Federi. Kosmos-Verlag, Stuttgart 1996.